高校教师教学改革创新与发展研究

朱笑荣 著

吉林大学出版社

·长春·

图书在版编目（CIP）数据

高校教师教学改革创新与发展研究 / 朱笑荣著. —长春：吉林大学出版社，2021.10
ISBN 978-7-5692-9064-6

Ⅰ. ①高… Ⅱ. ①朱… Ⅲ. ①高等学校－教学改革－研究－中国 Ⅳ. ① G642.0

中国版本图书馆 CIP 数据核字（2021）第 207696 号

书　　名：	高校教师教学改革创新与发展研究
	GAOXIAO JIAOSHI JIAOXUE GAIGE CHUANGXIN YU FAZHAN YANJIU
作　　者：	朱笑荣　著
策划编辑：	邵宇彤
责任编辑：	高珊珊
责任校对：	王　蕾
装帧设计：	优盛文化
出版发行：	吉林大学出版社
社　　址：	长春市人民大街 4059 号
邮政编码：	130021
发行电话：	0431-89580028/29/21
网　　址：	http://www.jlup.com.cn
电子邮箱：	jdcbs@jlu.edu.cn
印　　刷：	定州启航印刷有限公司
成品尺寸：	170mm×240mm　16 开
印　　张：	13.5
字　　数：	194 千字
版　　次：	2021 年 10 月第 1 版
印　　次：	2021 年 10 月第 1 次
书　　号：	ISBN 978-7-5692-9064-6
定　　价：	69.00 元

版权所有　翻印必究

前言

"古之学者必有师。师者，所以传道授业解惑也。"早在两千多年前，中国就产生了教师这一职业，中国社会最早的教师孔子说作为教师要做到"予以四教——文行忠信"。高校教师是高等教育不可或缺的主体，也是高等教育实现的基础。高校教师素质的高低直接决定着一个国家高等教育质量和未来人才培养水平的高低。进入21世纪以来，随着我国高等教育走向大众化、普及化以及社会对于高质量教育的要求越来越迫切，高校教师教学环境发生了重大变化，现阶段我国高校教师教学中出现了诸多不适应人才培养需求的状况，促使我国高校教师教育教学进一步进行改革和创新。

本书从高校教师教学改革的重要性、必要性出发，过渡到高校教师教学改革的最大阻力——教师的教学改革惰性，如何消解惰性、对教师惰性进行干预成为重要课题，为此，本书提出促进教师的专业发展是克服惰性的有效干预机制。本书绪论对选题缘由和选题意义进行了阐释；第一章阐述了高校教师教学改革的演进史及其内涵和目的，提出新时代高质量教育迫切需要高校教师进行教学改革；第二章对高校教师教学改革现状进行研究，由一所地方院校的教学改革引入，分析了目前高校教师教学改革的现状，并对我国高校教师教学改革中取得的成就和面临的挑战进行了解读；第三章研究了影响高校教师教学改革的惰性问题，从惰性的内涵、高校教师惰性的主要表现以及高校教师教学改革中教师惰性的成因和特征等三个方面对教学改革视域下的教师惰性进行了详细分析和解读，并给出了高校教师教学改革惰性结构模型；第四章对当前高校教师教学改革惰性现状进行问卷调查研究，分析了高校教师教学改革惰性成因，进一步修正高校教师教学改革惰性结构模型；第五章提出高校教师的发展是高校教师教学改革惰性干预的有效机制，先阐述了教师发展相关理论，又从三个方面阐释了高校教师发展对教师教学改革的影响，之后进一步阐明促进教师专业发展、提高教学认知是降低教师教学改革惰性的有效机制；第六章对教师能力的构成和影响因素进行了详细阐释，提出促进教师发展的核心是提高高校教师的专业能力；第七章从高校教师教学理念改革与创新、高校教师教学管理与服务改革与创新、高校教师教学方法改革与创新等三个方面对应对高质量教育要求的高校教师教学改革与创新协同机制研究进行了详细阐释；最后，第八章对全书内容进行了总结。

  本书语言平实、质朴，观点清晰明了，注重理论与实践相结合。本书适用于高等师范院校教师和学生，以及对高校教师教育改革感兴趣的读者。由于笔者笔力有限，书中观点或有遗漏，有贻笑大方之处，欢迎广大读者斧正。

朱笑荣
2021 年 6 月

目 录

绪 论 / 001
  第一节　选题缘由 / 001
  第二节　选题意义 / 004

第一章　高质量教育要求高校教师教学改革 / 007
  第一节　高校教师教学改革的演进史 / 007
  第二节　高校教师教学改革的内涵与目的 / 017
  第三节　教育高质量发展要求高校教师更应具有教学改革精神 / 028

第二章　高校教师教学改革现状研究 / 031
  第一节　从一所地方院校的教师教学改革说起 / 031
  第二节　高校教师教学改革的现状分析 / 035
  第三节　高校教师教学改革的成果与启示 / 044

第三章　高校教师教学改革惰性及影响因素模型研究 / 049
  第一节　惰性的内涵 / 049
  第二节　高校教师惰性的主要表现 / 054
  第三节　高校教师教学改革惰性因素的模型建构 / 065

第四章　高校教师教学改革惰性现状调查研究及成因分析 / 066

　　第一节　研究设计与实施 / 066

　　第二节　研究结果与分析 / 067

　　第三节　高校教师教学改革惰性的成因及特征 / 077

第五章　深化教师发展是高校教师教学改革惰性干预的有效机制 / 087

　　第一节　教师发展理论概述 / 087

　　第二节　高校教师发展对教学改革的影响 / 126

　　第三节　促进教师发展提高教学认知是降低教师教学改革惰性的有效机制 / 152

第六章　促进教师发展的核心是提高高校教师的专业能力 / 154

　　第一节　教师能力理论基础及内涵 / 154

　　第二节　高校教师能力的构成及培养 / 158

　　第三节　高校教师专业化发展模式及途径 / 165

第七章　高质量教育背景下的高校教师教学改革与创新协同机制研究 / 169

　　第一节　高校教师教学理念改革与创新 / 169

　　第二节　高校教师教学管理改革与创新 / 179

　　第三节　高校教师教学方法改革与创新 / 181

第八章　结语 / 197

参考文献 / 199

附录 / 204

　　附录一　T学院教师教学改革现状访谈提纲 / 204

　　附录二　高校教师教学改革现状调查问卷 / 205

绪 论

近年随着知识经济的到来，知识更新迭代的速度越来越快，推动了终身学习时代的到来。①1994 年，联合国教科文组织正式对终身学习的概念进行了阐释，强调人一生都要不断学习和发展，否则就会被社会所淘汰。对于教师来说，学校是知识传播和文化传承的重要场所，教师承担着传道授业和解惑的重要责任。在传统观念中，教师是人类教育的教学主体，而在终身学习时代，教师不仅承担着"教"的重要责任，还是"学习"的主体。2020 年，党的十九届五中全会明确提出建设高质量教育体系，要适应新时代下对人才培养的目标，高校教师的教学改革和专业发展就变得尤为重要。

第一节　选题缘由

20 世纪 70 年代初期，西方学者、原联合国教科文组织国际教育发展委员会主席埃德加·富尔提出，社会正在发生急剧的变化。他认为："虽然一个人正在不断地接受教育，但他越来越不成为对象，而越来越成为主体了……把重点放在教育和学习过程的自学原则上，而不是放在传统教育学的教学原则上……新的教育精神使个人成为他自己文化进步的主人和创造者……一个人必须终身不断地学习。"

一、终身学习时代的需求

党的十七大指出，建设全民学习、终身学习的学习型社会。党的十九大报告中再次强调加快建设学习型社会，大力提高国民素质，强调了推动学习型社会建设的重要性。由此可见，构建开放的、社会化的终身教育体系以及全民学习和终身学习的学习型社会已然成为时代发展的潮流。在终身学习时

---

① 刘延金，王亚莉.融合化·协同化·常态化混合式教师培训的理论与实践[M].成都：四川大学出版社，2018：93.

代,任何人都应当摒弃一次性学习终身受用的传统观念,要树立终身学习的观念。

教师作为学习活动中不可或缺的角色,也随着时代的发展被赋予了更多的涵义和期待。随着第三次科技革命的兴起和发展,社会经济和文化发展日新月异,终身学习理念已深入人心,社会对教师素质的要求越来越高。不仅要求教师具备较高的教学水平,还要求教师具备较高的专业素质,成为研究者。在这一理念的指导下,教师的专业化水平不断提升,教师的职业行为从单一的教育教学逐渐扩展到自身学习和科学研究等各个方面。教师的专业素养主要体现在教师教育理念的变化、教师专业素养知识结构、教师能力等多个方面。其中,教师教育理念的变化主要指教师的教育理念无论现在还是未来均应与时代相通,并且教师应将与时俱进的教育理念作为教师专业行为的理性支点。教师专业素养知识结构应当随着时间的变化而变化,传统教师专业素养在知识结构上的表现多体现为"学科知识和教育学知识"的传统模式,而未来的教师专业知识结构则强调多层次复合性知识结构的特征。教师能力是指终身化教育赋予了教师更多的权利和责任,并且对教师的能力提出了更多更高的要求和期望,教师的新能力主要包括与他人交往的能力、管理能力、教育研究能力等。教师专业素养的提升只能通过教师自身的不断学习和发展实现。

二、高校教师在高校发展中的作用

高等教育机构是传播高深知识和方法的社会机构,高等教育机构对知识的传播是由高校教师来完成的。高校教师是高等教育的基本要素,也是高等教育实现的基础。早在1998年,联合国教科文组织发布的《世界高等教育宣言》即指出:"具有活力的教师发展政策是高等教育机构发展的关键。"[①] 高校教师是高校的重要人才资源,也是一所高校存在和发展的重要基础。高校教师的质量和水平直接决定了高校的学术活动的开展效果、学术水平的高低、学生质量的好坏以及高校为社会服务的能力,最终影响高校的发展。高校教师作为高校的重要资源,与高校之间存在着极其紧密的关系。高校为教师提供职业生存的空间与条件,而教师以其专业和教学为高校培养人才,赢得声望。西方学者爱德华·希尔斯在《学术的秩序》中指出:"当一所大学

---

① 张佳榕.21世纪以来我国高校教师教学研究的热点领域、前沿主题和科学合作分析[D].大连:辽宁师范大学,2018:24.

作为一个整体有八到十个具有世界一流水平的系时，该大学就成为了一个特别受人注意的中心……尽管结果是该结构作为一个整体地位显赫——被模模糊糊地感觉到——但实际上起作用的是接触到的人的工作。"[①] 因此，高校教师的发展与改革与高校的发展直接相关，是高校发展的重要推动力。

三、高校改革的迫切需要

除了社会环境的变化和社会要求越来越高，学校作为传承文化的组织机构也正在发生变革。学校属于传统的文化传承机构，传统的学校教育管理模式以对教师的外在控制和管理为主，然而这一管理模式在终身教育时代越来越不适应教育的发展。从教育的本质含义来看，教师的劳动是一种极富个性化和创新性的劳动，教师在教育实践中应当根据学生的特点进行个性化教育。而个性化教育要求教师成为一位研究者和创造者，并形成专业的教育理念，以便达到真正促进学生发展的目的。由此看来，教师的工作具有较强的复杂性和创造性，对学校的管理模式提出了更高的要求。

20世纪90年代，随着教育改革的进行，一味强调控制管理的传统学校的缺点逐渐暴露，学习型学校逐渐替代了传统的学校模式，成为现代社会流行的学校模式。学习型学校管理是在知识经济时代和终身教育时代兴起的新型学校管理模式，这种全新的学校管理模式有利于激发教师的创造性，使学校教育从简单的知识传授与技能培养转变为让学生学会学习、学会创造。这种学校管理方式与传统学校教育相比，要求教师既是教育者又是学习者，教师学习越来越受到人们的关注和重视。

教师学习并非属于近年来的新话题，而是一个自古以来即备受关注和重视的话题。中国自古以来即有"学而不厌，诲人不倦"的说法，教师为了胜任工作，在整个教师生涯中都需要持续不断地学习。西方20世纪80年代即对教师学习研究十分重视。1985年，美国教育部教育研究与促进办公室在密歇根州立大学教育学院成立了"全国教师教育研究中心"，进一步强化了教师学习领域研究的领导。在《教师教育与学会教学研究》中对教师学习的意义和目的进行了研究，这一研究成了教师学习理论建构的重要基础。1998年，美国全国教学与美国未来委员会发布了《变化中的工作，变化中的学习：工作场所和社区中教师学习的必要性》报告，报告中多次强调教师学习

---

① 爱德华·希尔斯.学术的秩序——当代大学论文集[M].北京：商务印书馆，2007：31.

的重要性和必要性。进入 21 世纪以来，教师学习越来越受到世界各国教育者的认可，国外学者从教师专业发展的角度对教师学习的理论和实践价值、教师学习的模式，教师学习与其专业发展的关系，以及教师学习的内容进行了较为全面和系统的探讨。教师学习的目的在于提高教师专业发展能力和促进教师个人成长。中国自 21 世纪以来对教师学习越来越重视，从不同角度对教师学习的意义进行了探讨。我国学者对教师学习的研讨大多集中于教师学习的内涵、特征以及教师学习的价值和教师学习的途径与方式。

综上所述，随着知识经济的到来，知识的更新迭代速度越来越快，终身学习成为全球的发展趋势，也对教师的发展提出了更高的要求。教师发展已成为全球各个国家的共识，引发了全球学者的关注。

第二节　选题意义

本选题通过对高校教师教学改革现状的分析，指出高校教师教学改革的最大阻力是教师的教学改革惰性，惰性会对高校教师教学活动产生消极影响，如何消解惰性、对教师惰性进行干预变得极有意义。选题对教师专业发展进行探索，寻求克服教师教学改革惰性的途径，最终达到推动高校教师教学改革创新与发展的目的。

一、帮助高校教师克服惰性

教师学习贯穿于教师成长和发展的每一个阶段，无论在职前还是职后阶段，教师学习均十分重要，是教师能否适应时代，推动高校教师持续成长的关键。在职前教育阶段，学生的主要任务是学习，拥有良好的学习资源和大量的学习时间。而在职后阶段，走上工作岗位后，高校教师往往在工作中承担着较重的工作压力，难以集中时间和精力在学习方面，这不利于高校教师的学习，因此部分高校教师产生了较强的惰性心理。本书针对高校教师教学改革的惰性心理而展开，对高校教师惰性心理的原因和类型进行详细分析，为高校教师克服惰性提供了良好的解决方案。

当前，随着互联网科技的发展以及经济全球化时代的到来，高校教师面临着社会飞速发展、知识更新迭代速度加快的时代环境。在这样的环境下，学生的知识获取方式发生了较大变化，教师教学不再是学生获得知识的唯一途径，除了教师教学，学生还可以通过各种各样的途径获取知识，然而教师可以帮助学生进行知识的碎片化整合，而不再仅仅局限于知识本身的传授。这就为教师提出了更高的要求。除此之外，教师在教学过程中，单纯地依赖传统的教学方式进行知识传授已不能满足实际教学需要，相反，教师在实际教学实践中面临着复杂的抉择，这些抉择需要教师掌握不同的知识类型，以便在教学中根据学生不同的成长环境、学习能力、学习阶段选择不同的授课方式和知识类型，满足学生不同的知识需求。此外，随着时代的发展，人们对教育越来越重视，对教师的期望值越来越高，教师只有保持高昂的学习意愿，才能克服惰性，满足现实社会中人们对教育的需要，满足学生对复合型知识的需求。本书通过对教师惰性的分析，让教师明确教学惰性的类型及特点，有利于教师了解惰性产生的根源，让教师认识到在工作中继续学习的重要性，为教师教学惰性的改革奠定坚实的基础。

教师学习不仅需要依靠教师的自觉意识，还有赖于教师教学制度的推动。只有当教师学习和教师惰性的改革成为教师教学工作的衡量结果，与教师的薪酬、教学成果以及教学奖励等相挂钩时，才能从根本上推动教师学习与教师教学惰性的改革。

二、帮助高校教师奠定终身学习的基础

随着终身学习时代的到来，时代和社会对教师发展提出了新的要求，教师必须具备终身学习的意识，唯有如此，才能最终推动高校教师形成自主学习的意识，养成自我反思的习惯和自我发展的能力。

其一，帮助高校教师形成自主学习意识。

随着终身学习时代的到来，教师的自主学习意识在教师职业发展和教学改革中所起的作用越来越重要。教师的自主学习意识在教师职前教育和职后教育中均起着十分重要的作用。如果教师在职前教育中缺乏自主学习意识，那么教师的阶段性学习目标则不明确，缺乏探索知识的动力，最终将导致教师的学习动力低下，学习效率不高，从而产生较强的学习倦怠情绪，不利于教师职前教育的进行与教师角色和身份认同。教师职前教育是教师教育的重要阶段和必要阶段，也是教师形成自我角色和身份认同的第一步，教师只有在职前教育阶段形成自主学习意识才能清楚地意识到自身角色对学生成长和发展的重要性，同时才能明确专业身份的重要性。而自主学习意识的养成有利于教师提升自我职业角色和身份认同，从而有利于教师更加积极地投入到学习中去，更好地学习教师知识和技能。教师职后教育在教师教育中同样具有十分重要的作用。教师职后教育不同于教师职前教育，除了学校或有关

部门组织的职后教育培训，教师还需不断地进行自我学习，才能紧跟时代潮流，适应高校教育的发展需要。从这一视角来看，教师在职后应形成良好的自主学习意识，否则，如果教师在职后的自主学习意识不强，自主学习的认知和动力缺乏，那么将直接影响教师的职后学习动力，而养成自主学习能力则为教师的终身学习奠定了基础。

其二，帮助高校教师养成自我反思的习惯。

自我反思是高校教师最重要的良好品质之一，同时也是教师学习的一种重要方式。教师只有在教学过程中，不断地反思教学中出现和存在的种种问题，才能实现不断进步。教师在职前学习阶段，除学习专业知识外，还学习了大量与教学相关的理论，然而此时由于实践机会较少，教师难以对教学相关理论产生深刻的理解，而在职后长期从事教学活动的过程中，随着现实实践经验的积累，教师在教学实践中，根据现实情况逐渐形成自己的认知，在实践中的自我反思有利于形成教师行动和思维之间的互补和共生，同时推动教师循序渐进，逐步思考，不断完善智慧和创造力，推动教师系统思维体系的形成。否则，高校教师如果缺乏自我反思，那么势必会将教学实践和教学理论分开，无法将两者的互动整合，从而影响教师教学系统思维的形成。长此以往，易使教师产生教学惰性，最终导致教师与社会教学需求脱节。因此，从这一角度来看，教师在教学中养成自我反思的习惯有利于教师终身学习意识的培养，同时有利于教师在现实实践中积累丰富的经验，从而不断更新知识，提升教学能力，达到适应教师发展需要的重要目的。

其三，帮助高校教师培养自我发展的能力。

教师在充足的理论知识和教学策略下，在工作中灵活运用自我发展能力，有利于提升实际教学能力，不断积累实际教学经验，实现自我更新，推动教学实践能力的增长，从而实现高校教师的自主学习，养成高校教师的自我反思意识。教师自我发展能力不仅是在专业学习和理论学习中形成的，还是在高校教学实践经验中积累而成的，只有在教学实践中不断反思，才有利于形成完整的自我学习体系，才能推动教师的自我发展。

本书对高校教师教学改革惰性的研究以及对教师专业发展的论述有利于研究在目前高校教学改革的现状下如何消解惰性、提升教师的素养、培养高校教师自我学习意识，从而推动高校教师的教学改革和自我发展能力，为高等教育高质量发展打下更好的基础。

第一章　高质量教育要求高校教师教学改革

第一节　高校教师教学改革的演进史

改革开放 40 多年来，我国高等教育经历了多次改革与发展，其中，高校教师教学改革始终是教育改革的核心和主要内容。本节主要对中国高校教师教学的改革史和发展史进行详细分析与阐释。纵观中国高校教师教学改革的演进史，根据时间可大致划分为两个阶段。

一、21 世纪前的高校教师教学改革

改革开放后，为使高校教学工作尽快恢复和发展，教育部于 1978 年出台了《关于讨论和实行〈全国重点高等学校暂行工作条例（试行草案）〉的通知》，推动我国高校教学工作尽快恢复与发展。

（一）教师职称制和教师聘任制度的建立

改革开放以来，为了推动高校教师教学改革，我国逐步规范了高校教师职称和高校聘任制度。

1979 年 9 月，教育部下发了《教育部关于一九七九年下半年高等学校教师确定和提升职称几个问题的通知》，该通知中对前一时期我国高校教师在职称评定方面的错误进行了纠正。1980 年 10 月，教育部下发《关于加强高等师范学校师资队伍建设的意见》，明确要求各高等师范院校加强对师资队伍的建设。

1985 年，《中共中央关于科学技术体制改革的决定》对我国的职称评定制度进行了改革，自 1986 年开始我国各级各类学校相继实行了教师职务聘任制度。1991 年，原国家教委和原人事部联合印发了《关于高等学校继续做好教师职务评聘工作的意见》，该文件进一步明确了高校教师的职务评聘工作的主要原则，我国高校教师评聘的试点工作随即开始。1992 年，我国

正式确立了社会主义有市场经济体制的改革目标，这为我国高校教师的评聘分离和择优聘任的制度奠定了基础。1999年，我国颁布的《中华人民共和国高等教育法》中对高校教师的评聘制度进行了详细规定，标志着我国高校教师职务聘任走上了法制化和规范化的道路。

我国高校教师聘任制度的形成与发展离不开我国教师资格评定制度的建设与发展。我国教师资格评定制度与其他国家相比起步较晚，虽然我国自古以来就形成了尊师重教的传统，但在长期的发展中却并没有形成一套严格而规范的教师资格制度。中华人民共和国成立后我国教师教育取得了长足发展，培养了无数杰出的教育建设人才，然而在教师的准入、考核和培训等方面却没有形成一套规范、完善、科学、严谨的制度体系。1993年10月31日，第八届全国人大常委会第四次会议通过的《中华人民共和国教师法》明确规定我国实行教师资格制度，并对教师资格标准和条件、申请认定程序、教师资格考试等做出了规定，并授权国务院及其教育行政部门制定相关的实施办法。1995年《中华人民共和国教育法》颁布，规定："国家实行教师资格、职务、聘任制度，通过考核、奖励、培养和培训，提高教师素质，加强教师队伍建设。"[①]1996年1月，原国家教委下发了《教师资格认定的过渡办法》，对我国原有教师的资格认定进行了详细规定。2000年9月23日，教育部发布了面向社会认定教师资格的操作性规定——《〈教师资格条例〉实施办法》，这标志着我国教师资格制度进入全面实施阶段。

（二）教学管理制度的初步改革

高校教学管理制度的初步改革包括我国学分制的试行与推广、选课制的试行，以及双学位制度的探索、教学评估制度的初步建立等。

其一，21世纪前我国高校学分制度的建立。

学分制又称为选修制。根据《国际高等教育百科全书》的解释，学分制是以学分为计量单位，衡量某一教学过程对完成学位要求所做贡献的一种管理方法。[②] 学分制最初起源于18世纪的德国。18世纪末期，选课制被美国总统托马斯·杰斐逊引入美国的威廉和玛丽学院。我国高校学分制的实行离不开经济、社会以及科技的发展。从科技背景来看。20世纪40年代以来，随着原子能技术，生物技术以及电子技术的迅速发展，人类的发展进入了一

---

① 孙霄兵，马雷军. 教育法理学 [M]. 北京：教育科学出版社，2017：399.
② 倪少凯，陈露晓. 学分制度导引 [M]. 北京：中国医药科技出版社，2006：7.

个全新的发展时期。这一时期科学技术的发展速度十分迅猛，知识老化速度加快，据不完全统计，一个人大学毕业后只能获得10%的有用知识，由此可见知识迭代速度之快。另一方面，随着科学技术的迅猛发展，各种新兴学科、边缘学科层出不穷，全球科技一体化趋势不断增强。1978年，随着改革开放政策的实施，我国开始从计划经济转向市场经济。与此同时，第三次科技革命以信息技术为特征，在全球范围内掀起了势不可挡的发展浪潮，在社会各个领域尤其是教育领域引发了一场深刻的革命。第三次科技革命推动了知识经济时代的到来，科技和知识的结合更加紧密，知识和科学技术在经济发展中的作用也越来越突出。这一时期社会对于综合素质人才、高精尖人才以及应用型人才的需求越来越迫切，高等教育单一的培养模式已经不能适应当时中国社会人才的培养需要。在这一背景下，我国的学分制教学管理制度被正式提上议事日程。此外，学分制的实行更符合社会经济和科学发展对人才的需要。改革开放以来，伴随着我国社会主义市场经济体制的不断完善和深入发展，我国社会经济结构和产业结构发生了巨大变化，社会对于人才的需求也相应发生了较大变化。

1978年3月，全国科技大会第一次提出了"有条件的高等院校，可以实行学分制"的号召。此后，我国武汉大学、南京大学等重点高校开始在校内试行学分制实验，成为我国高校中推行学分制的先行者。随着学分制在我国高校开始试点，关于学分制的讨论以及学分制实行的经验等学术文章纷纷出台，一时间学分制成为我国高校讨论的重点。1983年前后是我国高等教育学分制改革的发展阶段。随着这一时期学分制试行范围的扩大，我国高校学术界关于学分制的讨论也逐渐深入和扩大。1985年我国颁布了《中共中央关于教育体制改革的决定》，该决定明确提出，在高校教学中，增加选修课，减少必修课，实行学分制和双学位制。截至1986年，我国实行学分制的高校已接近我国高校总数的1/5，几乎所有的重点大学均实行了学分制。1987年，原国家教委印发的《部分高等学校试行学分制工作座谈会纪要》标志着我国高校首次获得了一定的课程设置自主权。一系列制度建设为我国高校学分制度的建立奠定了良好的基础。

其二，21世纪前我国高校选课制和双学位制的初步建立。

20世纪80年代，随着全国科学大会和教育工作会议的召开，我国高校开始正式试行选课制，而选课制的试行在一定程度上推动了我国高校教学个性化和创新化发展的进程，进一步推动了我国高校学分制度的改革与发展。

此外，1985年发布的《中共中央关于教育体制改革的决定》还强调了双学位制度的实行与推进。武汉大学是我国率先进行双学位改革的高校之一，学生可根据兴趣和特长发展所长，而学校也可更加注重因材施教。

其三，21世纪前我国高校教学评估制度的初步建立。

1985年，《中共中央关于教育体制改革的决定》首次提出了"高校办学水平评估"的概念。之后，我国成立了专项小组，对高等教育质量评估办法进行研究和探索。1990年10月，我国原国家教委出台《普通高等学校教育评估暂行规定》，初步确立了我国高等教育质量评定模式与框架。1991年，中央成立教育评估研究协作组并针对高校质量保障积极开展了一系列卓有成效的工作。1993年，中央下发《中国教育改革和发展纲要》，明确指出各地教育部门要把检查评估学校教育质量作为一项经常性的任务。1994年，在原国家教委的委托下，我国第一个专门的教育评估机构"高等学校与科研院所学位与研究生评估所"诞生，这是一家事业单位性质的非营利机构，承担开展学位与研究生教育评估及有关咨询服务。1995年之后，我国高等教育本科教堂评估工作大面积展开，并采用合格评估、优秀评估、随机性水平评估三层次评估方法。

教学管理制度是为高校教学质量而服务的制度。高校教学管理制度的发展为我国高校教学质量的提高奠定了良好基础。

（三）教学模式的改革与发展

改革开放后，我国对高校教学模式进行了相关规定。21世纪前，我国虽然已经开始进行高校教学模式改革，然而从整体上来看，这一时期我国高校教学模式仍然以教师主导的讲授式教学为主。1961年，教育部颁布了《教育部直属高等学校暂行工作条例（草案）》，指出课堂讲授是我国教学的基本形式。因此，教师必须提升其课堂讲授水平，而高校的其他各个教学环节也必须在教师的指导下进行。在强调教师讲授式教学之外，这一文件还强调了启发式教学模式和因材施教的重要性，指出："教师要认真地传授自己的知识和经验，负责地教育学生和严格地要求学生，启发学生的主动性和积极性，注意因材施教。教师要注意听取学生对教学的意见和要求，改进教学工作，做到教学相长。"[①] 这一教学模式初步表现出了改革与创新意识。

---

① 胡建华，陈玉祥，邵波，等. 我国高等学校教学改革30年［J］. 教育研究，2008（10）：11-20.

二、21世纪后的高校教师教学改革

进入21世纪后,随着我国高校教育教学改革的深化,我国高校教师教学改革呈现出日益深化的特点。

(一)高校课程和教学内容的改革

自20世纪90年代以来,伴随着我国经济从计划经济体制全面向市场经济体制转变,我国高校教育教学内容进一步深化,朝着更加适应社会主义市场经济的方向发展。21世纪以来,随着科技信息化的发展以及知识经济的到来,我国高校课程体系和教学内容呈现出现代化、国际化以及基础化的发展方向。

1. 高校教学课程和内容改革的现代化

高校教学课程和内容改革的现代化是指我国高校自改革开放以来即朝着内容现代化的方向发展,体现出教学内容的不断推陈出新以及朝着加强学校和学生的自主权方面发展。例如,教学内推陈出新是指高校教学内容随着知识迭代速度的不断加快,朝着革新化和学科内容更新化的方向发展。改革开放以来,我国对高校教学课程和内容进行了多次改革。

1987年,我国第一部关于高校专业设置管理的法规《普通高等学校本科专业设置暂行规定》出台,标志着我国专业调整从计划指令向宏观调控转变。同年,我国对于本科专业目录进行设置。1993年,我国再次对本科专业目录进行修订,形成了《普通高等学校本科专业目录》,进一步拓宽了专业口径,这一时期的高校专业目录设置开始将学科性质及特点作为基本依据,使我国专业设置管理走上了科学化、规范化以及制度化的道路。1998年,我国第四次对本科的专业设置进行调整,颁布了《普通高等学校本科专业目录》。2001年,我国教育部颁布了《教育部关于做好普通高等学校本科学科专业结构调整工作的若干原则意见》,使我国高校的专业设置更加符合经济全球化的人才培养需求。2003年,教育部发布《关于进一步深化教育改革,促进高校毕业生就业工作的若干意见》,指出高校专业设置应与高校毕业生就业状况挂钩。2004年,《国务院办公厅关于进一步做好2004年普通高等学校毕业生就业工作的通知》再次强调高校专业设置要与毕业生就业相挂钩。2007年,教育部联合财政部出台了《教育部财政部关于实施高等学校本科教学质量与教学改革工程的意见》,其中提出我国高校应构建专业设置预测机制。由此可见，高校专业设置与社会需求之间的衔接已经上升为高等教育教学改革中的重点项目。2017年《教育部等五部门关于深化高等教育领域简政放权放管结合优化服务改革的若干意见》提出建立高校招生、毕业生就业与专业设置联动机制。高校专业设置和改革进一步推动了我国高校教学内容改革，使高校教育内容不断朝着现代化的方向发展。

除此之外，自改革开放以来，我国学分制、选修制等制度的实行打破了学年制中固有的教学内容，为更多新兴学科和边缘学科进入学生的课程体系创造了条件，这在一定程度上推动了前沿知识向教学内容的转化，确保了教学内容富有时代性特点，进一步推动了我国高校教学内容丰富化，学生个体在课程的选择上拥有了更大的自主权。

2. 高校教学课程和内容改革的国际化

高校教学课程内容改革的国际化建立在21世纪以来国际教育形式的变化之上。进入21世纪后，随着经济全球化的发展以及以原子能、航天和电子计算机的应用为代表的第三次科技革命的发展，国家与国家之间的藩篱进一步被打破，高等教育国际化成为各个高家高等教育发展的潮流，推动我国高校教学内容进一步朝着国际化的方向发展。早在21世纪前，我国高校即通过优化课程结构、引进外籍教育人才、加强涉外课程等方式推动我国高校教学课程和内容的国际化改革。"双一流"大学的概念于2015年10月在国务院印发的《统筹推进世界一流大学和一流学科建设总体方案》中被提出[1]，"双一流"大学的提出对提升我国高等教育特色水平，提升我国高等教育发展的均衡性，缩短我国高等教育与世界高等教育之间的差距，加强我国高等院校一流学科和一流教师队伍、顶尖科研人才的培养以及提升我国高等教育科研水平等方面具有重大意义。除了"双一流"大学建设，21世纪以来，我国还加强了高等教育"走出去"战略，通过汉语桥工程、汉语水平考试等方式推广中国教育与中国文化，力求将中国高等教育和文化推广至全世界。从高校教学课程和内容改革方面来看，"双一流"大学概念的提出以及我国对外合作办学和走出去办学的模式均为我国高校教育教学内容改革提供了改革与发展方向。

高校教学内容的基础化是指改革开放后，受终身教育理念的影响，高校

---

[1] 孙诚."双一流"大学建设与高等教育特色发展[J].天津中德应用技术大学学报，2017（2）：22-27.

教育不再是社会精英的特权，而要朝着高等教育大众化的方向发展，成为社会适龄学生所受教育的基本教育，是个体整个教育过程中的重要阶段，也是个体继续教育的起点和基础。此外，随着我国本硕博三级现代高等教育体系的建立，高校本科教育在高等教育体系中的基础性地位更加鲜明，促进了我国高校本科教学向着基础性教育的方向发展，大力推广通识教育和综合教育课程、公共选修课程等。

（二）高校教师教学方式和手段改革

高校课程和教学内容的改革为我国高校教师教学方式和教学手段的改革与发展奠定了基础。早在改革开放初期，我国发布的有关教育改革政策在提及教学模式时就指出以教师讲授的教学方式为主，同时对启发式教学和因材施教的高校教学改革方式进行了较为详细的介绍。进入21世纪后，我国高校教育模式开始从以教师为中心的教学模式朝着以学生为中心的教学模式转变。伴随着教学模式的改革，我国高校教师的教学方式和教学手段发生了较大变化。尤其是随着2000年"新世纪高等教育教学改革工程"、2007年"高等学校本科教学质量与教学改革工程"、2010年《国家中长期教育改革和发展规划纲要（2010—2020年）》、2012年《教育信息化十年发展规划（2011—2020年）》、2016年《教育部关于中央部门所属高校深化教育教学改革的指导意见》、2018年《普通高等学校本科专业类教学质量国家标准》等改革工程的实施和文件的发布，除了教师讲授法，教学方式开始呈现出丰富化和多元化的面貌。这一时期，高校案例教学法、讨论式教学法、学术沙龙式教学法、启发式教学法、情境教学法、发现教学法、程序教学法、自主教学法等多种教学方法被应用到高校教学中来。这一时期，我国的高校教学方式和教学手法改革呈现出建立教学活动中的学生主体与学生中心地位、注重教师与学生之间的课堂交流与互动注重在教学中培养学生各方面的综合素质与能力以及注重对教学方法与教学手段的理论性研究等重要特点。此外，随着我国信息技术的发展，我国高校教学改革方法和教学手段已朝着信息化的方向发展。

（三）高校教师教学质量管理制度改革

"高等教育质量"这一概念是在高等教育从精英化向大众化发展过程中产生的专业术语。20世纪90年代，随着我国社会市场经济改革的深入，我国高等教育人才的社会需求越来越旺盛，高等教育开始从精英化教育朝着大众化教育的方向发展。20世纪80年代，我国高等教育开始进行改革，此时正值西方高等教育教学质量的批评之声不绝于耳之时。此时，由于西方国家的高等教育质量出现大幅下滑趋势，美国等国开始加大对高校教育质量的重视程度。1983年，美国高质量教育委员会发表《国家处于危险之中，教育改革势在必行》的报告，1984年，美国"高质量高等教育研究小组"指出当代美国高等教育的根本问题是教育的质量问题。之后，美国社会对于保证高等教育质量的呼声越来越高。20世纪80年代后期，随着日本经济高速发展时期结束，日本企业在国际性经济竞争和高科技竞争的压力下，对于高等教育质量提出了新的要求，对于国内高等教育质量的批评声也不绝于耳。1998年10月，第一届世界高等教育大会通过了《21世纪的高等教育：展望和行动世界宣言》，重点强调了21世纪高等教育的发展方向，从多个角度强调了高等教育质量的重要性。

所谓"质量管理"是指在质量方面进行指挥和控制组织的协调的活动。所谓高等教育质量管理是指通过对高等教育质量方针、目标、职责和程序进行规定，并通过建立和保持的相关体系进行过程管理、质量策划、质量控制、质量保证和质量改进实施和实现所有质量管理职能的所有活动。[①]20世纪90年代，西方国家大学中传统的质量管理方式受到LE国际化与产业化绩效评估标准的挑战，受企业质量管理的经验启发，许多大学将ISO 9000标准和全面质量管理体系引入LE高等教育质量管理实践。除此之外，在高等教育质量标准制订方面，欧洲各国根据自身高等教育发展理念、路径、环境条件等形成了具有多种特色的高等教育质量保障体系，越来越多的国家和地区建立了高等教育质量保证机构，对高等教育质量进行评估。1984年法国出台了新的《高等教育法》，明确指出要成立科学、文化和职业公共高等学校国家评估委员会，对法国高等教育机构进行综合性整体评估，由此对全国高等院校的教育质量进行控制。1991年英国发布《高等教育：一个新框架》白皮书，对高等教育质量控制、审核、评估等进行了明确说明和区分，从而有效保证评估工作的有序性。荷兰政府针对高等教育质量先后出台了《开放大学法》《大学教育法》和《高等职业教育法》，在确保大学自治的同时，保障高等教育质量。瑞典全国高等教育局为进行高等教育质量管理颁发了一系列具有法律效力的条例，通过对高等院校和课程的认可、对高等院校的质量检查、对高等院校学科的国家评估等方面的管理确保高等教育质量。2000

---

① 廖浩然.我国高等教育质量管理的制度分析[D].长沙：湖南师范大学，2008：16.

年，澳大利亚成立大学质量监控署对高等教育质量进行监控。大学质量监控署不同于其他国家以政府为主的高等教育质量管理体系，是一个独立的、非营利性的机构，其在与政府和高校保持一定距离的基础上，对会员院校开展外部检查并公布检查结果。

1999年之前，我国高等教育教学质量改革主要体现在高校教学评估方面，初步建立了高校教学评估制度。1999年高校开始大规模扩招之后，我国高等教育质量问题开始显现。由于大规模扩招，我国大部分高校呈超负荷运行状态，教育投入增长速度、师资队伍增长幅度、办学条件等均出现了跟不上高校发展的现象，高等教育质量问题引发了全国公众的普遍关注。早在20世纪90年代，我国即提出并实施了"211"工程和"985"工程，力求在10～20年内建设若干所大学和一批重点学科进入世界一流水平。为了加强高等教育质量管理，2001年，教育部印发了《关于加强高等学校本科教学工作提高教学质量的若干意见》，对高等教育教学工作提出了12条要求。2002年6月，教育将合格评估、优秀评估、随机性水平评估三种形式的评估进行合并，统一为"普通高等学校本科教学工作水平评估"。2004年，教育部发布的《2003-2007年教育振兴行动计划》正式将"完善高等学校教学质量评估与保障机制"作为一项制度确立下来，实行5年一轮的普通高校教学工作水平评估制度。2004年8月12日，教育部印发了《普通高等学校本科教学工作水平评估方案（试行）》，正式设立了我国国家层面的高等教育质量评估专门机构——中华人民共和国教育部高等教育教学评估中心，全面启动周期性教学评估工作，这标志着我国高等教育教学评估工作进入一个规范化、制度化的发展阶段。2007年年初，我国中央政府决定在"十一五"期间投入25亿元实施高等教育"质量工程"。2009年初，教育部高等教育司和评估中心联合制定了《普通高等学校本科教学工作合格评估方案》。2011年，教育部办公厅颁发了《教育部办公厅关于开展普通高等学校本科教学工作合格评估的通知》等系列文件，制定了新一轮的合格评估方案。2013年12月，教育部制定了《教育部关于开展普通高等学校本科教学工作审核评估的通知》。2018年，我国教育部发布了我国高等教育领域首个教学质量国家标准——《普通高等学校本科专业类教学质量国家标准》，该标准与全世界重视人才培养质量的发展潮流相一致，突出学生中心、产出导向、持续改进等原则，坚持底线与目标相统一，定性与定量相统一，在统一标准的基础上，保障各校专业人才培养具有足够的拓展空间。这一高等教育质量标准的颁布对建设中国特色、世界水平的高等教育质量标准体系具有重要的标志性意义。

（四）高校教师聘用制度改革与发展

聘用制度又称为聘用制，是高等院校与教师按照国家有关法律、政策，在平等自愿、协商一致的基础上，通过签订聘用合同，明确聘用单位和受聘人员与工作有关的权利和义务的用人方式，包括公开招聘、签订聘用合同、定期考核、解聘辞聘等制度。[1]

自从我国《中华人民共和国教师法》于1994年1月1日起正式实施以来，我国建设了相对完善的高校教师培养制度，《中华人民共和国教育法》《教师资格条例》《中华人民共和国高等教育法》《高等学校教师培训工作规程》《全国教育人才发展中长期规划（2010—2020年）》等法律法规、政策陆续出台，为我国教师教育的教师队伍建设指明了方向。2017年10月，我国正式发布了《普通高等学校师范类专业认证实施办法（暂行）》，该认证实施办法中将我国教师教育认证进行了分级，其中从横向分为学前教育、小学教育、中学教育、特殊教育、职业教育等五类教育专业认证标准。从纵向上来看，则分为三级认证水平，其中第一级是以大数据为依托，对师范类专业办学进行常态化监测，是必须达到的师范类专业办学基本要求；第二级认证旨在对其教学质量合格标准认证，以教师教育质量标准体系为导向，促进教师教育实质性提升；第三级定位于师范类专业教学质量卓越标准认证，"建立健全基于产出的人才培养体系和运行有效的质量持续改进机制，打造一流质量标杆，提升教师教育的国际影响力和竞争力。"[2] 这一认证办法的出台在完善我国教师教育体制的同时，推动了我国职业高校教师人才的培养。

当前，随着我国高校聘任制度改革的深化，我国初步建立了完善的高校教师聘任制度，以及高校教师培训制度和发展制度，为我国高校教师教学改革的进一步发展奠定了良好的基础。

纵观我国高校教师教学改革发展历程，自改革开放以来，随着国内国际形势的变化和发展，我国对高等教育人才培养的重视程度越来越高。尤其是进入21世纪以来，随着我国高等教育逐渐与世界高等教育接轨，我国逐渐建立了较为完善的适应新时代高等教育发展的高校教师教学制度，而教师教学制度作为高等教育教学改革的重点，依托学分制改革、教学模式改革、教

---

[1] 任友洲，杨万文，李欢.高等学校新进教师入岗必读[M].武汉：华中师范大学出版社，2013：82.

[2] 李红清，李建辉.师范专业标准：教师教育质量的源头保证[J].闽南师范大学学报（哲学社会科学版），2019，33（1）：107-111.

学方法改革、教学质量改革等各项教学改革制度而建立。

第二节　高校教师教学改革的内涵与目的

现阶段我国学者对高校教育教学改革的研究多以整体教学改革为主，较少对高校教师教学改革进行研究。本节主要对高校教师教学改革的内涵和目的进行详细阐释。

一、高校教师教学改革的内涵

本书将高校教师教学改革的内涵划分为教师教学理念、教师教学目标和教学内容、教师教学方法和教学手段、教师教学评价、教师教学薪酬等方面。

（一）教师教学理念改革

教学理念是指教师在职前教育、教学实践和时代精神等多种因素的影响下逐渐形成的关于教学的理性认识，主要通过教师观、教学观、课程观和教学目的观等表现出来。[①]

中华人民共和国成立后，我国在很长一段时间以数量和规模来对高等教育的发展水平进行衡量。这种重数量而轻质量的高等教育发展观曾在我国多个时期的高等教育中起主导作用，其带来的负面作用和教训也是极为深刻的。历史上，我国高等院校曾在20世纪50年代末60年代初、20世纪80年代初，以及20世纪90年代初秉承以牺牲质量为代价求数量发展的高等教育发展观，进行短期内的高速发展。然而，每次高速增长均需经历一次高等教育调整、整顿和提高的过程，从长远来看，这种发展观并不能有效推动我国现代高等教育的发展，并造成了高等教育资源的极大浪费。近年来，我国现代高等教育发展观开始从以外延式发展为主转变为以内涵式发展为主，并树立起了规模与质量、效益、结构协调发展，以及注重强化质量意识的思想观念，我国现代高等教育更加强调质量意识。纵观21世纪世界各国现代高等教育的发展，注重质量意识已经成为世界各国现代高等教育的共同趋势。

---

① 谭素.职业教育现代转型背景下中职教师教学理念的创新[D].长沙：湖南农业大学，2017：21.

近年来，我国的现代高等教育不断增强质量意识，提高教学质量，并进行了一系列教学改革，高校的教师教学理念也发生了重要变革。

随着我国对高校教育质量的日益重视，高校教师教学效果逐渐成为社会关注的焦点。为了提升高校教师教学效果，高校教师在教学活动中必须转变固有的教学理念，从以教师为中心的知识传授式教学理念朝着以学生为中心的启发式教学理念转变。"以教师为中心"的教学理念是指教师在教学过程中处于绝对主体地位，大多采用"知识灌输"式的教育，这种教学理念对学生在课堂中的要求较少，仅要求学生在课堂中学习牢记教师所传授的知识，整个过程无须思考，也无须发问，仅仅等待知识被装进大脑即可。这种教学理念中，学生处于被动式学习，易造成学生对知识的不理解，师生之间缺乏有效的沟通与交流，学生易对所学知识丧失兴趣，易导致学生学习效果差。而对教师来说，在这种传统的教学理念中，虽然教师在教学过程中处于绝对主体地位，但是由于教学过程十分枯燥乏味，整个教学过程中教师与学生之间缺乏必要的交流，使教师在教学过程中无法实现教学相长，久而久之，易导致教师产生职业倦怠，不利于教师教学质量的提升。

"以学生为中心"的教学理念是指在教学过程中充分尊重学生的个性，从学生的兴趣和认知规律出发，制订适合学生学习的内容。在课堂教学中，不以知识传授为最主要目标，而以提升学生理解力、分析力、阅读力、沟通力、表达力、创新力等综合能力和水平为最终目的。在教学过程中，教师打破了一味的知识灌输式手法，而通过走进学生、了解学生，与学生建立良好的教学互动与沟通，实现教学相长、提升学生整体素质与能力、提升高校教学质量的教学目的。

（二）教师教学目标和教学内容改革

教学活动是一种师生双方共同完成的教育过程，该教育过程以课程内容为中介。教师教学活动的目标是指教育过程中所要达到的教育目的和取得的教育结果。

纵观改革开放四十多年来，我国高校的教学目标发生了多种变化。改革开放前为了适应社会主义发展和建设的需要，我国高校确立了专业化的人才培养目标，成立了大量专门院校培养专业人才。这种高校人才培养模式适应了中华人民共和国建立初期社会发展对专门人才的需求，较好地推动了当时我国政治、经济和文化建设。改革开放后，随着我国经济体制改革和社会经济、文化的迅速恢复与发展，我国高校教学目标发生了较大变化。1985 年，

《中共中央关于教育体制改革的决定》提出了"多出人才，出好人才"的目标，推动高校大力培养一专多能，全面发展的人才。20世纪90年代，我国社会经济从计划经济时代全面向市场经济发展，推动了我国社会主义各项事业的全面、快速发展，此时高校人才由于思想僵化、技能类型单一、人才层次比例欠缺等，不适应社会经济发展的需求。对此，为了推动我国高等教育事业的发展，也为了使高校人才适应社会的需求，我国高校人才培养目标发生了新的变化。1992年，原国家教委颁发了《全国教育事业十年规划和"八五"计划要点》，强调了高校教育质量和高校专门人才的培养目标。1994年，国务院颁布了《国务院关于〈中国教育改革和发展纲要〉的实施意见》，其中强调了高层次应用型人才和复合型人才的培养，为我国高校人才朝着多元化培养目标的发展奠定了基础。为了实现这一人才培养目标，经国务院批准，由中央政府拨出专项资金开始实施"211工程"建设，所谓"211工程"即是指面向21世纪，建设100所左右高等院校，并建设一批重点学科。1999年1月，我国"985工程"启动。所谓"985工程"即是国家为建设若干所具有世界先进水平的一流大学和一批国际知名的高水平研究型大学而实施的一项高等教育建设工程。[①]

1998年颁布的《中华人民共和国高等教育法》提出了培养具有创新精神和实践能力强的高级专门人才的要求。1999年，《中共中央国务院关于深化教育改革全面推进素质教育的决定》指出："实施素质教育，就是全面贯彻党的教育方针，以提高国民素质为根本宗旨，以培养学生的创新精神和实践能力为重点，造就'有理想、有道德、有文化、有纪律'的、德智体美等全面发展的社会主义事业建设者和接班人。"[②] 其中提出了提升学生综合素质的要求。

进入21世纪后，受知识经济时代的影响，社会对劳动者和高校人才提出了新的需求。在农业社会以及工业社会，社会要求劳动者具备较强的劳动技能，较少的文化知识和文化技能；然而在知识经济时代，知识成了经济活动中的核心因素，社会对劳动者的技能构成提出了新的要求，即要求劳动者拥有更多的知识和智力，只有实现知识分子的知识化与劳动化的统一，才能在知识经济时代立于不败之地。此外，知识经济具有全球性的特点，知识具有共享性和非排他性的特点，随着当前国际交流越来越频繁，跨国交流与合

---

① 张华星. 新时期我国高等教育改革与发展研究[D]. 乌鲁木齐：新疆大学，2012.
② 魏礼群. 当代中国社会大事典（1978—2015）第二卷[M]. 北京：商务印书馆，2017：312.

作已成为世界不可阻挡的趋势和潮流，这对人才发展提出了新的需求。在知识经济时代以及我国社会主义市场经济体制深入改革的背景下，我国高校人才培养目标呈现出鲜明的多元化发展趋势。高校人才培养目标的变化与发展决定了高校教师教学目标的变化与发展趋势。当前，在我国高校多元化人才培养目标下，我国高校教师教学目标改革的总体趋势即是围绕这一人才培养目标朝着更加科学化、可操作性的方向发展，提升我国高校人才的整体素质和能力，推动适应社会发展的多元化人才培养。

高校教师的教学内容改革则是根据教学目标的发展而变化的，教学内容是教学目标实现的基础。当前我国高校教师教学内容存在教学内容陈旧、难易程度不合理等现象，因此应进行高校教师教学内容改革。

（三）教师教学方法和教学手段改革

教师教学方法和教师教学手段是实现教师教学目标的重要途径，也是达成教学任务的重要手段，直接影响着教师教学质量和效率。教师教学内容和教学方法是相辅相成的，如果空有内容而没有方法，那么便无法达成教学目标；而如果只有方法没有内容，也难以保障教学质量。中华人民共和国成立后，我国高等教育在教学实践上取得了一些经验，然而在教学内容和教学手段上仍然存在着许多弊端。尤其是改革开放以来，面对培养新型综合素质人才的需求，我国高等院校的教学方法和教学手段也必须进行相应的改革。

高校教师教学方法的改革还与教师教学理念和教师教学模式有关，随着我国高校教师教学理论从"以教师为中心"向"以学生为中心"转变，传统的以教师知识传授和知识灌输式为主的高校教师教学方法随着"以学生为中心"和教师学生双主体教学理念的发展已不再适应教学需要，应朝着多样化的教学方法转变，使高校教师教学方法更加丰富化和多元化。然而教师教学方法改革并非一朝一夕就能完成，需要依靠大量实践进行探索，因此我国高校教师教学方法具有较强的改革需求，需要进行改革。近年来，随着我国高等教育制度改革的推进，高校教学方法朝着调动学生学习积极性、主动性、创造性等方面变革，力图通过改革教学方法和教学手段，适应社会发展需要，提升高等教育水平。

除了教学方法改革，随着科技的发展，越来越多的新科技手段被应用到了社会实践中，为高校教师教学手段改革奠定了基础。改革开放以来，我国十分注重对教学手段的改革。从 20 世纪 80 年代开始，一些高等院校就率先引进了幻灯投影设备，利用声像资料进行教育；到了 20 世纪 90 年代后期，随着计算机技术的发展以及应用的推广,教学手段不断更新,教学现代化水平大大提升。1997 年,我国教育部和国家计委联合开展了"九五"国家重点科技攻关项目,项目之一的"计算机辅助教学软件的研制开发与应用"的正式实施,极大地推动了我国高等院校使用计算机辅助教学,使高校教学质量和教学效率得到了进一步提高。进入 21 世纪后,以互联网信息技术为主的新科技越来越广泛地被应用到教育教学中,为高校教师教学手法革新奠定了基础。例如,慕课技术的应用等。由于当前我国高校教师教学中对新技术手段的应用较少,难以充分发挥新技术在高校教师教学中的作用,所以在未来高校教师教学改革中,应对教师教学手段进入深入改革。

(四) 教师教学评价改革

教师教学评价是教学过程的重要组成部分,是高校对教师教学和教学质量进行客观评价的重要标准,不仅对高校教师教学质量起着十分重要的作用,还对高校教师的发展起着十分重要的推进作用。高校教师教学评价改革效果直接关系着我国高校教学质量的高低。

教师教学评价是通过系统地收集信息,对客体的价值做出判断的一种活动,是教育管理过程中的重要环节,认真开展教学评价活动对提高教学质量具有十分重要的意义。[①] 教师教学评价本质上是对教学活动现实价值或潜在价值做出判断的重要过程,是一种价值判断活动。教师教学评价活动在高校教学管理工作以及高校教学改革中具有十分重要的作用。

其一,高校教师教学评价可以起到推动高校教师教学管理的作用。高校教师教学评价是将高校教师教学工作纳入高校教育管理部门决策的重要依据,教师教学评价并非将评价当作主要目的,而是借助教师教学评价达到"以评促改、以评促建、评建结合、重在建设"的重要原则。通过教师教学评价的目标、指标体系等设计可以达到良好的教师教学管理的作用。其二,教师教学评价可以达到良好的学校发展和教学改革指向作用。高校教师教学评价可以较好地反映出高校教学活动中存在的一些问题,能够为下一步高校教师教学发展奠定良好的基础,从而达到明确高校改革和发展目标的重要作用。其三,教师教学评价可以达到良好的激励作用。教师教学评价一般通过教师自评、同行评价和学生评价进行,评价标准较为客观,可以使优秀者从中脱颖而出,达到选拔优秀的目的。此外,高校教师教学评价的客观还有利

---

① 房玲玲.高校教学改革与文化的融合创新研究[M].长春:吉林人民出版社,2018:131.

于激励高校教师，使高校教师处于公开公正的竞争环境中，有利于高校教师之间形成良性竞争。其四，教师教学评价可以达到良好的改进教学工作、促进教学改革的作用。高校教师教学活动是一个动态的发展过程，这一过程并非静止的和一成不变的，而是处于不断发展变化之中的，随着教学条件的变化而不断变化。在这一过程中，教师需要不断根据真实的教学情景开展教学活动。教师教学评价的过程是一个在全面、准确、真实而具体地了解被评价对象的基础上对教师教学活动做出的较为客观的评价，在这一过程中可以通过对教师教学信息的鉴定、筛选和分析等手段发现教师教学中存在的问题，从而对教师教学提出有针对性的意见和建议，最终达到不断推动教师教学改进和发展的目的。

我国自改革开放以来就十分注重教学质量，尤其是20世纪末21世纪初，知识经济时代的到来以及高等教育大众化带来的高校大规模扩招所导致的高校教学质量下滑等状况促使我国加强对高校教师教学质量的重视，推动我国高校教师教学评价体系改革。传统的高校教师教学评价体系现已建立，然而在教师教学评价指标、评价内容等方面仍然有待改进，因此从这一角度来看，高校教师教学评价改革也是我国高校教师教学改革的重要组成部分。

（五）教师教学薪酬改革

教师教学薪酬改革是我国高校教学改革的重要组成部分，也是推动我国高校教师教学质量提升的重要方法。高校教师教学薪酬改革从严格意义上来看，属于高校人事管理范畴，然而，由于高校教师教学薪酬改革对高校教师教学起着十分重要的影响，直接关系着高校教师参与教学改革的积极性和主动性，甚至可以说对高校教师教学改革起着直接和间接的影响，所以本书将高校教师教学薪酬改革作为高校教师教学改革的重要内涵之一。

中华人民共和国建立后至20世纪80年代中期，我国高等教育实行高度集中的计划管理模式，高校在校生人数较少，学校规模较小。这一时期，我国高校教师薪酬制度实行供给制和等级工资制。改革开放后，随着我国市场经济的建立，我国高校教师薪酬制度开始进行改革。1985年，我国国务院颁布了《关于国家机关和事业单位工作人员工资制度改革问题的通知》，按照这一通知，包括高校教师在内的国家机关和事业单位工作人员开始根据按劳分配原则，实行奖勤罚懒、奖优罚劣，以及将工资与职务、责任和劳动绩效挂钩，建立起了正常的晋级增资制度等内容。同年，《高等学校教职工工资制度改革实施方案》发布确立了高校教师以职务等级工资为主的结构工资制度，按照规定教师工资由职务工资、基础工资、工龄津贴、奖励工资四个部分组成。

20世纪90年代，随着我国社会市场经济的全面建立，我国原有的高校教师薪酬制度不再适应社会形势发展的客观要求。为此，1993年，我国实行了新一轮事业单位收入分配改革，为高等学校新的分配制度的建设奠定了基本原则、要求和指导方针。

1999年，教育部发布《关于当前深化高等学校人事分配制度改革的若干意见》中指出："各高校要加大学校内部分配改革力度，教职工的工资收入与岗位职责、工作业绩和贡献直接挂钩，真正实现按劳分配、优劳优酬。"[1]同年，清华、北大等一批高校率先进行岗位津贴制度研究。2000年，中共中央组织部、原人事部、教育部发布的《关于深化高等学校人事制度改革的实施意见》进一步强调了高校教师工资改革的重要性，自2000年后，我国高校普遍实行岗位津贴薪酬制度。高校教师岗位津贴制度实施后，高校教师的工资由固定工资和岗位津贴两部分组成。随着高等教育外部市场化机制的推进和内部竞争的加剧，2006年我国高校教师薪酬制度再次进行变革，原人事部联合财务部共同发布了《事业单位工作人员收入分配制度改革方案》和《事业单位工作人员收入分配制度改革实施办法》，其中明确了建立以岗位为中心，与岗位职责、工作业绩、实际贡献紧密联系的分配激励机制。同年，《高等学校贯彻〈事业单位工作人员收入分配制度改革方案〉的实施意见》发布，根据这一文件，我国高校教师薪酬由岗位工资、薪级工资、绩效工资和津贴补贴四部分组成，逐步完成了岗位绩效工资的配套与改革。

尽管近年来，随着我国高校人事改革制度的深入发展，我国高校教师薪酬改革已获得了较大发展，然而由于我国高校教师教学考核制度不健全、教师教学中存在严重的"重科研轻教学"的现象、我国高校教师评价系统和教师教学管理模式有待完善等因素，我国高校教师薪酬制度仍然有待完善。

二、高校教师教学改革的目的

明确了高校教师教学改革内涵，还需对高校教师教学改革的目的进行明晰，这样才能更好地推动我国高校教师教学改革。现阶段我国高校教师教学改革的目的主要是提升教师教学能力，提高教师教学积极性，消除教师教学惰性，提升教师教学效果。

---

[1] 熊俊峰.大学教师薪酬结构研究[D].武汉：华中科技大学，2014：53.

（一）提升教师教学能力

教师教学能力是教师最重要的核心能力之一，也是教师最本质的能力，其中包括教学设计能力、教学表达能力、教学监控能力、教学反馈能力和教学研究能力等多个方面，以及在信息化技术广泛应用于教育领域的新趋势下积极拓展知识的能力、掌握较深入的实践能力、积极学习新技术新方法的能力等。教师教学能力是教师专业化的重要特征。高校教师教学能力与高校教师教学改革之间存在十分密切的关系。

一方面，高校教师教学能力的高低直接关系到高校教师教学质量的高低，也关系到高校教师教学改革的成功与否。高校教师教学能力的内涵十分丰富，要求教师构建完善的教学知识体系，具备较高的教学理论素养，而良好而完善的教学知识体系和教学理论是教师投入教学工作的基础，也是教师教学行为的基础。高校教师教学改革不仅需要教师具有较强的课堂教学能力，还要求教师能够运用其所掌握的教育理论，在教学工作中充分调动学生的积极性，推动课堂教学理念的转变，要求教师在课堂教学活动中灵活运用教学理论，不断探索适合学生和教学内容、教学目标的新方法和新手段。而这种在高校教师教学中推动教学理念的转变；探索新方法和新手段的教学实践属于对高校教师教学改革的探索。相反，如果教师不具备良好的素质和教师教学能力，那么就无法在教学活动中进行创新，从而在客观上对高校教师教学改革产生较大阻力。从这一角度来看，高校教师教学能力直接关系着我国高校教师教学改革。此外，当前我国高校教师教学能力认知中存在着较强的"重科研轻教学"的倾向，高校教师教学能力的提升和发展在客观上还能够加强高校教师对教学的重视，克服和纠正"重科研轻教学"的倾向。

另一方面，高校教师教学改革对高校教师教学能力的发展也起着十分积极的作用。高校教师教学改革从客观上促进了我国高校教师教学理念、教师教学目标和教学内容、教师教学方法和手段、教师教学评价体系与教师教学薪酬体系的发展。而教师教学改革的推进，尤其是教师教学评价体系改革对高校教师教学能力提出了新的要求，因此在客观上能够起到推动我国高校教师教学能力发展的目的。

综上所述，我国高校教师教学改革与教师教学能力之间存在相互促进、相互发展的重要作用，高校教师教学改革能够在客观上推动我国高校教师教学能力的发展。

教师作为一种古老的职业，在历史演进中呈现出不断专业化的过程，早在18世纪欧洲一些国家就建立起了相对完整的教师教育系统，对教师进行训练，并对教师从业人员的资格进行了界定。1810年普鲁士政府就规定中学教师必须通过国家考试才能从事教师职业。之后，法国建立起了中小学教师证书制度，进一步推动了教师专业化的发展。从此教师专业化成了西方教师教育的发展关键。

所谓专业化，我国学者朴雪涛在其论文《教师工作专业化：理念与行动》中指出：一门工作是否为专业，既有外在标准，即公众对其专业性的认可程度，也有内在标准，即从业人员是否具有较高程度的专业认同感、专业自主性和持续一生的成长。外在标准是一种形式，它需要内在标准的支持。[1] 美国学者哈蒙德认为专业由专门知识、特殊技能、高度的使命感和责任感三个基本要素组成；专业化则是使这三个专门要素的层次提升，使教师团体具有自主性、独特性和服务性的过程。学者西克斯认为，教师专业化包括四个条件，即将执业人员必备的知识与技能成功地转型为经得起验证并经系统积累的知识基础；接受专业教育的人是经过严格筛选的；这些知识的积累和传播是在特定的教育机构内部进行的；接受专业教育者需要经过实习并且通过证书考试才能算是合格的执业人员。[2] 除了西克斯，国内外学者对教师的专业化从不同角度给出了多种阐释。我国学者朴雪涛认为教师的基本专业素质应当包括教师专业知识的形成与发展，包括普通教育课程、任教学科课程、教育学科课程、专业技能的娴熟等多个方面。

（二）提高教师教学积极性

高校教师教学改革涉及多个方面和内容，这些内容均有利于提升教师教学的积极性。

从教师教学理念上来看，原有的高校教师教学理念以教师为中心，要求教师在教学中处于主动地位，在教学中采取知识传授的教学方法。然而这种教学理念忽略了学生在教学中的重要作用，导致高校教学中学生的积极性备受打击，从而对学生的学习积极性产生了较大负面影响，不利于学生学习效率的提升。而学生的学习效果是高校教师教学的重要反馈，学生学习效果差直接会对教师教学产生打击，不利于教师教学积极性的提高。而教师教学理念的改革有利于促进高校教师教学方法改革，进而促进教学效果朝着积极的

---

[1] 朴雪涛.教师工作专业化：理念与行动[J].高等教育研究，2001（4）：60-63.
[2] 朴雪涛.教师工作专业化：理念与行动[J].高等教育研究，2001（4）：60-63.

方向发展，而教学效果的提升能够对高校教师教学的积极性产生正面和积极影响。

高校教师教学的最重要目的是培养适合社会需要的人才，当教师培养的人才能够符合社会需求，为社会做出较大贡献时，教师的职业认同感较高；反之，如果教师培养的人才不符合社会发展，从而导致失业等情况，则会对教师的职业认同产生较大的负面影响。而教师教学目标和教学内容的改革和调整是为了使教学更加符合社会未来需要，使高校培养出来的人才在社会上能够获得用武之地。从这一角度来看，高校者教师教学目标和教学内容的改革有利于高校教师职业认同感的提升。而教师职业认同感高低是教师教学积极性和主动性的重要影响因素，教师的职业认同感越高，教学积极性越高，在教学上投入的时间和精力越多。由此可见，教师教学改革对教师教学积极性的提高具有极其重要的影响。

从教师教学评价体系来看，完善的教师评价体系的建立能够给予教师教学公平、公正、客观的评价，而良好的教师教学评价体系一般被当作高校奖惩的重要依据，对真正优秀的教师进行奖励能够充分激发高校教师团队的积极性，还能够激励更多教师积极投入教学工作，创造更好的教学效果。而此外，还能通过经过客观的教育信息分析，高校教师教学评价体系找出高校教师教学中的不足并予以纠正，为高校教师教学的提升指明方向。因此，科学、完善的教师教学评价体系有利于激发高校教师教学的积极性和主动性。而科学、完善的教师教学评价体系需要经过教师教学改革实践才能实现，从这一角度来看，教师教学改革能够提升高校教师教学的积极性和主动性。

高校教师薪酬体系是高校教师教学改革的重要组成部分，良好的高校教师薪酬体系能够通过薪酬调整激发教师的动力，从而对教师积极性和主动性产生良好影响。

综上所述，高校教师教学改革成功与否受主客观多种因素的影响，其中，高校教师教学积极性的高低是影响高校教师教学改革成功的关键。反之，高校教师教学改革中的教师教学理念改革、教师教学方法和手段改革、教师教学评价体系改革、高校教师薪酬体系改革等均会对高校教师教学活动产生影响，推动高校教师教学工作。

（三）消除教师教学惰性

教师教学惰性的产生不利于高校教师教学改革的推进，也不利于高校教师自身职业生涯发展，对学生的学习和发展也会产生消极影响。高校教师教学改革有利于激发教师教学的主动性，消除惰性心理。

从高校教师教学理念的转变来看，传统的高校教师教学理念倡导教师在教学中占有绝对主体地位，在这一教学理念下形成了以知识传授为主的教学方法。然而，长期使用单一的教学手法，易导致高校教学活动的枯燥乏味，长此以往，教师不需要进行其他教学方法的探索，易滋生教师在教学中的惰性心理。而教师教学理念的改革使高校教师以学生为主体展开教学活动，或开展教师和学生双主体的教学活动，促使教师在教学过程中不断探索新的教学方法，并且不断加强对学生的了解，从而改变和打破了教学过程中枯燥乏味的现象，使教学活动生动多彩，在提升高校学生学习兴趣的同时，能够达到消除教师教学惰性的目的。

从高校教师教学手段改革来看，高校教师在教学活动中借助新技术和新手段，不仅可以将知识更好地贯通起来，还能够充分激发学生的学习兴趣，达到良好的教学效果，同时有效消除教师教学惰性。

从高校教师教学评价体系改革和高校教师薪酬体系改革来看，高校教师教学评价体系改革通过详细的教学标准确保教师在教学工作中投入更多的时间和精力，从而达到提升教学效果的最终目的。而教师教学效果的提升则会激发教师对教学工作的热爱和对教师的职业认同感，从而有利于消除高校教师教学惰性。而高校教师薪酬体系改革则从薪酬福利角度，充分利用薪酬这一杠杆对高校教师教学进行调整。对当前高校中存在的片面强调高校教师科研工作而忽略教学工作的不良现象进行纠正。在确保"绩效"的基础上，兼顾"公平"，通过发挥薪酬对人才的绩效激励作用，帮助教师消除教学惰性，积极主动地投入到教学工作中去。

（四）提升教师教学效果

除了以上几个方面，高校教师教学改革还有利于提升教师教学效果。高校教师教学改革的重要目的之一就是不断提升高校教师教学质量，提升教师教学效果，使高校人才培养朝着多元化人才、综合型人才、世界一流人才等方向发展。

任何改革均从理念改革开始，高校教师教学改革也是如此。高校教师教学改革是我国高等教育改革的重要组成部分，是一项极具复杂性和艰巨性的工作，需要经过全国高校教师长期的不懈努力才能完成。而只有率先改革教师教学理念才能找到高校教师教学工作的突破口，才能推动高校教师教学改革的进一步发展。而教师教学理念改革是建立"以学生为中心"的教学理念的基础，这种新型教学理念是在教学中充分发挥高校学生的主体的地位，从而不仅能够激发学生的强烈学习兴趣，还能够借助不同的教学方法，在课堂教学中培养学生的综合能力。例如，合作学习方法可以在课堂教学中培养学生的学习能力、协作能力、沟通能力、表达能力以及创新能力等多方面的能力，从而达到提升教师教学效果的目的。

从高校教师教学目标改革和教学内容改革来看，教学目标和教学内容是高校人才培养的关键，为了培养适应知识经济时代、经济全球化时代、终身教育时代以及科学和技术迅速发展时代的人才，必须对教学目标和教学内容进行改革，以便适应社会人才培养的需要。而教师教学目标改革和教学内容改革加强了对学生综合素质的培养，从而能够达到提升高校教师教学效果的目的。

从高校教师教学手段改革来看，传统的教师教学手段仅仅依靠书本、黑板和教具，近年来随着科技信息技术的发展以及在教育中的应用，越来越多的科技手段被应用到教师教学中去。例如，幻灯片、图片、影视短片、网络等。这些教学手段的应用使高校教师教学手段更加丰富，课堂更加多彩，易于激发学生的学习兴趣和教师的教学积极性，从而能够达到良好的教学效果。

从高校教师教学评价体系改革来看，改革后的教师教学评价体系从教师自身、同行和学生三个角度对教师教学进行评价，从而使教师能够从中发现课堂教学中的不足并加以改正，不断提升教学效果。

从高校教师教学薪酬体系改革来看，改革后的薪酬体系将教学评价纳入教学绩效考核之中，教学效果更好、在教师教学评价中表现优异的教师能够获得更多奖励。这种薪酬奖励机制能够促使高校教师在教学工作中投入更多的时间和精力，从而达到不断提升高校教师教学效果的目的。

第三节 教育高质量发展要求高校教师更应具有教学改革精神

2011年，我国启动了"高等学校本科教学质量与教学改革工程"，该工程定位于人才培养，突出教学改革。2020年，党的十九届五中全会审议通过的《中共中央关于制定国民经济和社会发展第十四个五年规划和2035年远景目标》的建议明确提出建设高质量教育体系，到2035年建成教育强国。随着时代的跨越发展和高校学生人数的急速增多，对教师教学的变革需求越发迫切，这也进一步体现了高校教师教学改革的必要性。

一、高校教师教学改革是教育信息化发展的必然要求

教育信息化是现代化教育的显著特征，是信息时代教育改革发展的必由之路。我们必须深刻认识信息技术对教育的革命性影响，准确把握教育信息化的发展趋势。2018年4月，教育部印发《教育信息化2.0行动计划》，指出"以信息化引领构建以学习者为中心的全新教育生态"。教育信息化2.0日益成为中国教育现代化的重要内容和实践路径。教育信息化2.0更加注重学生主体地位和学习能力培养，更加注重资源整合、教育技术应用。更加注重向信息素养和创新能力培养转变。教育信息化2.0在教学思维转变、资源呈现方式、技术素养能力、教学过程方法等方面对教学改革提出了新要求，要求教师教学充分与信息通信技术相融合，在教育过程中关注学习者的主动性，从而实现"教师导学、学生主学"的以学习者为中心的教学模式。

二、高校教师教学改革是培养新型人才的重要途径

时代的变化使社会对人才的要求也发生了巨变。我国正处于各方面发展全面推进的重要时期，急需复合型、创新型人才，尤其重视人才的实践能力。这对教师的传统教学提出了挑战，从人才培养计划的修订到课堂教学的组织都面临新变革。例如，人才培养计划的修订过程应避免"水课"，多打造"金课"。很多"水课"产生的根源在于人才培养计划的定位与课程安排，想要培养何种人才，就应相应设定与之密切相关的课程，并重视实操实践课程安排。在课堂教学中，使"水课""脱水"的最好办法就是教学改革，同时"金课"的打造同样离不开教学改革。

三、高校教师教学改革与高校教师自身发展互为促进，相辅相成

从教师发展的视角去看，教学改革能够促进教师自身的提高和发展。如果教师想只靠毕业时所学的知识、掌握的能力在以后若干年里都能出色地完成授课任务，是不可能实现的。把充满激情和创造性的工作变成一成不变的简单输出是无法适应新时代高质量教育要求的，也无法培养出新型人才。所以以终身学习为理念的再学习和发展就成为教学革新的首要条件，反之，积极投身教学研究、进行教改探索也是教师发展和实现自我价值的重要途径。很多积极投身教学改革的教师通过自身努力取得丰硕成果，成为"教学名师"，获得学生和社会的赞誉及认可，在自我价值充分体现的同时也实现了

自身教师专业能力的跨越式发展，可谓一举多得。

习近平总书记关于终身学习的重要论述在促进人的全面发展、提升国民素质方面对教育提出了新的要求，即教育要成为满足人的学习需求的"成学之教"、满足人的成人需求的"成人之教"、满足人的就业谋生需求的"成业之教"、满足人的终身发展需求的"成己之教"和满足人的终身幸福生活需求的"幸福之教"。[①] 新时代教育要担负起人的"成学""成人""成业""成己"的历史使命，这就要求高校教师更应具有教学改革精神和极高的投入度。

总之，新时代的发展要求高质量的教育发展，高质量教育离不开教师的教学热情和有责任心的工作态度。从专业发展角度来看，进行教育教学改革是提升教师专业能力的一个有效途径，所以无论从教师自身发展角度还是从对学校、社会的贡献角度，积极进行教学改革都是积极有益的工作。

---

① 张志勇.立德树人是教育的根本任务——深入学习习近平总书记教育思想（三）[N].中国教育报，2017-08-09（01）.

第二章 高校教师教学改革现状研究

第一节 从一所地方院校的教师教学改革说起

T学校是一所省属全日制综合性地方本科院校。学院以"创建特色鲜明的服务地方的应用型大学"为发展目标,已形成以教师教育为特色,其他学科专业互为支撑、协调发展的学科专业布局。学院目前全日制在校生15 500余名,专任教师900余人,生师比例为17∶1。由于本科成立时间较晚、发展速度快,其积淀不深,社会地位及公众认可度不高。

一、T学校在教学改革方面做出的努力

在教育高质量发展的要求下,T学校提升了对教学工作的重视程度,取得了较大成绩。培养计划与教学大纲日益完善;多名教师在省级教学竞赛中取得优异成绩;投入经费,积极推进课程建设,设置校级教学改革项目;重视教学成果的积累,设置多项奖励等,从学校层面号召教师积极投身教学改革,提升教师专业发展。

二、T学校教师教学改革现状的访谈分析

为了更充分了解T学校基层教师教学改革的情况,笔者分别从学校的不同学院和专业,不同职称和年龄的教师中抽取七名教师进行访谈。访谈围绕十个问题展开,主要探讨教师对教学改革的认知和个人状况、社会因素对教师的影响以及学校的相关政策制度。

分别对六位不同情况的教师根据提纲进行了访谈(见附录一),主要了解T学校教师目前的工作学习现状,是否具有教学改革意识和主动性,其表现出的教学改革惰性影响因素包含哪些。根据调查,一些教师有不同程度的惰性情绪和行为。一方面具体表现为能力不足和低价值感,其中已婚教师的惰性情况比未婚教师严重;另一方面体现为社会的较高期许与社会给予的矛盾,其中教龄的长短与惰性表现成正比。并且教师对学校的部分激励机制

和惩罚措施不赞同，这也在一定程度上造成教师对教学工作的热情和投入度低。通过后期整理谈话音频分析发现，导致T学校教师教学情况的影响因素主要集中在学校制度、发展空间和个人因素上。小范围调查结果显示，T学校教师可能存在一定程度的教学改革惰性的现象，但具体程度和影响因素等需要在接下来的研究中进一步详细分析。

三、T学校近五年教学改革项目立项情况分析

近年来，T学校提升了对教学研究工作的重视，校内教学改革项目立项逐年增多。校内从事教学改革研究的教师多会积极申报这一项目，对近五年来项目的立项情况的分析研究可以反映出高校教师教学改革中教研方面的一些现状。

（一）项目立项数目

T学校近五年教学改革项目立项情况如表2-1所示。

表2-1 T学校近五年教学改革项目立项情况

年 度	2016	2017	2018	2019	2020
项目分类	综合	综合	综合	综合	综合/课程思政专项/招标课题
立项数	28	55	80	52	65

立项数量从2016年全校28项迅速发展到2018年的80项，项目分类在2019年之前都较为单一，只有综合项目，而2020年首次设立了课程思政项目和师范类专业认证招标课题。可见T学校认识到了教学改革的重要性，项目设立基本上呈递增发展，项目分类也根据现在教学研究的变化和学校自身发展特色有所丰富。

（二）性别结构

如图2-1所示，根据近五年教学改革立项名单可看出，女性教师立项数目为171，占比为61.1%，男性教师立项数目为109，占比为38.9%。单从这一统计结果可看出男教师在教学改革中的主动性低于女教师。

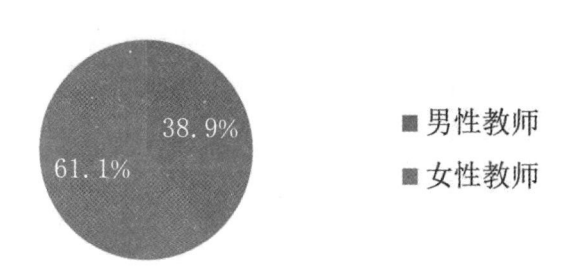

图 2-1 教学改革项目立项性别结构饼图

（三）年龄结构

如图 2-2 所示，根据近五年教学改革立项名单分析，年龄在 20～30 岁的年轻教师的立项数目为 34 项，占比为 12%；年龄在 30～40 岁的教师的立项数目为 130 项，占比为 46.2%；年龄在 40～50 岁的教师的立项数目为 84 项，占比为 30%；年龄在 50 岁以上的教师的立项数目为 33 项，占比为 11.8%。由此看出年轻教师在教学改革中的主动性高于年龄在 50 岁以上的教师，但是由于工作时间短，经验缺乏，所以与老教师合作研究居多。而年龄 50 岁以上的老师参与教学研究的相对较少，多数因为家庭琐事、身体健康等客观因素，也与主观意愿不强烈有关。立项情况说明，T 学校中进行教学改革的中坚力量集中在年龄 30～50 岁之间的教师，这些教师年富力强，工作经验丰富，教学改革主动性较高。

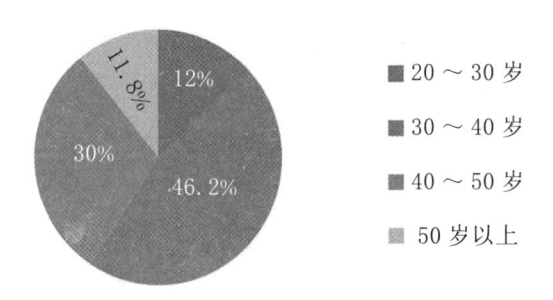

图 2-2 教学改革项目立项年龄结构饼图

（四）职称结构

如图 2-3 所示，根据近五年教学改革立项名单分析，教师的职称在项目立项中区别较大。副教授和教授职称占了近 65%，可以看出学校支持的教学改革项目多数由副教授及以上职称的教师主持，有经验的教师教学改革参与度更高。

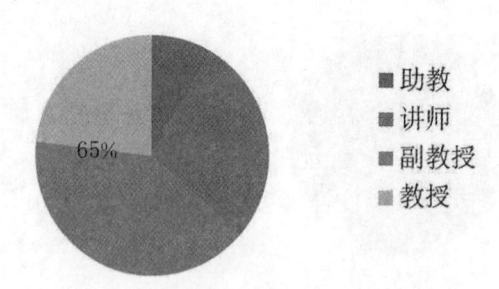

图 2-3　教学改革项目立项职称结构饼图

（五）选题内容

如图 2-4 所示，随着我国高校教学改革的不断推进，教学改革项目的选题也发生了极大变化，题材更多样化，关注的点也从传统的教学转换到了更先进的教学方法和理念上。选题中教学理论研究占近 33%，教学行为研究占 15%，教学内容研究占 20%，教学方法研究占 30%，教学效果评价研究占 2%。理论研究选题最多，教学行为研究占比较少。教学效果评价选题只有 5 项，说明 T 学校在这方面的关注和研究很少，教学效果评价是教学改革的重要组成，也是 T 学校亟待加强的方面。

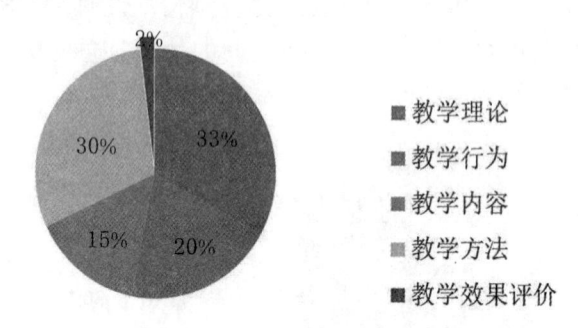

图 2-4　项目选题分布饼图

结合上述访谈和教改项目立项调查情况，T 学校在教学改革方面存在的问题主要集中在主客观两个大方面，其中教师自身能动性和能力的欠缺以及学校方面的相关政策设置都占有极大比重。这只是一所地方性高校，这里出现的现状是否具有普遍性还有待进一步的研究。

第二节 高校教师教学改革的现状分析

教育改革并非一蹴而就、一劳永逸的事情，在任何国家均是如此。教育改革需要教师保持一种积极的心态。当前，我国高校教师教学改革已取得了初步成果，然而同样也面临着一些障碍和不足。

一、高校教师教学改革取得的成就

进入21世纪以来，由于中国高等教育大众化进程的推进，高校的招生人数持续增加，我国高等教育大众化进程迅速发展。在此期间，一些高校的实力、资源和发展跟不上高校扩招的速度，导致硬件匮乏、师资短缺，教育质量呈现下降趋势。高校的这一发展趋势引发了全社会的关注。近年来，我国高等教育实施了一系列改革，其中即包括高校教师教学改革。教师是高等教育的主体之一，在高等教育教学中起着至关重要的作用。高校教师教学改革现已取得了一定成就。主要体现在以下几个方面。

（一）高校教师队伍建设的成就

早在1999年，教育部即在《关于新时期加强高等学校教师队伍建设的意见》指出："在科教兴国的战略布局中，高等教育担负着培养高级专门人才和知识创新、技术创新的重要历史使命，而高等教育的发展水平在很大程度上取决于教师队伍的整体素质。"随着我国高校教师教学改革的推进，高校教师队伍建设越来越受到关注，尤其进入21世纪后，高校师资队伍已成为高校教育教学工作审核和评估的重要内容之一。近年来，我国高校师资队伍建设取得了一定成就。

其一，我国高校教师队伍师德师风优化。

高校的根本任务是育人，高校教师作为高等院校的主体，其首要任务即育人，高校教师素质的高低不仅直接关系到高校教学水平的高低，而且直接关系到育人的结果。当前，我国正处于社会主义现代化建设的新时期和关键时期，要把我国建设成为富强、民主、文明、和谐的社会主义现代化国家，高等教育起着至关重要的作用，高校教育培养出来的大学生除具备较强的专业素质外，还应具备较强的道德素质，以适应社会发展的需要。而高校德才兼备人才的培养离不开教师的重要作用。高校教师作为高校教学育人的主体，在高校人才培养中起着十分重要的示范作用。教师作为学生的知识领路人，在学生心目中占有特殊地位，学生大多对教师十分尊敬，甚至模仿教师的一言一行，而教师的精神境界、信仰、品德、情操、身体力行对学生能够起到较强的潜移默化和深刻的感化作用，这种教师对学生心灵产生的教育力量不可估量。近年来，我国高校教学改革十分重视高校教师队伍的师德师风整顿，取得了一定成果。对高校来说，不同类型、不同层次的高校教师队伍的整体状态不同，然而无论什么类型和层次的高校教师队伍均要求教师有着较高的师德和师风建设。从当前我国高校教师队伍的主要特征来看，我国高校教师队伍均具有高尚的精神追求，具有较强的爱国守法、爱岗敬业、关爱学生、教书育人、为人师表、终身学习的特点，并且能够在教师岗位上做出较大的奉献。

其二，高校教师队伍专业水平优化。

高校教师队伍学术水平的高低直接关系到高校人才培养水平的优劣。近年来，我国高校教师教学改革致力于提升高校教师的学术水平。随着高校教师学历水平的普遍提升，以及我国高校科研水平的较快发展，我国高校教师队伍的整体学术水平取得了较大提升。此外，我国高校教师队伍具有较强的精诚合作的团队意识。教师是教学活动的组织者和协作者，随着近年来我国高校学科领域的划分逐渐细致，高校课程教学的专业性极大增加，教师无论在课程教学活动还是教学学术研究活动中均需要凝聚力量，当前我国高校教学要充分发挥教研组的凝聚作用，强化教学团队建设，实现教学资源的优化配置和科学利用。

其三，我国高校教师队伍结构逐渐优化。

高校教师队伍既包括高校教师的年龄、学历、职务、专业等外在的显性结构要素，也包括教师的内涵、素养等潜在结构要素。近年来，我国高校教师队伍结构呈现出逐渐优化的特点。从高校教师的年龄结构来看，近年来，随着我国高校规模的快速发展，各个高校纷纷引进青年教师，教师队伍的年龄结构与之前相比发生了较大变化，呈现出年轻教师所占比例逐渐增大和老龄教师年龄比例相对减少的趋势，尤其是随着35岁以下青年教师群体比例的增加，我国高校教师队伍结构逐渐呈现出较鲜明的年轻化趋势。从高校教师的职称结构来看，随着近年来我国高校教师队伍职称结构的不断完善，我国高校教师的职称结构比例较之以前发生了较大变化。从整体上来看，无职称的教师比例大大下降，中级和副高、正高职称比例大幅上涨，然而高级职称教师的比例仍然偏小。从学历结构上来看，近年来我国高校教师的学历水平呈现出上升的走势，具有本科以上学历教师占比极大增加，硕士研究生和博士研究生学历的教师数量较之以前获得了大幅提升。从性别结构角度来看，近年来，我国普通高校专任教师中的女性教师群体数量大幅提升，从比例上来看，已成为高校教师队伍中的重要力量和不可忽视的生力军。从知识结构上来看，当前我国高校教师队伍的知识结构与之前相比呈现出从单一知识结构向复合型知识结构转化的趋势。从任职结构上来看，我国高校实行"专职为主，兼职为辅，专兼结合"的任职形式，逐渐形成了专职教师为主，多元化方向发展的教师结构。

（二）高校教师教学方法改革的成就

教师教学方法直接关系到高校人才培养的效果。我国高校传统的教学方法为以教师为主体，教师在课堂上采用的教学方法主要为传统的灌输式教学法，而这种教学方法越来越不适应当前社会的人才培养需要。21世纪以来，科技革命的发展、互联网信息技术的成熟和广泛应用、知识经济时代的到来为我国高校教师教学方法改革提出了新的挑战。近年来，我国高校教师教学改革对传统的教学方法进行了较大改革。

一方面，随着互联网信息技术和大数据平台应用的广泛化，我国高校教学手段越来越丰富，教学模式趋向多元化发展。除了传统的课堂教学模式，在线教育迅速发展，我国高校开设了一批"慕课""微课"平台，这些平台借助互联网技术和大数据平台对我国现有的教学资源进行改革，对教学平台进行创新，使我国高校教学模式打破了单一的传统课程教学模式，而朝着在线教学等多元化的教学模式发展。在传统的课堂教学中，教师还引进了先进的教学工具，借助平板、手机、笔记本电脑等方式丰富原有的课堂教学，激发学生的学习兴趣，并极大地提高了学生发现问题、提出问题、解决问题的能力，达到了提升高校教师教学效果的目的。在在线教育中，近年来我国高校大多建立了专门的课程教学网站，这些课程教学网站不仅为学生提供学习资料，还为学生在线模拟练习、提交作业、开展讨论等提供了种种方便，同时也为教师群体在线交流教学经验、共享教学资源提供了便利途径。而随着高校教师对在线教学网站的普遍利用，在线教学当前已成为课堂教学中不可或缺的重要组成部分，对提升高校教师教学质量和教学效果起着重要作用。除了高校官网平台，高校"慕课""微课"平台的开设进一步推动了学生的课外自学热情，开拓了全新的教学模式，为高校人才的综合化培养奠定了良好的基础。

另一方面，我国高校教师教学改革对以教师为中心的传统教学方式进行了改革，将其变为以学生为中心的教学方式，进一步提升学生在高校教学活动中的主体地位。随着高校教师教学主体地位的改革，传统的知识灌输式教学模式开始朝着任务型教学、小组讨论式教学、项目实践式教学以及合作式教学等教学模式发展。在这些教学模式中，教师将传统的教、学、管、考、评等环节融为一体，使我国高校的教学方式更加灵活多样。

综上所述，我国高校教师教学方法改革已经初步取得了一定成就，初步打破了高校以教师为中心的传统的知识灌输式教学方法，朝着传统课堂教学与线上教学相结合的方向发展，而传统的课堂教学则朝着教学方式更加多元化的方向发展。

（三）高校教师教学评价体系建设成就

除了高校教师队伍建设和高校教师教学方式改革，高校教学评价体系也发生了一定变革。教学评价是教育教学过程中至关重要的环节之一，主要指研究教师的教和学生的学的价值的过程，一般包括教师教学工作的评价和学生学习效果的评价两个方面。我国传统的高校教学评价体系较为单一，随着社会的发展和知识经济时代的到来，我国传统的高校教学评价体系不再适应高校教学工作的开展，较难为高校教学工作的发展提供有效依据。近年来，我国高校教师教学改革对高校教师教学评价体系进行了改革，初步建立了适应现代社会发展的多元化教学评价体系，包括教师自我评价、同行互评以及学生评价等。

其中，教师自我评价是指教师通过定期撰写课程评价报告的方式，对教学过程中的不足进行分析。这种评价方式通过促进教师的自我反思使教师认识到课程中的不足，有利于推动教师进行课程改进与创新，进而达到提升高校教师教学效果的目的。同行互评是指同校教研组的教师通过互评的方式对教师的教学进行打分。这种评价方式不仅有利于同专业或同教研组成员相互学习，还能够通过同行的专业视角针对单个教师的教学情况提出建设性的意见或建议，以便推动高校教师的专业发展，最终推动高校教育教学的整体发展。学生评价是指学生对教师教学情况的评价，传统的教师教学评价体系中学生评价的方式较为单一，较难发挥出学生评价的真正效用。而在教师教学改革中，学生评价方式更加丰富，随着教学模式的多元化发展，学生可根据学习空间、学习轨迹、学习时间和学习成果的不同，对教师教学采用多元化的评价方式。其中，直接评价是学生对教师评价的一种方式，除此之外，学生对课程的预习、课堂内知识的掌握、课后小组的学习讨论、作业、期末考试等通过互联网平台记录和大数据处理平台处理后均可作为教师评价指标，以达到对教师教学和学生学习过程的多维度、全方位和可视化评价。

除了教师评价体系，高校教师教学改革还初步建立了教师激励体系。具体则包括初步完善了高校教师教学激励机制，高校教师教学激励方式朝着多元化发展。

综上所述，我国高校教育教学改革中的教师教学评价体系和激励体系取得了初步成就，朝着更加多元化的方式发展。而教师教学评价体系激励体系的初步完善为教师教学中惰性的克服和教学改革的深入发展奠定了良好的基础。

二、高校教师教学改革存在的挑战

当前，虽然我国高校教师教学改革取得了一定的发展成就，然而面对社会的快速发展以及知识经济时代的发展和经济全球化的深化，我国高校教师教学仍然面临着不小的挑战。主要表现在以下几个方面。

（一）高校教师个人存在一定的惰性心理

高校教师承担着教育人和培养人才的重要任务，这一任务是根据社会发展的要求而有目的、有计划、有组织地对高校学生施加影响，从而把"自然人"培养成为具有崇高品德和专门技术的"社会人"的过程，这一教学过程决定了高校教师的劳动过程不同于一般的劳动，而是一种需要在学生今后的职业生涯中得以验证的劳动过程。正如有的学者所说，教师的劳动成果很难用在校大学生的表现简单地测度和计量，而是在教师劳动过程结束之后，通过学生在工作中的表现和对社会的贡献逐渐体现出来。高校教师的这一职业特点决定了高校教师的劳动具有长期性和后效性的特点。而长期性和后效性的教师劳动特点在一定程度上影响了高校教师的成就感、自尊心和自信心，这使我国高校教师易对自身的职业价值产生怀疑，进而对所从事的职业失去激情和憧憬，尤其是当高校教师本身有着较强的自我实现意识时，易产生职业倦怠和较强的职业压力，从而部分高校教师易产生惰性心理。

除了高校教师的劳动特点，高校教师还面临着社会的更高期许。自古以来，我国十分重视教育，并且强调教师的社会价值和奉献精神。教师作为一种职业，与公众的联系极为紧密。社会对教师的期许较高，而教师群体受到的社会各方面的监督也更加严格。然而，社会在关注教师群体的整体社会价值和奉献精神的同时较少关注教师个体所需。改革开放以来，尤其是21世纪以来，随着我国经济发展速度越来越快，我国社会转型时代来临，人们的价值观发生了较大转变。教师的主体意识越来越强，自我需求更加强烈。从需求角度来看，高校教师作为一个独特的群体，属于具有高层次文化素质的群体，其需求具有较强的轻物质需求重精神需求的总体特点。其中，物质需求是高校教师的基础需求，高校教师物质需求的满足是其开展教学、科研和社会服务工作的前提条件，如果缺乏足够的物质条件作为基础，那么高校教师就难以完成学校的教学任务，难以实现学校的教学目标。而随着经济的发展和社会整体生活水平的提高，教师对物质需求的要求也相应提高。除了物质需求，高校教师作为社会精英知识分子群体，其能力、水平和素质相对社会其他群体更高，在工作中所接触的精神文化产品更多，因此高校教师的精神需求相对其他社会群体更加突出。主要表现在获取新知、自尊和尊重、发展和成就等方面。此外，不同年龄、性别、职务层次、职称等级、价值观念、知识结构和学科专业的教师群体的物质需求和精神需求存在较强的差异性。而当教师个体的主体意识和主体需求得不到高校管理者的关注和满足时，教师的个人积极性就会产生一定的懈怠，从而易导致惰性心理的出现。

高校教师的职业倦怠和惰性心理的出现是高校教师教学发展的巨大障碍之一，是高校教师教学改革迫切需要面对和解决的挑战。

（二）高校跨专业综合性教师队伍的挑战

近年来，我国高校教师人才队伍建设取得了一定的成就，然而从当前我国高校教师的整体师资队伍来看仍然存在着一些不足。主要表现在以下几个方面。

其一，我国高校教师人才队伍存在重科研而轻教学的功利化倾向。

21世纪以来，随着我国高校中青年教师群体数量的激增，许多高校中的高级教师职称岗位数量的设定远远不能满足校内教师群体的需要，而职称评定因此成为部分教师的终极目标。这一目标的设定导致部分教师在教学中存在较强的重科研而轻教学的现象。有的高校教师甚至明确提出："科研是衡量教师专业水平最重要的标准，因此我们平时都很注重自己科研成果的获得和水平的提升，对教学方面的发展和技能的熟练等事项则不那么关心，在学校里也没有太大的压力。"高校教师的这种认知偏差导致部分高校教师在教学工作中产生了教学与科研相脱钩的思维，导致一些高校教师在专业发展中产生了急功近利的浮躁心理，长此以往不仅不利于教师专业的长远发展，还不利于我国高校教学工作的开展和教学水平的提高，更有甚者会影响我国高校整体教学人才培养水平的发展。

其二，我国高校教师知识结构的更新和拓展缓慢。

21世纪是以知识为主要资源，以知识和技术创新的频率不断提升和加快、社会深刻变革为主要特征的时代。在知识时代，教师承担着培养全面发展的、具有较强的创新精神和实践能力的人才的重任，这对教师的知识结构提出了更新和更高的要求。一方面，知识时代的发展要求教师具备更强的知识学习和更新换代的能力，以学科前沿知识及时代替传统教学中的旧有的、被社会淘汰的知识。同时要求教师具备较强的知识范式学习精神。这里所指的知识范式是指对知识进行整理、研究和发展所遵循的一整套思路、方法和规范等。如果教师仅仅学习了前沿知识，而缺乏对新的知识范式的学习，那么就不能有效地将学科发展中的新兴教学理论和观点应用到教学实践中，从而会影响学生对新兴、交叉、边缘和横断等学科知识的充分、合理运用。另一方面，我国高校教师知识结构的更新和拓展缓慢还表现在高校教师对教育的反思能力、网络资源教育能力、对学生的心理辅导能力等综合性知识的学习和更新方面。进入21世纪以来，我国高校教育发生了急剧变革，教师如果不对高校教育的行为和本质进行深层次的反思，明确高校人才培养与社会发展之间的关系，那么势必无法在短时间内调整高校的人才培养思想和人才培养模式，从而影响新型高校教学方式的引进和教学手段的改革。此外，21世纪以来，互联网信息技术被广泛应用于教育。互联网的无限性和快捷性使互联网成为知识时代的新型知识载体，而互联网时代的来临使社会知识创新和技术创新体系呈现出新的特点，当前我国大学生的上网比例迅速攀升，各种教学软件、线上教育资源和知识平台层出不穷，基于信息化和互联网的学习资源正在形成，而教师则应成为学生利用信息化和互联网资源进行学习的引导者和辅导者、促进者和合作者，并且在此基础上建立全新的知识创新和技术创新体系。然而，当前我国高校教师在利用互联网和信息化技术进行教学方面仍然存在明显不足，这使教师在一定层面上难以满足我国高校学生的学术发展需求，不利于高校教师知识结构的更新和拓展。

其三，高校教师的综合化发展不足。

20世纪中后期以来，新兴的综合性学科、横断学科和交叉学科不断出现，如环境、能源、生态、材料、海洋、空间等，这些新兴学科和交叉学科的发展为我国高校教师师资队伍的综合化发展提出了新的发展要求，要求我国高校教师队伍除注重专业细分领域的深入发展之外，还需注重教师综合能力的培养。这里所指的教师综合能力主要包括教师的研究能力、思维能力、表达能力和组织管理能力。而教师综合能力的培养不仅需要教师自身有着较强的学习和发展意识，还要求高校为教师综合能力的培养提供良好的制度基础。当前，虽然我国高校的师资培养建立了多样化、多层次的教师培训体系，然而许多教师培训方式流于形式和任务，缺乏有效的宏观规划与控制。除此之外，我国现阶段的教师在职培养方法存在着过于陈旧、缺乏吸引力、易受培养体系中内在矛盾冲击和外部条件干扰等情况，不利于高校师资队伍的培养。因此，为了适应高校新兴的学科的发展，有针对性地发展教师的综合能力，还需对高校教师培养体系进行革新。

（三）高校教师教学管理与服务中存在的不足

高校教学管理和服务是按照高校教学规律和特点，对高校教学工作进行计划、组织、控制和监督的过程，其是为高校教学而服务的，直接关系到高校教学的质量与水平的高低。近年来，我国社会经济获得了飞速发展，随着互联网技术和信息化技术在高校教育中的应用，我国高校的教学方式呈现出多元化发展的趋势，但高校教学管理与服务中仍存在诸多不足，主要体现在以下几个方面。

其一，高校教学管理和服务机制不够健全。

2017年，《教育部关于进一步深化本科教学改革全面提高教学质量的若干意见》颁布，为我国高校教学改革工作指明了发展方向。近年来，我国高等教育事业的发展虽然取得了一定成就，然而仍处于不断完善的阶段。尤其是近年来，我国高校教育普遍采用授课教师和辅导员老师双轨并行的教学管理体系，这种教学管理体系在推动我国高校教学改革和发展的同时，也对高校教学管理造成了一定的弊端。例如，授课教师和高校班级辅导员教师之间存在着权责不清、内容重复、缺乏有效沟通等情况，导致学生的学习压力过大、学习任务交错等现象，从而在一定程度上打乱了学生的学习时间，不仅没有提升学生的学习质量和学习效果，还在一定程度上影响了学生的学习质量。高校授课教师和辅导员之间的沟通不到位，不畅通等情况还导致一些高校存在专业课、第二课堂、选修课、思政课、班会、校内外开展的活动的时间安排冲突、重叠等现象，导致一些学生为了参加班会或校内外活动而逃课、迟到、早退等。除此之外，近年来，随着互联网和信息技术被大量应用到高校教学工作中，许多高校教师纷纷通过开辟线上课堂拓展学生的知识面，优化学生的知识结构，以达到线上线下教学合理发展等目的，然而由于高校教学管理和服务机制不健全，线上教学与线下教学无法有效整合，无法充分发挥高校线上和线下教学的联动作用，难以让学生切身体会到在线平台教学带来的便捷，从而对教学效果产生了不良影响。

其二，高校教师激励机制不够健全。

我国近年的高校教师教学改革初步建立了高校教师激励制度，然而从整体上来看，现阶段我国高校激励机制存在一定的不足。由于高校教师的性别、年龄、职务、价值观念和知识结构以及学科专业的不同，高校教师的需求存在一定的差异性。此外，高校教师存在物质需求和精神需求等多方面需求，而在当前我国高校的激励机制中，普遍存在教师对激励机制不满的状况，而这一状况发生的原因主要是高校教师的激励机制不健全。

高校激励机制包括多个方面，主要为薪酬福利激励、工作环境激励、人文关怀或人性化服务激励、尊重和认可激励、个人发展机会激励、信息共享和学术交流激励等。从当前我国高校的教师激励机制来看，存在着激励机制定位落后、评价和考核手段欠科学、奖励有余而约束不足、以物质激励为主等特点。其中，激励机制定位落后是指近年来我国高校朝着研究型大学方向的发展对教师角色提出了新的要求，教师不再是单纯的知识传授者和教书匠，而朝着科研与教学相结合的研究者和开发者方向发展，教师从单纯的教学组织者角色朝着教学创造者的角色转变，对教师的主观能动性和创造性提出了更高要求，使教师从单纯的教学任务执行者朝着教学研究者和创造者的方向发展。而已有的高校教师激励不能够满足高校研究型大学的发展需求。从高校教师考核和评价手段来看，尽管较传统的高校教师考核来看，现阶段教师考核和评价手段已趋于多元化发展，然而，无论哪一种评价和考核手段都仍然基本停留在教师的思想政治表现、职业道德、业务水平和工作业绩等几项指标方面，以此作为高校教师晋升、奖励或处分的重要依据难以真实地反映出高校教师的教学水平。除此之外，虽然我国已开始推行教师聘任制度，然而许多高校的教师聘任制度还未真正建立起来，高校教师的评价和考核制度的科学化程度不足，难以真正起到激励教师发展的目的。从高校现有的激励制度来看，存在重物质激励而轻精神激励的现象。而教师群体作为知识分子的代表，存在着较强精神激励期待，单纯的物质激励不但难以达到较好的激励教师的目的，而且易损伤部分教师的工作积极性，难以达到激励效果。此外，教师激励包含奖励和约束两个方面，而当前我国高校教师激励中普遍存在过于注重奖励而轻约束的现状，不利于我国高校教师激励的正向发展。

综上所述，我国高校教师管理和服务中仍然存在教师教学管理机制不健全和教师激励机制不健全等问题，这些问题作为我国高校教师教学改革面临的重要挑战，对我国高校教师教学产生了一定的消极影响，在教师教学改革中应加以重视。

第三节　高校教师教学改革的成果与启示

自改革开放以来至今，经过 40 多年的改革，我国高校教师教学改革已取得了一定的成果。本节主要对高校教师教学改革中已取得的成果和启示进行详细分析与研究。

一、高校教师教学理念改革成果

教育理念是指教师在工作过程中，对教育的体悟所形成的教育观念。教育理念并不是一成不变的，而是不断地随着社会发展和政治、经济、文化环境而变化的。对于教师来说，教育实践中运用不同的教育理念不断发现问题、解决问题，其教育效果大不相同。尤其在当前的社会环境中，随着科学技术的快速发展，人类的生活方式和教育方式也正在发生天翻地覆的变化。受科技发展、多元思想和文化的不断冲突与整合，教师教学理念呈现出日新月异的发展趋势。改革开放以来，我国高校教师教学理念发生了多次变化，纵观高校教师教学理念变革，呈现出从一元到多元的视野变迁。

改革开放初期，我国教师教育处于恢复时期。1978 年，随着党的十一届三中全会的召开，党的工作重心从阶级斗争转移到社会主义现代化建设上来，我国确立了"以经济建设为中心"的发展方向。在这一发展方向的指引下，我国高校教师教育确立了社会经济取向。这一时期，我国高校教师教育的主要目标为培养大量教师人才。20 世纪 70 年代末期至 20 世纪 80 年代初期，我国高校教师教育处于发展期，这一时期，高校教师教学的目标为培养基础型教师人才，这一时期我国高校教师教学理念主要为以教师为中心的教学理念。20 世纪 80 年代中后期至 20 世纪 90 年代末期，我国高校教师教育进入重建期，这一时期，高校教师教学目标主要为培养专业技能人才，在教学课程中增加了大量强化师范技能的训练。1992 年，我国原国家教育委员会颁布了《高等师范学校学生的教师职业技能训练基本要求（试行稿）》；1994 年，《高等师范学校学生的教师职业技能训练大纲（试行）》颁布；1995 年，原国家教委颁布了《高等师范专科教育二、三年制教学方案》，对我国高校教师教育进行了详细规定。这一时期，高校教师教学在强调知识传授的同时，不断朝着技能培养的教学理念转变。

进入 21 世纪后，随着终身教育理念、教师教育一体化，以及教师专业化等教育理念传入我国，我国高校教师教育开始朝着教师职业角色发展需要方向发展，在强调进行教师专业领域的技术和道德培养之外，开始加强高校师范生内在质量的优化，并开展教师教育的综合化、一体化改革。

从办学层次上来看，我国教师教育开始朝着多层级化发展。自 2000 年我国开始实行高等学校扩张以来，新建了一大批本科院校。这些新建地方本科院校多由专科性院校升级而来，主要类型有三种：单科性或职业性的专升本院校；师范类专升本院校以及地方理工科专科学校升格建立的本科学校。就高等教师教育来说，师范类专科学校在这一时期大量升级为本科院校。这类院校也属于单科性专科学校升格为本科院校的一种，其特点是以教师教育为主，学校名称多以"地名＋师范学院"的方式构成，如廊坊师范学院、唐山师范学院、遵义师范学院等。地方师范专科院校升级为本科院校极大地提升了我国高等师范院校的办学层次。当前，经过 20 多年的改革与推动，我国教师教育的层次已从建国初期的中等师范、高等师范专科学校、高等师范本科学校三级师范，逐渐调整为高等师范专科学校和高等师范本科学校两级师范。两级师范院校则形成了多个发展层级，其中，北京师范大学、华东师范大学等一批师范院校入选 985、211 大学。除此之外，福建师范大学、首都师范大学等院校则均为我国排名较前的师范大学。除此之外，我国还存在信阳师范学院、绍兴文理学院等一批独立师范学院。

从高校办学性质上来看，我国教师教育呈现出鲜明的综合化趋势。2001年，国务院颁布了《国务院关于基础教育改革与发展的决定》，其中指出："完善以现有师范院校为主体、其他高等学校共同参与、培养培训相衔接的开放的教师教育体系。加强师范院校的学科建设，鼓励综合性大学和其他非师范类高等学校举办教育院系或开设获得教师资格所需课程。"这一制度明确了我国教师教育转型的方向。2002 年，全国教师教育工作会议决定，允许其他高等学校共同参与培养和培训相衔接的开放的教师教育体系，基本形成适应全面推进素质教育需要的基础教育教师队伍。这标志着我国高等教师教育由传统的独立设置、封闭定向型的教师教育体制，逐步走向开放的教师教育发展道路。我国教师教育开放制度的确定为我国教师教育制度的发展提供了新的教育背景。为了适应我国全面推进素质教育的决定，我国高等师范院校也朝着开放化和综合化的方向发展。2003年我国教育部颁布的《教育部2003年工作要点》中再次强调："加快建立开放灵活的教师教育体系，提高办学层次，推进师范院校改革，鼓励综合性大学开展教师教育。"在这一教育制度变革下，我国原有的高等师范院校也开始进行了变革。据有关数据统计，自20世纪80年代开始至2005年7月，我国先后有121所高等师范院校以与其他院校合并的形式更改为综合大学，直到2006年高等师范院校大量更改为综合性院校的趋势才开始下降。除此之外，我国师范院校也开始设立非师范专业，朝着综合性大学的方向发展。

在教师教育改革的基础上，我国高校教师教学开始以培养专业教师和加强教师师德培养为目标，这一时期，我国高校教师教学理念开始朝着"以人为本""以师范生为本"的方向发展，并在教学中形成了"以学生为中心"的教学理念等为主的多种教学理念，极大地推动了我国高校教师教学改革。

二、高校教师教学内容改革成果

高校教师教育作为一种特殊的职业教育，其教学课程既包括基础学科课程，又包括专业学科课程，还包括教育技术学科课程。进入21世纪后，在专业型教师的人才培养目标的基础上，高校教师教学内容进行了一系列改革。

从基础学科课程上来看，传统高校教师教育的基础学科课程大多为高校的通识课程，改革后的基础学科课程在我国教师教育学分制制度改革的基础上进行了调整，进一步丰富了高校教师基础学科课程。从公共课程来看，一方面，广泛开设社会科学、大学语文、政治、外语、计算机等基础必修课程；另一方面，在公共基础课程中广泛加入文史哲类课程、艺术类课程、自然科学类课程、社会科学类选修课程等，使我国教师教育课程中的公共课程更加广泛。公共课程的拓展有利于培养师范生深厚的文化底蕴和职业素养，使我国师范生能够形成正确的世界观和人生观，并为其今后从事教师职业奠定了良好的基础。

从专业学科课程来看，进一步突出了我国高校教师教学的专业化和综合素质能力培养。学科专业课程是现代教师教育的主要内容之一，也是传统师范课程中占比最大的课程。在我国高等师范院校课程改革中，十分注重对未来教师的专业基础课程的训练，即对中文、历史、政治、化学、物理等专业课程的基本概念、基本理念等进行学习，深入培养和提升未来教师的专业化水平。除此之外，在专业课程方面，还应进一步加强对未来教师的学科专业教育。具体则可将未来教师的专业教育与中小学分科相对应，使教师能够较为深入地掌握1至2门专业课程，将其学专学深，了解这两门专业课程的学科发展前沿和研究趋势，从而培养师范专业学生的研究能力。

从教育理论课程来看，高校教师教育作为培养教师的专门机构，普遍开设了现代教育技术及其他技能性课程，如教育学、心理学、学科教学法、教育实践等。随着教师专业化的不断发展和教育改革的深化，我国高校教师教学专业朝着更加丰富化的方向发展。在传统的教育学和心理学的基础上，进一步将教育基本理论课程细分为教育概论、教育哲学、教育社会学、教育史、教育心理学、儿童发展心理学等课程，提高了教育课程的比例，有利于未来教师更加充分地了解教与学的规律，形成正确的教育理念，培养专家型和研究型的专业教师。同时高校还应有针对性地开设学科教学法、学科教学心理学、学科教材研究法、学科教育史和学科教育技能等课程，将学科知识与教育技能相结合，培养我国未来教师的专业能力和素质。

在加强教育学基本知识和技能的同时，高校还进一步加强了对教育实习的改革。教师教育是一种极其特殊的教育方式，教育教学的对象是人，学生毕业后要走上讲台，教学育人，传道授业。因此，教师教育不同于一般的学科教育，学生不仅要自己学习和掌握一定的科学文化知识，还要将这些知识传授给未来的学生，如果学生只掌握了科学文化知识，而没有掌握教育专业知识；或者学生只掌握了专业理论知识而没有实际走上讲台授课，那么都不能称为是一名合格的教师。因此，学生只有在充分掌握科学文化知识和理论知识的同时，不断提升自己的实践能力，将教育理论知识应用于实践中，才能成为一名合格的教师。1986年，国家教委发布了《关于加强和发展示范教育的意见》《高等师范院校教育实习方案》，从实习形式来看，除了学生在大学学习中最后一个学年进行集中实习之外，还形成了分散实习和穿插实习等实习模式，使我国教师教育实习方式进一步丰富化。例如，长春师范学院创造性地采用了定岗实习的方式。又如，浙江师范大学率先实行了分期式实习，即让这两个系的学生回到各自所在县，进行原县定向实习。这些实习方式打破了传统蹲点实习的局限，进一步创新了实习形式，有利于全方位提升学生的实践能力。此外，进入21世纪以来，我国教师教育还加强了实习基地建设，推动了我国教师实习教育的发展。从教育实习方式来看，我国高等师范教育实习课程改革呈现出丰富性和多样化的特点，形成了全程教育实习模式、混合编队教育实习模式、协作型教育实习模式、发展性教育实习模式、顶岗教育实习模式、委托教育实习模式、前延后续两段式教育实习模式和三段式教育实习模式、选拔式教育实习模式、带薪式教育实习模式、假期式教育实习模式、电子模拟式教育实习模式等多种教育实习方式。

  除以上教师教学内容改革外，高校教师教学德育也进行了改革，进一步加强了高校教师师德建设。这里不再进行详细赘述。

第三章　高校教师教学改革惰性及影响因素模型研究

第一节　惰性的内涵

一、惰性的概念辨析

惰性是指该做的或想要完成的事情的自动拖延，同时伴随不良的情绪体验的心理状态。国外对惰性一词的阐释为"procrastination"，最接近现代汉语"惰性"中的懈怠和拖延一词。"procrastination"具有耽搁、拖延等含义。国外学者对"procrastination"一词的阐释主要包括以下几种定义：指与主观不适相伴随出现的推迟；指我们推迟开始某一行动或推迟完成一项计划中的行动；一种不合理的推迟行为；清楚地知道应该做的或想要完成的事情，但是在期望的或规定的时间框架内无法积极行动；对最终一定要完成的事情的一种不必要的拖延，甚至会引起不良的情绪；对计划中的行动的一种自动的拖延，尽管知道这种拖延会带来不好的结果。从这些定义来看，均包含"对需要完成的事件的不合理的拖延""易引发不良情绪和不良后果"等含义。与现代汉语中的"惰性"一词相比，国外学者对"procrastination"一词的阐释增加了较多情绪体验的描绘。

但我国学者并未对惰性一词进行明确的阐释，也未明确指出惰性的性质，而国外的"procrastination"一词则指为一种负面心理现象。惰性作为一种人类社会普遍存在的行为和心理，存在于人类各个年龄、职业群体之中。

二、惰性产生的原因探析

惰性概念提出后，中外学者对惰性产生的原因从各个角度进行了研究，然而大多学者并未对惰性产生的原因进行详细分析，本节主要从惰性与任务的关系，以及惰性与个体特征之间的联系两个角度尝试对惰性产生的原因进行深入分析。

（一）惰性与任务特征

惰性产生的原因与要完成的事情即任务有关，西方学者布赖奥迪（Briody）在惰性的研究中指出，大约 50% 的被调查者反映，他们的惰性的发生与任务特征是有关系的。他的研究还指出了两个预测性的因素：对完成任务时间的衡量，对任务的厌恶。由此可见，惰性产生的原因与任务有关。

其一，惰性与个体对任务完成时间的衡量。

20 世纪 90 年代，西方学者勒文施泰因（Loewenstein）从主流经济学观点的角度对惰性的根源进行了阐释，运用经济学上的"临时贴现"概念对惰性的原因进行了阐释。除此之外，西方学者安斯利（Ainslie）运用主流心理学的"冲动"概念对惰性进行了分析。这些学者的研究中均提出了惰性与个体对任务完成时间的衡量的概念。当人们在做某一件事或完成某一项任务时，会为任务设定执行时间，制订一个"绝对标准"。当人们的行动达不到这一标准时，人们即开始寻求各种理由进行拖延，而由于任务未在设定的时间内完成，个体往往会对自我产生怀疑，进而对自己进行否定，产生焦虑、抑郁等情绪。而这些不良情绪的产生则会进一步影响个体对任务的完成动力，进一步对任务进行拖延，形成恶性循环，导致惰性的产生。

其二，惰性与个体对任务的厌恶程度之间的关系。

惰性还与个体对任务的厌恶程度之间存在直接关系。惰性是人类与生俱来的一种自然倾向，人类既存在积极进取和发展的需求，又具有寻求安闲和享受的自我矛盾倾向。这种自然倾向往往受人的生理需要的影响。例如，人类生理上既有活动的需要，又有休息的需要。而从心理角度来看，当个体发自内心地喜爱某项任务时，个体在完成这一任务的过程中所产生的情绪是令人愉快的，而这种愉快的情绪激发了个体对任务的兴趣，从而引发个体对任务更加积极和投入，形成良性循环。然而，当个体不喜欢某项任务，甚至对某项任务产生厌恶情绪时，个体在完成该项任务时所产生的情绪是不愉快的，这种不愉快的情绪易引发个体对该项任务的厌恶倾向，进而使个体在完成任务时有意识地通过拖延来推迟和逃避该项任务，而拖延和逃避行为所产生的恶性循环则更易激发惰性的产生。

（二）惰性与个体特征

除了任务因素导致的惰性外，惰性的产生还与个体的意志力、抗挫能力、自我效能感和自尊心、自我阻碍、自我的不良情绪等方面的因素有关。

人类在进行任何事物的处理中，均需依赖于个体的意志力。人类社会具有一定的复杂性，个体在完成某一事件时如果没有强大的意志力，那么很难坚持下去，易在中途产生懈怠和拖延。而人类的惰性是由习惯养成而逐步形成的，如果个体的意志力较弱，经常在事件的处理过程中产生拖延，那么势必会对惰性的产生提供土壤。而如果个体的意志力较强，能够有效克服懈怠和拖延情绪的产生，那么个体就不易形成惰性情绪和惰性心理。

　　惰性的形成与个体的抗挫能力有关。人们在现实生活中从事学习或工作时，由于内外在因素的影响，往往会遭遇种种挫折。有时候个体的主观愿望较好，然而结果可能不尽如人意。而当遭遇挫败时，如果个体的抗挫折能力较强，在理性情绪的主导下，对事件失败的原因进行分析，那么在下次遇到有关事件时，则会积极汲取失败经验，从而为事件的成功奠定良好的基础。而如果个体的抗挫折能力较差，那么个体在遭遇失败时就会产生较强的不良情绪，并且任由不良感性情绪淹没理性情绪，从而萌生焦虑和烦恼，对自我能力产生怀疑。当个体再次进行有关活动时，则通过拖延来逃避责任，从而导致个体惰性思想的产生。

　　自我效能感是社会学习理论的创始人阿尔伯特·班杜拉（Albert Bandura）于1982年提出的概念。班杜拉指出，自我效能感是人们对自身能否利用所拥有的技能去完成某项工作行为的自信程度。个体的自我效能感水平越高，越能够将注意力集中于积极分析问题和解决困难方面，往往能够知难而上，执着追求，以杰出的行为能力和行为效率解决问题。与之相反，如果个体的自我效能感水平越低，那么往往会产生畏难情绪，易滋生惰性情绪。除了自我效能感外，个体自尊心的强弱也与惰性的产生存在联系。如果个体的自尊心较强，那么个体为了维护其自尊心往往面对困难表现出较强的积极进取精神。反之，如果个体的自尊心较弱，面对困难，往往会产生逃避和拖延心理，易引发惰性。

　　除以上几种因素之外，个体的自我阻碍和不良情绪也易导致惰性的产生。所谓自我阻碍，即个体自己在成功面前设置障碍。自我阻碍的动机是通过给自己一个外部理由来保护自己的自尊。即如果失败了，不是自己的原因。自我阻碍情绪和心理使个体相信即使及时行动，其处境也不会发生改变，从而推动其惰性的产生。除了自我阻碍之外，抑郁也是个体产生惰性的不良情绪之一。抑郁的产生与个体的神经质、不合理的认知、低自我效能感和低自尊之间存在密切联系。抑郁是神经质人格中的重成部分，抑郁情绪能够导致个体缺乏活力、注意力集中困难以及无法承受生活事件的压力，从而导致惰性。

综上所述，惰性的产生与现实任务有关，也与个体的自我特征有关，惰性并非一朝一夕产生的，而是个体在长期的学习和生活中逐渐形成的。明确了惰性的概念和惰性产生的原因后，为教师惰性的研究奠定了良好的基础。

三、国内外学者对惰性和教师惰性的研究

惰性属于一个心理现象，然而却并非心理学术语。早在20世纪初期，俄国社会学者毕治杜立夫（W.Bechtereff）就提出了社会惰性的概念，毕治杜立夫认为，自然界有惰性物质，人类社会也有惰性现象。其指出，社会惰性的表现主要为社会成员的消极落后、不愿轻易改变其生活习惯或工作习惯等，而知足、保守、安于现状、对新事物无兴趣、闭关自守、停滞不前等则是社会惰性的主要表现特征。社会惰性并不是永恒不变的，而是随着社会经济的发展、人类文明的进步和生活的日趋现代化而发生相应的改变。之后，澳大利亚学者坎宁安（Cunningham）指出，社会惰性问题会随着社会变化速度越来越快而越来越严重。社会惰性产生的原因多种多样，既有外界环境的影响，又有个体主观情绪或主观能动性的影响，如个体不喜欢或不感兴趣、没有动力源泉、缺乏目标、自制力不足、不合理认知、低效能感等都有可能引发惰性。除以上因素外，个体的自我效能感与惰性之间也存在十分紧密的联系，个体的自我效能感越低，惰性越严重，而惰性引发的低绩效则又反过来降低了个体的自我效能感，从而形成恶性循环，不利于个体对惰性的克服。

除了国外学者之外，国内学者也对社会惰性进行了深刻而广泛的研究，并从不同职业的角度对惰性的影响进行了分析。我国学者邵光华指出，惰性是一种不想改变老做法或旧方式而保持原有状态的心理倾向。对教师这一职业的社会惰性进行研究即形成了教师惰性。教师惰性是指教师在日常教学中不求改变、不求发展、不求进取、不愿尝试新的教育教学方式方法、不想主动追求教育教学改进而固守原状的一种心态，主要行为表现是对"自上而下"的教育教学变革不积极响应，对自己的日常教育教学墨守成规、不思改变，对自己的专业发展不求上进等。教师作为教育中不可或缺的主体，一旦产生社会惰性，则其不仅会对教师个体的工作效率和职业生涯产生不良影响，还会直接影响教学效果，进而对学校的人才培养工作造成严重消极后果。因此，我国社会学家、心理学家和教育学家均对教师惰性十分关注。21世纪以来，教师惰性引发了更广大学者的关注和研究。纵观我国学者对教师

惰性的研究主要集中于以下三个方面：教师惰性的表现、教师惰性的影响、教师惰性的克服。

其一，教师惰性的表现。教师既是学校教育任务的直接承担者，也是学校科研研究的主体，因此，教师的惰性表现主要为划分教学惰性和学术研究惰性两大方面。我国学者对教师教学惰性的讨论遍及大中小学和幼儿园各个层级的教育中，由此可见，教师惰性是社会各阶段教学中都存在的现象。从教师年龄方面来看，我国学者对老中青教师惰性的研究主要集中在对中年教师惰性的研究方面，在中国知网中搜索"中年教师惰性"的相关论文数量远远高于青年教师和老年教师惰性相关论文数量，当然，这并不意味着教师惰性只在中年教师中发生，相反，各个年龄阶段的教师群体均可产生教师惰性，然而不可否认，教师惰性在中年教师群体中更易发生。一般来说，青年教师由于刚刚入职，在教学备课方面所花费的时间普遍较多，而中年教师由于积累了大量教学笔记和教具，并且在实践中形成了独特的教学风格，在教学时易沿用旧教材、旧笔记和旧教法。这种旧教法和旧笔记由于来源教学实践，因此大多有效，然而这种做法却极易滋生教师的教学惰性。而不同的学生和不同的班级之间存在一定差异，新教材和旧教材之间也存在一定差异，如果不能保持积极的教学状态，故步自封，则会对教学效果产生严重的不良后果。除了教师教学惰性的研究外，我国学者还对教师的学术惰性进行了初步研究，当前，专门论述教师学术惰性的论文和书籍较少，此外，在有限的对教师学术惰性进行研究的文章中，大多学者集中于高校教师的学术惰性研究。除教师教学惰性和学术惰性的研究之外，有的学者还对教师的学习惰性进行了研究。当前社会正处于知识经济时代和终身学习时代，社会知识的更新迭代速度越来越快，加之我国社会正处于社会变革时期，社会发展速度加快，对社会人才提出了更高要求，而教师群体作为社会人才的培养者，相应地面临更大的知识挑战。因此，近年来，教师学习惰性被我国学者所重视，并进行了广泛而深入的研究。

其二，教师惰性的影响。教师作为人才培养的直接责任人，其所传授给学生的知识，传授知识的方法，甚至一言一行都对学生起着十分重要的影响。因此，教师惰性不仅会导致教师个人的知识学习速度和更新换代频率缓慢，还会直接影响学生的学习和学生人生观、价值观的形成。轻则造成学生学习不好，使学生厌恶学习，重则不利于社会人才培养，降低社会人才的培养质量。

其三，教师惰性的克服。教师惰性是教师群体中的一种极为特殊的现象，对教师自身和人才培养均有着极其消极的影响。为此，我国学者从多个方面对克服教师惰性进行了深入研究。其中，有的学者从网络时代的教育资源和教育平台出发，通过网络教育平台的引入对教师惰性的克服提出了意见和建议。例如，我国学者寻素华、隋海荣、刘东波等人就从网络博客平台在知识承载和知识传递方面的作用提出了利用网络博客对教师职业发展惰性进行克服的方法。有的学者则从具体的教师学习惰性的角度出发，或从中年教师的惰性突围角度，对如何克服教师的学习惰性进行了深入研究。

从总体上来看，尽管进入21世纪以来，教师的惰性问题引发了越来越多学者的关注和研究，然而，专门研究和论述教师惰性的学术性文章仍然较少，大多学者只是将教师惰性作为教师发展或教师教学改革的一部分进行研究。

第二节 高校教师惰性的主要表现

教师惰性在教师工作中属于常见现象，其不分国别和教育层次，存在于不同年级、不同层级的教师群体中。教师惰性也是教育改革的最大障碍之一。高校教师作为教师群体的重要组成部分，也存在教师惰性。本节主要对高校教师惰性的主要表现进行分析。

一、高校教师的学习惰性

学习是人类永恒的主题。人类社会的繁衍与发展则与人类持续不断的学习实践直接相关。教师学习是20世纪末产生的概念。20世纪80年代，美国密西根州立大学"美国教师学习研究中心"率先发起了教师学习研究，并推动了教师学习研究领域的发展。当前，教师学习已成为教师研究领域的重要内容。这里所指的教师学习主要为在职教师的学习，包括学习的内容、领域、方法和途径、学习过程等。教师学习内容主要包括专业学习、教学方法学习和综合知识学习等。教师学习的方法则可细分为教师个体的独立学习和教师群体合作学习等。高校教师作为社会精英知识分子，承担着传播人类最前沿知识和培养高端人才的任务。一个国家高校教师水平的高低直接关系到该国人才培养质量的高低，以及该国在未来国际竞争中的实力高低。由此可见，高校教师在社会中的重要作用。

当前，我国社会正处于社会转型期，社会变化速度快，对人才的需求的标准变化也相对较快。高校教师要想培养合格的社会人才，就必须及时了解社会前沿信息，学习社会前沿知识，并且将这些知识及时传授给学生。除此之外，社会转型期的到来以及社会科技进步对青少年产生了较大影响，改变着青少年的人生观、价值观、学习观以及学习方式和方法，对此，高校教师还应及时了解学生的心理发展状态，学习先进的科技知识手段，并将其应用于教学实践中，从而采用合适的方式和方法进行教学，以便达到教学效果最大化。除此之外，高校教师的学习还包括专业学习、道德学习、高等教育心理学学习、前沿学术知识和科研信息的学习等。然而，当前一些高校教师却产生了较强的学习惰性。学习惰性是指学习者对学习的自动拖延，同时伴随不良的情绪体验的心理状态。高校教师的学习惰性是指高校教师对学习的自动拖延并在此过程中产生的不良情绪体验。

高校教师学习惰性产生的原因受高校教育体制、高校环境氛围、高校教师的个人时间和精力安排、高校教师的责任感缺乏等多方面影响。高校教师的学习惰性与高校教育体制有关。高校教师所教授的学生为大学生，毕业后无须面临严峻的升学压力，在一定程度上减轻了高校教师的压力。此外，高校教师的工作和收入相对较为稳定。当前，随着高校教师教学改革的推进，我国大部分高校开始实行聘任制，然而由于教师教学改革正在进行中，一些学校虽然倡导实行聘任制，但并没有严格落实聘任制，教师的绩效考核和惩罚、约束机制尚待成熟，因此部分高校对教师缺乏行之有效的监督机制与展现高校活力的竞争机制。除此之外，许多高校还存在较为严重的平均主义和论资排辈的现象，在这种体制下，高校教师缺乏应有的紧迫感和危机感，而这使高校教师形成了安于现状的心理，导致学习的积极性大幅下降，从而易滋生高校教师的学习惰性。

高校教师的学习惰性还与高校环境氛围之间存在密切关系。高校教师个体在学校时常忙于具体的备课、教学活动，回家后还面临着照顾家人、处理家务等事情。因此，许多高校教师群体常常难以激发自身的主观能动性，忽视了自身的学习。如果一所高校的学习环境较好，那么其在高校中所营造的学习氛围必然会对教师产生正面积极的影响，从而有利于激发教师的自主学习意识，推动教师学习，减少教师学习惰性。反之，如果一所高校的学习氛围较差，则会直接影响教师个体的学习积极性、主观性和能动性，易引发教师的学习惰性。

高校教师的学习惰性还与高校教师的时间和精力不足有关。根据西方学者麦克鲁斯（McClusky）的余力理论，个体在生活中的余力决定着个体参与成人学习的动机、水平和强度。近年来，随着高校招生规模的不断扩大，高校教师的备课、授课任务不断增强。此外，许多国内高校从普通高校向构建研究型大学转型，并以此作为自身发展目标，而高校教师除了承担教学任务之外，还需承担繁重的科研压力，这使许多高校教师在教学和科研之余，难以抽出时间和精力进行学习，从而易导致高校教师产生了学习惰性。例如，在建设研究型高校的基础上，一些教师产生了科研远远比教学更重要的错误思想。这种错误思想不利于高校教学的进行，同样不利于高校教师教学方法的学习，从而产生高校教师教学知识方面的学习惰性。而高校教师的学习惰性一旦形成，则会直接影响高校教师的学习成果，进而产生恶性循环，使高校教师疏于和懒于学习，从而加重高校教师的学习惰性。

高校教师的学习惰性成因还与个别高校教师的责任感缺乏有关。高校教师承担着教书育人、传道授业的基本职责，然而一些教师却对其职责缺乏清晰而正确的认知。一些教师认为，高校学生的学习方式与中小学阶段的学习方式产生了较大区别，不再完全依赖于教师，主要依靠学生自学，而学生自学的成果如何，知识掌握得是否牢固与教师无关。在上课时，这些教师只是机械地对学生进行授课，而完成授课任务后，较少关心学生课堂学习的理解与接受情况，较少为学生进行答疑和解惑，这种教学难以达到真正的传道授业的目的。此外，在授课之外，高校教师还承担着育人的责任，一些高校教师将高校育人简单的与日常教学和授课活动等同起来，混为一谈，从而严重忽视了对高校大学生人格和品德教育的培养，导致高校大学生中出现了理想缺失、信念缺乏、诚信和道德失范等不良状况。这种状况的形成与高校教师的个人责任心不足和责任感缺乏有着直接关系。高校教师的责任感缺乏直接对高校教师的教学知识的学习主动性和积极性产生影响，易使高校教师产生较强的学习惰性。

除了以上原因外，高校教师学习惰性还与高校教师的畏难情绪与缺乏信心，以及高校教师的学习方法的不科学有关。许多高校教师面对不熟悉的领域易产生畏难情绪，对新知识和新技术、新事物的学习缺乏足够的信心，这种不良学习态度易引发高校教师对知识的厌烦情绪，进而影响高校教师的学习效果，易滋生学习惰性心理。此外，在学习过程中，高校教师应在学习前期进行良好规划，学习中期进行调控，学习后期进行评估和反馈，以便对学习效果进行较好把控。如果高校教师的学习方法不科学，则会直接影响学习效果，而学习效果的好坏则会直接影响教师学习的积极性的高低。如果学习效果较差，则会对教师的学习积极性产生较大打击，易引发教师的学习惰性。

随着我国高校教师教学改革的推进和相关政策的出台，高校教师的学习惰性在一定程度上得到了缓解。当前，我国高校教师惰性总体上并不十分严重，然而其对高校教学所产生的负面作用却不能忽视。针对高校教师惰性，应从高校教师管理机制和高校教师个体两方面进行改进，以降低和杜绝高校教师惰性。

二、高校教师的教学惰性

教学是高校教师的主要任务，也是高校教师最重要的任务之一，而高校教师的教学惰性则是高校教师教学的最重要障碍之一。高校教师的教学惰性表现在多个方面。

（一）高校教师教学惰性的表现

其一，高校教师备课惰性。

高校教师的教学惰性首先表现在备课惰性方面。备课是高校教师教学的第一步，也是至关重要的一步。高校教师通过备课能够清晰地掌握课程标准，并可对教材进行提前研读和了解，厘清教学目标，并且根据教学目标设计出恰当的教学方案。高校教师备课一般包括备教学目标和内容、备进程、备教法和备学生四个方面。其中，备教学目标和内容即是在充分了解教材的基础上，对照课程标准，详细了解和把握课程在整个学期课程中的地位和作用，以便明晰课程的教学目标，并且梳理教学目标和教学内容之间的内在逻辑关系。除此之外，教师还须对照有关教学参考资料，对课程中相关的学科前沿问题或热点问题进行教学，以便达到充实原有教科书内容的目的。备进程即是对所教授课程的整体进度进行把握，落实到每一节课程的时间进度方面。备教法是指在高校教师备课过程中针对具体的教学课程与学生特点，应用适合的教学手段，如以讲授为主，以讨论为主，以演示为主，或以任务驱动为主等多样化教学方法。在同一节高校课程中，高校教师可同时应用多种教学方法，以实现教学目标，提升教学效果。高校教师备课过程中还应备学生，学生作为高校教学活动的主体之一，是教学活动的重要参与者。学生作为教学个体，具有较大的差异性。如果高校教师不了解学生的知识水平、认知特点和认各风格以及学生的思想状况，就无法使用适合的教学方法，从而影响教学目标的达成，并对教学效果产生了较大影响。

当前，高校中存在部分教师，由于在数年的教学中形成了一定的教学经验，因此在教学活动中，轻视备课，表现出较强的备课惰性。然而，由于近年来，我国高等教育改革，许多高校的教材发生了较大变化，一味延用旧教材进行教学，难以体现学科前沿信息，使学生无法了解学科最新发展成果。此外，近年来，随着我国社会改革的深化，社会环境发生了较大变化，对学生的知识结构、学习方式和知识接受方式产生了较大影响。因此，如果教师的备课惰性较强，不在备课过程中对学生进行较为全面的了解，那么将无法针对学生的知识结构梳理教学内容，选择适合的教学方法，从而对教师教学效果产生不良影响，导致教学效果差，学生不能从教学中及时获得有益信息。

其二，高校教师教学方法惰性。

教学方法是教学活动得以实现，教学目标得以达成的重要途径。我国高校传统的教学方法是以教师为中心的知识灌输式教学方法。这种教学方法虽然能够将知识大量输入学生的头脑中，但是由于这种教学方法忽视了学生在教学活动中的主体作用，教学效果较差。随着近年来我国高校教师教学改革的推进，传统的以教师为中心的知识灌输式教学方法已在教学活动中大大减少，一些教师开始采用以学生为中心的新的教学方法进行教学。对高校教师和学生来说，教学方法的变化不仅是单纯的教学方式的改革，还是教师和学生在课程中重建自我与整合冲突的过程。例如，以学生为主体的互动式课堂教学法是从以教师为主体向以学生为主体的转变过程，需要教师花费更多的时间和精力对教学环节进行设计。此外，由于教师和学生的价值观念、行为方式以及要达到的目标各不相同，因此互动式课堂往往较之传统的知识灌输式课堂更难掌控，需要师生双方不断寻求共同的教学情境，整合师生之间的互动冲突，对自我的行为进行修正。如果教师在互动课堂中不能完全转换思想或教学设计环节不理想，那么互动课堂往往就无法达到良好的效果。有鉴于此，许多高校教师在教学中存在教学方法惰性，不愿学习和尝试新的教学方法，而使用旧有的、简单的教学方法。然而旧有的、简单的教学方法由于忽略了学生的心理诉求，较难引发学生的认同和接受，因此难以达到良好的教学效果。

其三，高校教师教学协同惰性。

在教学中，除了独立教学之外，高校教师还可通过协同教学来达到良好的教学效果。高校教师的教学协同表现在多个方面，包括集体备课、协同教学资源和教学平台等。

高校教师集体备课是当前我国高校普遍采用的一种备课方法，其有利于同一专业教师群体进行思想和资源交流，实现资源共享，同时具有提升团队协作和备课效率，增强教学效果，提升高校教师备课和教学的积极性等优势。高校集体备课一般要求同一所高校中教授同一课程的所有教师共同参加。由于这些教师所教授的课程的教学大纲和教学内容相同，但教授的专业并不完全相同，学生的知识结构、爱好兴趣等学情不同，不同教师的教学风格、教学方法和教学观点也不尽相同，因此在进行集体备课时，教师们可以通过讨论和交流，引发不同思想的碰撞，一方面，能够促进高校教师对所教授学生的情况进行深入认识；另一方面，通过不同教师的观点交流与碰撞，从中发现更加合理、有效、更加符合学生接受特点的讲授方式和思想观点。而且教师个体在教学中的难点还可通过在集体备课过程中的群策群力得以有效解决。除此之外，集体备课还有利于充分发挥团队协作的作用，提升高校教师的备课效率。在进行集体备课时，高校教师常对同一门课程的不同章节进行细分，各个不同部分由知识背景相契合的不同教师负责进行主导准备，并对课程资源进行整合。这种备课方式通过合理分工，极大地节省了高校教师的精力和时间。高校教师的集体备课作为高校教师教学协同工作的重要组成部分，将擅长不同教学风格和教学方法的教师整合起来，通过充分交流和碰撞，有利于多样化教学方法在教学实践中的应用，可以达到增强教学效果，调动教师积极性的目的。

然而，尽管高校集体备课有着诸多协作优势，然而由于现实实践中，高校集体备课多流于形式，备课成果寥寥无几，且集体备课的形式单一，缺乏创新性，备课的内容深度和广度均不足，导致现实中一些高校教师产生了较强的集体备课惰性。在集体备课时敷衍了事，无视真正的共识性和创新性的成果。在集体讨论环节中避重就轻，甚至有的教师在集体备课时连课本都不拿，在集体备课中准备不足，难以挖掘出课程背后的本质问题，而只停留在原有问题上，备课的深度不足。这种高校教师集体备课惰性不仅无法充分发挥出集体备课的优势，还会影响高校教师的课堂教学深度，不利于高校课堂教学的发展。

除了高校教师集体备课惰性外，高校教师在进行教学资料共享方面也存在着较强的协同惰性。高校教师在教学中的协同惰性不仅不能够充分发挥出高校教师的协同优势，还在高校教师教学活动中起到消极作用。

（二）高校教师教学惰性的原因

纵观高校教师的教学惰性，主要有两个方面的原因。从主观原因上来看，主要包括部分高校教师的职业认同感较低、职业认同偏差、职业倦怠等。

职业认同是指一个人对所从事的职业在内心认为它有价值、有意义，并能够从中找到乐趣。职业认同是一种过程，也是一种状态。职业认同感对任何职业都十分重要。高校教师的职业认同感是指高校教师在内心深处的认可状态。在现实生活中，部分高校教师的职业认同感较低。高校教师是一种极为特殊的职业，也是一个充满矛盾的职业，一方面，高校教师向学生输出知识，另一方面，为了确保知识能够源源不断地输出，高校教师还应进行积极学习，通过大量输入知识保障知识输出的质量。然而教学远远比自我学习更难，如果教师不能够在教学中借助良好的方法将知识有效传授给学生，就难以保障学生的学习效果，而学生的学生效果较差，则对教师的职业认同感产生较大影响，降低教师的职业认同感。此外，教师作为社会的一种特殊职业，受到全社会的高度关注和期望。教师不仅承担着教学任务，属于专业的教育教学从业人员，还被视为人类文明传承者、文化的传播者和道德的维护者。近年来，随着社会快速发展以及高等教育改革，教师在社会中扮演的角色越来越复杂化，社会公众对教师的期待越来越高，不仅要求教师承担教师本身的角色，还要求教师是学生学习的引领者、评价者、激励者，学生的心理辅导者等。当这种对教师的过高期望超越了教师自身的能力和价值时，往往导致教师不堪其重，引发教师的职业认同危机和强烈的职业挫败感，易使教师产生教学惰性。

职业认同偏差是指部分教师在当前高校改革发展中对教师的职业认同产生了偏差。当前，在我国高校发展中，许多高校争先创建研究型一流大学。而研究型大学的建设与高校教师的科研成果息息相关。因此，研究型高校的建设促进了高校教师对科学研究的兴趣。科研不仅是高校存在的支柱，还是教师的生命。而科研成果一方面需要高校教师花费大量时间和精力进行深入调查、研究或实验，另一方面还需要教师在进行科研期间发表大量论文或专著作品。尤其是随着近年来，我国高校的科研管理体系日益倾向数量化、等级化，并且与高校教师的职称评定，教学奖励等融为一体，高校教师更加注重科研。甚至部分高校教师产生了重科研而轻教师的职业认同偏差，认为高校教师的重点在于科研，而将教学置于次要地位。然而，高校作为培养现代化人才的重要场所，教学工作应为重中之重。而部分高校教师的职业认同偏差势必引发其教师惰性。

职业倦怠是指在以人为服务对象的工作领域中的个体的一种情绪衰竭、人格解体和个人成就感降低的症状。高校教师的职业倦怠主要表现在情感枯竭、低成就感、去个性化和才智枯竭等方面。高校教师职业倦怠的原因呈现出多样化，具体则包括教师专业知识和专业能力缺陷，工作的成就感和满足感较低，职业归属感缺乏，产生了较强的心理焦虑和挫折感，从而失去了工作信心，易引发教师的职业倦怠。此外，人格缺陷、从教意愿性不强，对教师专业发展的主观性不高等都会引发教师的职业倦怠。教师职业倦怠出现后，会激发教师在生理上和心理上产生一系列不适状况，从而易激发高校教师的教学惰性。

综上所述，高校教师教学惰性是高校教师惰性的重要表现形式之一，本节主要从高校教师的备课惰性、教学方法惰性和协同惰性等三个方面对高校教师的教学惰性表现进行了详细分析，并且对引发高校教师的教学惰性的原因进行了概括和总结。

三、高校教师的教学改革惰性

高校教师的教学改革惰性是高校教师教学惰性的重要表现形式之一。自改革开放以来，随着我国社会的快速发展，我国对高等教育事业越来越重视。为了使高校人才培养更符合社会发展需要，提升高校人才培养效率，我国开始对高等教育进行一系列改革。进入 21 世纪以来，随着社会改革的日益深化、科学技术的飞速发展，以及知识经济时代的到来，我国的教育改革力度越来越大，并且对高校进行了深化改革。我国教育部于 2016 年印发了《教育部关于中央部门所属高校深化教育教学改革的指导意见》，对我国高校教育教学进行深化改革奠定了基础。其中指出，到 2020 年，中央高校人才培养中心地位和本科教学基础地位得到进一步巩固和加强，学科专业结构和人才培养类型结构更加适应国家和区域经济社会发展需要，协同育人机制更加优化，创新创业教育改革形成制度化成果，信息技术与教育教学深度融合，教师培训体系实现制度化、专业化、网络化，基础学科拔尖学生培养取得新进展，高等教育发展更加协调，涌现出一批社会公认、具有国际影响力的本科教育高校。在这一宗旨的指引下，我国高校教学进行了一系列改革。

这些高校教学改革不仅涉及高校各项教育制度改革，还对高校教师的教学模式、评价机制、激励和考核方式等进行了相应的改革。其中有的高校教学改革政策触发了教师的利益，或打破了教师原有的教学模式引发了部分高校教师的教学改革惰性。主要表现在以下几个方面。

（一）教师教学改革的惰性表现为对旧的教学模式的依恋心理

教学模式是教育学中的重要概念，于 20 世纪 70 年代由美国教育家布鲁斯·乔伊斯（BrLlce Joyce）和玛莎·韦尔（Marsha Weil）在《教学模式》一书中提出的。之后，中西方学者对教学模式的定义进行了多种概括。所谓教学模式是指在一定的教学思想或教学理论的指导下建立起来的较为稳定的教学活动结构框架和活动程序。教学模式包含三个要点：第一，教学模式是对教学系统运行过程的再现；第二，教学模式是理论性的，代表着教学系统运行过程的理论内容；第三，教学模式是对教学系统运动过程理论的精心简化。教学模式具有较强的指向性、操作性、完整性、稳定性和灵活性等特点。由于教师在教学过程中起着极其重要的主导作用，因此教师在教学中可根据学生的学习和认知特点等对教学模式进行选择和调整。

教学模式是我国高校教学改革的重要组成部分之一。早在 2007 年我国教育部颁布实施的《大学英语课程教学要求》中即提出各高等学校应充分利用现代信息技术对单一的教师讲授为主的教学模式进行改革。近年来，随着我国高校教育教学改革的深化，高校教学模式改革多次被教育部强调。教学模式改革不仅是教学方法和教学手段的变革，还涉及教学理念的转变。从我国传统的以教师为中心、单纯依靠语言讲授为主的教学思想和教学理念向以学生为中心的、既注重知识和技能的语言传授，又注重先进教学技术手段的应用，以及对学生实际语言应用能力和自主学习能力的教学思想和教学理念方向转变。

以学生为中心的教学理念的转变改变了传统的填鸭式教学法，新的教学理论和授课模式的要求教师要具有更开阔的视野，更海量的信息，要综合各学科的知识，这些都需要教师不断地学习，掌握更多的知识。然而在教学改革中，一些教师出于对新事物的反抗，不愿放弃旧有的教学模式而学习新的知识和教学理论；还有一些教师明知新的教学模式更有利于学生的学习，然而却由于责任感缺失，在教学中不考虑学生多样化、多层次的知识需求，仍习惯于传统教育体制下的教育模式和教学方法，在教学改革中不积极主动地动脑筋、想办法去研究教育如何改革，使现行教育适应新时代学生发展的需要，而是一味地依赖上级拿出具体方案、实施细则，在具体的教学实践中，仍然沿用原有的教学模式和教学方法，拒绝对课堂教学形成进行改变，在工作上安于现状，采用老思路、老方法。这些高校教师对旧的教学模式产生产生了依赖心理。他们以这种方式对高校教学模式的改革实践进行拖延，而在高校教师教学模式改革的大背景下，对高校改革工作的懈怠都会对高校教学改革产生不良影响。

（二）教学改革的惰性表现为对改革权益的患得患失

高校教学改革是一项极其艰巨而复杂的工程，高校教学改革中会涉及学生、教师、教学管理层以及政府行政部门等多个改革主体之间的权益分布。如果处置不当，就极易引发权益冲突，从而影响我国高校整体改革进程。当前，我国高校教学改革中的利益主体之间的权益冲突主要表现在三个方面，即学生主体和教师主体之间的权益冲突、教师主体与教学管理层主体之间的权益冲突、高校主体与政府行政部门主体之间的权益冲突。

学生和教学是高校教学活动中两个不可或缺的主体，在高校教学改革活动中，学生主体与教师主体之间的矛盾和权益冲突主要体现在高校教学质量和教学方式方面。现阶段，为了适应时代的发展和社会对人才标准的要求，大部分高校教师应教学改革的要求，在教学实践中不断提升教学质量，以便更好地提升人才培养质量。然而，在此过程中，一些高校教师却出于个体自身的原因，忽略高校学生的需要，在教学实践中仍然沿用旧思路和旧方法，无视科技发展为高校教学带来的便利，以及其对的高校教学效率的影响，这种教学实践极易影响学生的学习兴趣和学习效率。除此之外，高校教学课程中的学生和教师作为教学主体，都拥有一定的话语权，然而，一些高校教师在教学活动的组织中忽略了学生的话语权，无视学生对教学的意见，从而对部分学生的学习积极性和学习兴趣造成了打击，甚至导致部分学生对教学活动出现公开的抵制和叛逆行为。这些均可引发学生与教师之间的权益冲突。

除与学生之间的权益冲突外，在高校教学改革中，教师主体与教学管理层之间还存在权益冲突。教师与教学管理层之间的权益冲突主要表现在两个方面，即高校教学课程设置与高校专业结构构架改革方面。高校教学课程设置的话语权掌握在教学管理层手中，在不同层次、不同领域的课程中，如果存在课程资源分配不均的情况，就会引发教师对教学改革体系的不满，引发高校教师与教学管理层之间的权益冲突。除此之外，高校教师是高校专业课程的负责人，对高校相关专业结构有着较为深刻的认识，而教学管理层主体则对高校专业结构框架的改革拥有决定权，当高校教学管理层不重视、不认真倾听教师对高校专业结构框架的意见时，有的专业在招生时会面临停招，从而影响该专业教师的职业发展，造成高校教师主体与教学管理层主体之间的权益冲突。

在高校改革中，高校主体与政府行政部门主体之间也存在一定的权益冲突。例如，高校的人事权、专业设置权、资源配置权以及评估权大多掌握在相关社会部门手中，这在一定程度上阻碍了高校作为教育主体自主进行教学改革和发展的进程，造成了高校主体和政府行政部门主体之间的矛盾，易引发两者之间的利益冲突。

尽管高校教学改革的各个主体之间存在着各种矛盾与冲突，然而，从高校教学改革的整体视角来看，高校改革中的主体之间的权益冲突是不可避免的，也是短时间内无法完全解决的。在教学实践中，部分教职工对教学改革的艰巨性和复杂性认识不足，一厢情愿地希望改革工作能够一帆风顺。有的高校教师由于对教育、教学改革的表面、肤浅的理解，在改革中如果没有获得预想的利益效果，甚至出现某些触动他们利益的情况，他们便认为改革得不偿失，容易对改革失去信心。高校教师的这种在教学改革中的受挫心理极易滋生高校教师的惰性心理。

（三）观望心理也是教学改革中的一种惰性表现

进入21世纪以来，随着知识经济时代的到来和教育终身化时代的发展，世界各个国家均掀起了教育改革的热潮，我国也不例外，积极进行各级教育改革。其中，高等教育作为一个国家培养未来人才的最重要机构，其教育改革更受瞩目。由于各个国家的具体国情不同，高校改革背景不同，因此各个国家的高校改革理论都处于建设的阶段。高校教学改革不仅涉及教学思想、教学内容和教学方法，还涉及与教学各个环节有关的基础理论。由此可见，高校教学改革的工程十分庞大，无比艰巨和复杂，不可能在一朝一夕间完成改革。而高校教学改革作为一个敏感且复杂的问题，涉及多个利益主体之间的权益，面临着多种矛盾冲突。

高校教学改革中的复杂性和艰巨性引发了少数高校教师对教学活动的观望心理。观望心理是一种处事谨小慎微、瞻前顾后的中庸思想。高校教师在教学改革中的观望心理的形成与我国传统儒家中庸思想有关。儒家中庸思想倡导不偏不倚、恪守中道，但这种思想不适用于改革的发展。长期以来，人们思想意识受儒家思想的影响，加上某些政策的不连续性，使少数教师对教学改革的政策拿不准，工作起来顾虑太多，不愿争当先锋模范，而选择随波逐流，形成了一种不求有功，但求无过的心理。这种消极应付、得过且过的思想，是一种极其消极的思想，是高校教师教学改革惰性的表现形式之一。

综上所述，高校教师的教学改革惰性是高校教师惰性的重要表现形式，而高校教师的教学改革惰性不仅体现在对固有的、传统教学模式的坚持上，还体现在对高校改革权益的患得患失和对高校教学改革的观念态度等方面。

第三节 高校教师教学改革惰性因素的模型建构

根据相关文献综述分析，本书认为，高校教师教学改革惰性的影响因素不仅包括社会环境、学校制度、工作环境、人际关系、发展空间等，还包括人口变量学分类等。综上，分析得到高校教师教学改革惰性因素的理论模型如下：

下面将就上述理论模型的构成进行问卷调查研究，将实际与理论相结合进而修正该理论模型，得到了高校教师教学改革惰性因素的结构模型（如图3-1所示），为研究高校教师教学改革惰性的干预机制提供了有力支撑。

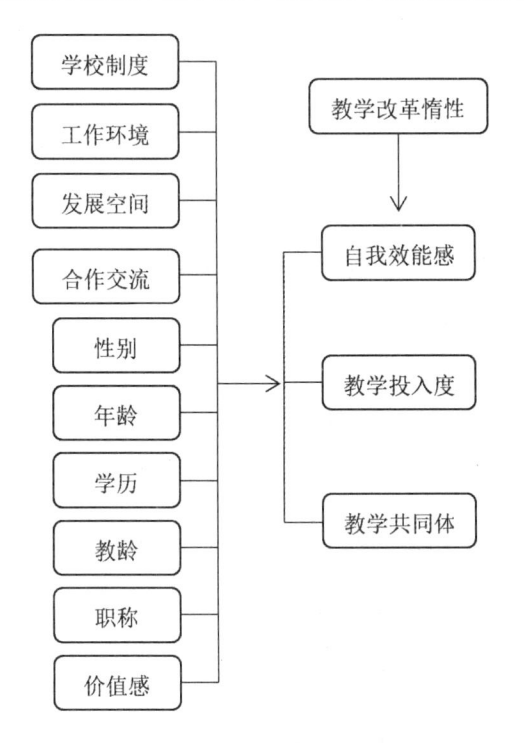

图 3-1 高校教师教学改革惰性因素的理论模型

第四章 高校教师教学改革惰性现状调查研究及成因分析

第一节 研究设计与实施

在分析文献资料的基础上,通过研究人口学特征、学校制度、工作环境、发展空间、合作交流等方面对高校教师教学改革现状进行分析,根据前期调查和访谈,分析教师教学改革惰性因素主要体现在自我效能感、教学投入度及教学共同体上,进而得到高校教师教学改革惰性因素的结构模型。为了进行后续干预机制的研究,首先需要验证模型的正确性。为此,设计高校教师教学改革现状调查问卷,通过调查结果分析模型是否需要修正。

一、高校教师教学改革现状调查问卷的设计

问卷是根据国内外研究现状,通过访谈等前期调查,结合问题本身情况编制而成。具体由基本情况、教师教学工作影响因素调查两个部分组成。

本问卷主要从影响教师教学改革惰性的五个方面设计,这五个方面分别为工作本身、价值感、人际交流、工作环境、发展空间。

二、高校教师教学改革现状调查问卷的实施

本研究通过问卷星和直接发放两种方式收集问卷,问卷发放对象为高等院校从事教学与科研工作的专职教师。发放问卷时,为了调查的真实有效,采用匿名方式,所有结果和数据仅用于研究。调查共发放问卷380份,回收有效调查问卷316份,有效回收率为83.16%,是总题量的9.875倍,可以支撑后续研究。

第二节 研究结果与分析

一、研究对象的基本特征

样本数据的基本特征如表 4-1 所示。

由表 4-1 可知，从性别来看，参与调查的男性教师小于女性教师；从年龄来看，31～40 岁年龄段的教师人数最多，51 岁以上的教师人数较少，但是中青年教师占样本数据的比例较高，这有利于教学改革发展和后续研究；从学历来看，博士学历和硕士学历教师占总人数的 81.65%，说明当前教师主体中学历层次不断提高，更加有利于学校教育水平的提升；从职称方面来看，副教授和讲师占比最高；从教龄来看，本次调查中有经验的教师居多，更有利于探求教学改革惰性的影响因素；从学科门类来看，公共课教师有 107 人，专业课教师为 209 人，占比分别为 33.86% 和 66.14%；从每月收支结余来看，支出小于收入、平衡、支出大于收入分别占比 52.53%、30.38%、17.09%。

表 4-1 样本基本特征表

属 性	分 类	人 数	比例（%）
性别	男	129	40.8
	女	187	59.2
年龄	30 岁以下	61	19.3
	30～40 岁	112	35.44
	41～50 岁	96	30.38
	50 岁以上	47	14.87
学历	博士	131	41.46
	硕士	127	40.19
	学士	58	18.35
职称	教授	21	6.65
	副教授	92	29.11
	讲师	138	43.67
	助教	65	20.57
教龄	20 年以上	115	36.39
	16～20 年	86	27.22
	11～15 年	73	23.1
	6～10 年	34	10.76
	小于 5 年	8	2.53

续 表

属 性	分 类	人 数	比例（%）
学科门类	公共课	107	33.86
	专业课	209	66.14
每月收支结余	支出小于收入	166	52.53
	平衡	96	30.38
	支出大于收入	54	17.09

二、问卷调查的效度检验

分析调研数据的有效性依赖于效度检验。凯撒给出了常用的 KMO 度量标准：0.9 以上表示非常适合；0.8 表示适合；0.7 表示一般；0.6 表示不太适合；0.5 以下表示极不适合。

本问卷调查的效度为 0.870，说明问卷调查的效度合格。

表 4-2　问卷调查的效度检验表

KMO 和 Bartlett 球形检验	
取样中的 KMO 度量 Bartlett 球形检验	0.870
	近似卡方　3 846.239
	df　827
	sig　0.000

三、问卷调查的信度检验

调研数据的稳定性和可靠性由信度来反映，本研究通过内部一致性信度来检验。通过计算，本量表的 Cronbach's alpha 系数值为 0.640，表明调研数据稳定性和可靠性尚可。（一般信度达到 0.6，即认为问卷质量达标）

表 4-3　问卷调查的信度检验表

稳定性和可靠性统计量	
Cronbach's alpha	0.640
项数	39

四、研究对象基本特征的描述性分析

（一）性别结构

如图 4-1 所示，由调查的 316 个有效样本可知，女性教师多于男性教师，占教师总数的 59.2%。

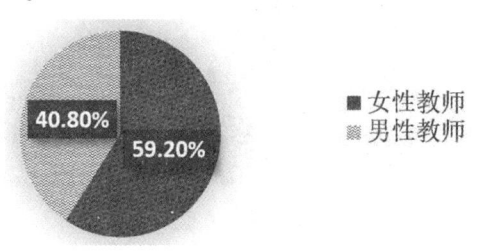

图 4-1 性别结构饼图

近年来，全国高校教师数量从 1999 年的 42.6 万增加到 2018 年 167.28 万，数量激增，并且结构也发生了改变，教师队伍中年轻教师占比高，青年教师中女性教师占比高，女性教师思维活跃，教学科研工作仔细认真，已经成为了推动高校教育教学改革的主要力量。

（二）年龄结构

如图 4-2 所示，40 岁以下的教师占 54.74%，青年教师占多半。截止到 2018 年，我国高校青年教师的数量高达近 89 万人，约为高校专任教师的 53.2%，已经成为推动高校持续发展的关键力量。青年教师学历较高，善于运用多媒体及各种先进设备，但同时他们也缺乏教学经验，在一定程度上阻碍了高校的教学书平的提升和教学的改革负担。

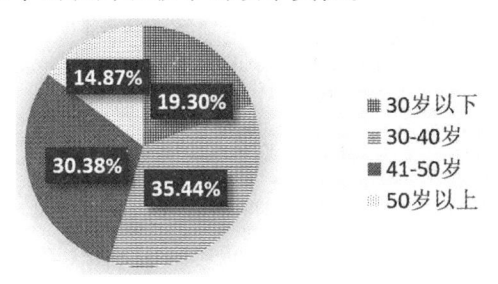

图 4-2 年龄结构饼图

（三）学历结构

教师的学历结构可以从一定程度上反映出高校的教师队伍水平以及教学质量。有研究表明，学历与教学科研能力有着较为密切的关系，学历高的教师，教学热情较高，科研能力也相应较强。通过图 4-3 可以看到，高校教师已呈现高学历趋势，有效样本中博士有 131 人，占比 41.46%；硕士有 127 人，占比 40.19%；本科学历的教师人数有 58 人，占比 18.35%。

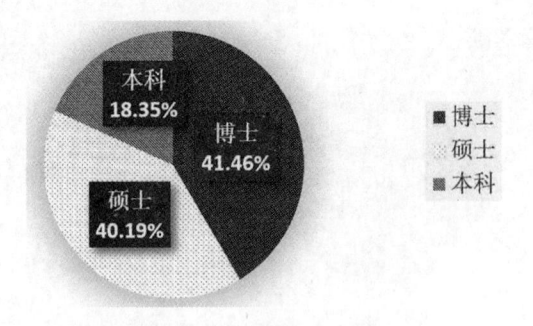

图 4-3　学历结构饼图

(四) 职称结构

职称是教师教学科研水平和工作能力的重要标志。如图 4-4 所示，研究数据中教师职称分布情况如下：讲师人数最多，有 138 人，占比 43.67%；教授最少为 21 人，占比 6.65%；数量上基本呈现出中间多、两边少的分布趋势。

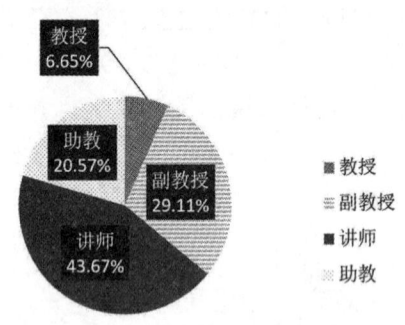

图 4-4　职称结构饼图

(五) 教龄结构

教龄是指教师从事教学工作的年限，能够体现教师的从业时间和经验。由图 4-5 可见，样本数据教龄的分布为：20 年以上教龄的教师人数最多，为 115 人，占比 36.39%；16～20 年教龄的有 86 人，占比 27.22%；11～15 年教龄的有 73 人，占比 23.1%；6～10 年教龄的有 34 人，占比 10.76%；小于 5 年教龄的教师人数最少，为 8 人，占比 2.53%。样本数据中教龄超过 10 年的人占多数。

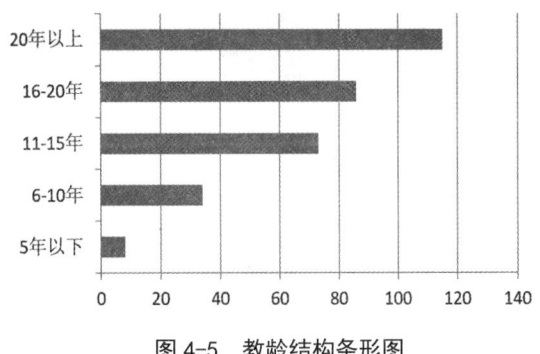

图 4-5　教龄结构条形图

（六）学科门类

这里的学科门类指教师所授课程是公共课还是专业课。分布情况如图 4-6 所示，教公共课的教师有 107 人，占比 33.86%；教专业课的教师有 209 人，占比 66.14%。

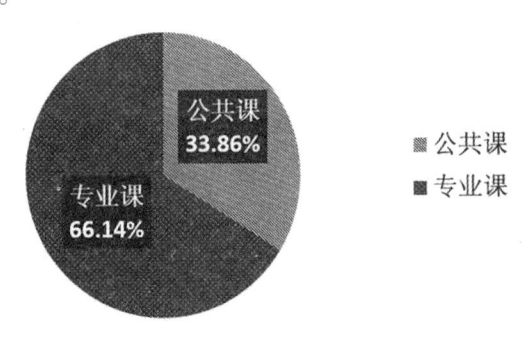

图 4-6　学科类别饼图

（七）收支结余情况

如图 4-7 所示为高校教师每月收支结余情况，支出大于收入的教师数量为 54 人，占总人数的 17.09%。这表明还有一些教师的收入不能满足日常的支出，需要其他来源的收入来满足日常开支的需要。这在某些程度上降低了教师对本职工作的热情和投入度。

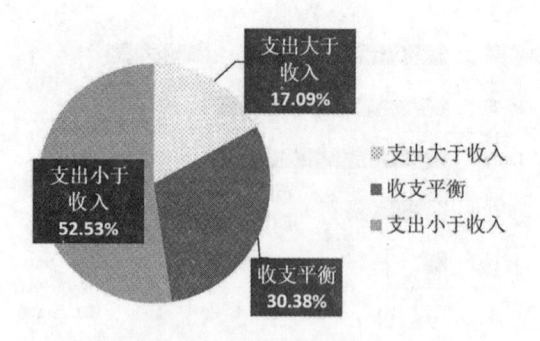

图 4-7　收支结余情况饼图

五、高校教师工作情况的调查数据分析

高校教师的工作情况问卷采用的是李克特的五分量表，非常满意得 5 分、满意得 4 分、一般得 3 分、不满意得 2 分、非常不满意得 1 分。如果满意度的中值为 3 分，小于 3 分表示"不满意"，大于 3 分表示"满意"，等于 3 分表示"满意程度一般"。

由表 4-4 可以看出高校教师总体工作满意度的均值稍高于中值，说明高校教师的工作满意度处于一般水平，高校仍需要通过改进各项工作来进一步提高教师对工作的满意度。由数据分析知，高校教师在"人际交流"和"工作环境"维度的均值分别为 3.187 和 3.521，皆高于中值，表明教师之间人际关系融洽，这样的氛围让教师们感到非常舒心。同时，教师们对于工作环境的满意度较高，好的工作环境可以让教师愉悦工作。但是，"价值感""工作本身"以及"发展空间"维度的均值较低，分别为 2.632、2.856 和 2.845，均低于中值，其中对"价值感"的满意度最低。价值感包含情感体验和收入回报等，价值感低会使教师产生心理上的不平衡感，从而导致工作积极性下降，进而容易出现惰性。

表 4-4　高校教师工作情况总体满意度表

维　度	最大值	最小值	均　值	N
工作本身	5	1	2.856	318
价值感	5	1	2.632	318
人际交流	5	1	3.521	318
工作环境	5	1	3.187	318
发展空间	5	1	2.845	318
总体工作情况	5	1	3.008	318

（一）工作本身

该维度包含如下八个问题：您对自身参与各级各类教学改革项目研究的评价、您对自身撰写教学改革方面的学术论文的评价、您对自身进行课堂教学改革并实践的评价、您对自身在网络上给学生主讲课程的评价、您对自身参加提升教师教学能力学习的评价、您对教学工作内容多样性的评价、您对教学工作量分配的评价、您对科研压力的评价。

通过表4-5可以看出，在这八个问题中，有三个问题得分高于中值，得分最高的问题是教师对网络授课的评价，均值为3.587，标准差1.102，样本数据较为稳定。这得益于2020年春季学期网络授课的普及，因为疫情的特殊情况，大批教师使用网络授课，涌现了很多直播课程和慕课资源，推动了网络课程的大发展。但是有五个问题低于中值，高校教师对科研压力的满意度最低，只有2.485，教师们在承担很多的教学工作和繁杂的学生事务性工作的同时，还要承担诸多的科研任务。职称晋升取决于科研成果的多少，教师的工资也与其直接相关，这使高校教师工作生活压力倍增，超负荷教学和科研压力使教师们身心俱疲，很容易丧失对工作的热情，教学投入度差，影响教师积极参与教学改革项目研究和实践，容易产生教学改革的惰性行为。

表4-5 工作本身维度的数据分析表

问　题	最大值	最小值	均　值	N	标准差
您对自身参与各级各类教学改革项目研究的评价	5	1	2.551	318	0.997
您对自身撰写教学改革方面的学术论文的评价	5	1	2.678	318	0.978
您对自身进行课堂教学改革并实践的评价	5	1	2.781	318	1.087
您对自身在网络上给学生主讲课程的评价	5	1	3.587	318	1.102
您对自身参加提升教师教学能力学习的评价	5	1	2.945	318	0.981
您对教学工作内容多样性的评价	5	1	3.102	318	1.056
您对教学工作量分配的评价	5	1	3.157	318	1.041
您对科研压力的评价	5	1	2.485	318	1.235

（二）价值感

价值感中包括三个问题：您对目前工资收入的评价、您对从工作中获得成就感的评价、您对工作付出与回报的评价。

教师承担育人使命的特殊性决定了教师工作的价值是社会价值和自我价值的统一体。长期以来，我国教师道德在价值取向上推崇无私，倡导奉献型伦理价值标准，崇尚自我奉献，这种道德价值取向使教师不敢或羞于追求自我价值。由表 4-6 可知，满意度最低的是对目前工资收入的评价问题，高校教师的工资收入与其他同等行业的工作人员的收入相比存在一定的差距，相对偏低，这使教师们产生了不满，教师的职业认同感弱化，自我效能感低，专业建设热情不足，很容易形成惰性。

表 4-6　价值感维度的数据分析表

问题	最大值	最小值	均值	N	标准差
您对目前工资收入的评价	5	1	2.654	318	1.044
您对从工作中获得成就感的评价	5	1	3.421	318	0.996
您对工作付出与回报的评价	5	1	2.896	318	1.152

（三）人际交流

人际交流包括五个问题：您对同事关系的评价，您对社会、家庭支持与认可的评价，您对所教学生水平的评价，您对学生支持和尊重的评价，您对领导与同事的支持和鼓励的评价。

表 4-7 显示，满意度最高的是对社会、家庭支持与认可的评价，高达 3.871，说明来自家庭和社会的支持和关心至关重要，也与目前高校教师的社会地位相符。其次是对同事关系的评价，均值为 3.824，再次是对学生支持和尊重评价及对领导与同事的支持和鼓励的评价，分别为 3.564 和 3.529。这说明教师之间和谐的人际关系和良好的工作氛围能激发工作热情，并且领导和同事的认可与鼓励也能极大地激发教师们的工作积极性。高校教师是高知群体，人事关系相对比较简单，并且从事的教学、科研工作对团队合作要求较高，所以教师们更注重协作精神。这有利于教学共同体的建立，对教学改革起到促进作用。

表 4-7　人际交流维度的数据分析表

问题	最大值	最小值	均值	N	标准差
您对同事关系的评价	5	1	3.824	318	0.987
您对社会、家庭支持与认可的评价	5	1	3.871	318	1.396
您对所教学生水平的评价	5	1	2.986	318	1.102
您对学生支持和尊重的评价	5	1	3.564	318	1.023
您对领导与同事的支持和鼓励的评价	5	1	3.529	318	0.894

（四）工作环境

在这个维度主要包含四个问题：您对学校办公条件的评价、您对学校教学设备的评价、您对学校学术氛围的评价、您对所在学校地位和声望的评价。

工作环境不仅包括硬性的办公设施等，还包括软性的教学管理与奖惩制度，也包括学校的教学环境建设和管理水平提高等各项内容。以学校教职工统计数据为例，每个行政单位各成体系，没有一个学校层面的数据平台，在日常教学过程中，教学、科研、人事、组织、财务、后勤等部门在统计数据时都是各自统计各自的，同一份数据一个学期教师可能要填报很多次，一个大数据平台能解决的问题现在仍是制约很多高校数据统计工作的问题。

从表4-8中能看到，教师对教学设备的评价最低，只有2.665。学校教学设备等硬件的影响是很普遍但很容易被忽视的，各高校教室、自习室几乎一模一样，设施固定、老化，很难开展教学设计。例如，现有的很多学校教室座椅都是固定的，不利于教师开展小组式、讨论式学习课堂改革。学校内部管理滞后，不能为教师提供一个良好、便捷、自由的工作环境，严重影响了教师参与改革的积极性。

表4-8　工作环境维度的数据分析表

问　题	最大值	最小值	均　值	N	标准差
您对学校办公条件的评价	5	1	3.201	318	1.144
您对学校教学设备的评价	5	1	2.665	318	1.241
您对学校学术氛围的评价	5	1	3.110	318	1.152
您对所在学校地位和声望的评价	5	1	3.481	318	0.997

（五）发展空间

发展空间维度主要包括四个问题：您对学校提供培训机会的评价、您对学校职称晋升的评价、您对自身能力发挥与提升的评价、您对教师职业发展前景的评价。

由表4-9可以看出，教师对发展空间维度的满意度处于一般水平，其中教师们对职业发展前景和自身能力发挥与提升比较满意，分别为3.387和3.210，而对学校提供的培训机会、职称晋升的满意度较低，均低于中值。然而，虽然困难众多，教师们还是希望自身得到不断进步和发展，学校对于再学习的各种支持不能满足教师的需求,在一定程度上降低了教师自我提升的积极性,也不利于教学改革的推进。

表 4-9 发展空间维度的数据分析表

问 题	最大值	最小值	均 值	N	标准差
您对学校提供培训机会的评价	5	1	2.869	318	1.011
您对学校职称晋升的评价	5	1	2.415	318	1.441
您对自身能力发挥与提升的评价	5	1	3.210	318	1.252
您对教师职业发展前景的评价	5	1	3.387	318	0.914

六、研究结论及模型修正

本研究在研读文献的基础上,采用自编的高校教师教学改革现状调查问卷,对普通本科高校教师的工作情况进行了调查,得到了如下结论。

高校教师的工作满意度处于中等水平,教师对各维度的满意度由高到低依次为人际交流、工作环境、工作本身、发展空间和价值感,高校教师教学改革的积极程度与之密切相关。学校教学设备的老旧、对教学改革工作关注度低、教师的培训进修机会少、教学科研压力大、职称晋升艰难、价值感低等,都使老师对工作的热情降低,积极性下降,引发教学改革的惰性。

根据上述调查还发现人口学特征和岗位类别不同的教师在工作满意度及各维度上均存在不同程度的差异,所以这些也是引发高校教师教学改革惰性的因素之一。由此,我们将之前的模型加以修正,把影响因素分为客观因素和主观因素两大类。高校教师教学改革惰性因素的修正理论模型如图 4-8 所示。

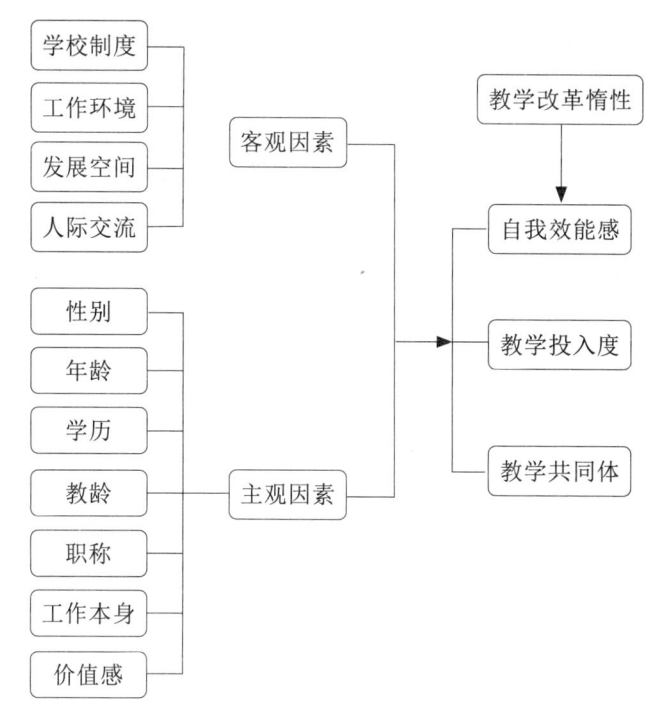

图 4-8　高校教师教学改革惰性因素的修正理论模型

第三节　高校教师教学改革惰性的成因及特征

高校教师教学改革惰性是高校教师惰性的重要表现形式之一，也是影响高校教学改革的主要障碍。本节主要对高校教师教学改革惰性的成因和特征进行分析。

一、高校教师教学改革惰性的成因

高校教师教学改革惰性的成因十分复杂，既包括客观因素，又包括主观因素。

（一）高校教师教学改革惰性形成的客观因素

高校教师教学改革惰性形成的客观因素主要体现在制度和学校层面。高校的教师教育改革包括对高校教育制度的改革。良好的制度是激发教师的积极性和主动性，推动高校教师教学改革的重要因素。我国高校自 1986 年开始推行教师聘任制，至今已推行了三十多年，然而从高校教师聘任制的改革现状来看，当前我国高校所实行的教师聘任制仍然没有完全摆脱计划经济下的高校教师职称制度的影响，即我国高校的教师聘任制中存在一定的制度惰性。所谓制度惰性，主要指制度在变迁中的停滞状态，虽然新制度已然出台，在具体的推行过程中却受到旧有制度的残余和相关力量的牵制，无法顺利实施。我国高校教师教学改革中的制度惰性在高校教师聘任制度方面表现得十分明显。

当前，我国大部分学校虽然实行了教师聘任制，但是许多高校和教师之间还保留着较强的教育终身制中的命令与服从的行政法律关系，双方之间并未完全形成真正平等协商的契约关系。高校与教师之间虽然为聘任关系，但是由于高校的行政色彩较为浓厚，学术权力依附于行政权力的问题普遍存在，且高校是教师聘任合同的制订者，高校和教师之间的关系并不完全对等。虽然我国自1986年以来针对高校教师聘任制出台了一系列文件，但是这些文件大多为原则性文件，缺少实际操作的规章细则和办法。从高校教师岗位的设定来看，当前我国高校教师的岗位设置管理工作在很大程度上由政府有关行政部门负责，高校无法完全拥有办学自主权，而高校聘任制的前提为按需设岗。这在一定程度上对高校教师的聘任制的发展产生了阻碍。此外，现阶段许多高校虽然从表面上推行了高校聘任制，但是仍然存在着职务终身制的弊端，导致合同管理尚未形成能上能下的竞争机制与激励和约束作用。高校聘任制度惰性导致高校虽然与教师签订了劳动合同，但是无法对教师的教学行为等进行有效约束，导致高校教师在产生教学改革惰性时，高校无法通过有关的制度约束对其进行惩罚，从而在一定程度上助长了高校教师教学改革惰性的滋生。

除了制度原因外，高校作为我国高等教育改革的主体，在高校教师教学改革方面起着重要的组织作用。然而，一些高校的管理者受其历史荣誉或心理定式的影响，对高校教师教学改革采取抵制态度。此外，还有一些高校管理者在教学改革的过程中，遇到较大的挫折和阻力后即对高校教学改革产生畏惧心理，从而影响教学改革的实际推进。中华人民共和国成立以来，在数十年的中国高等教育建设过程中，涌现出了一批被社会广泛认可的、声望较高的学校。这些高校所获得的历史荣誉使高校管理者出于维护现有学校荣誉的心理将高校教学改革视为对高校荣誉的藐视和对高校权威的挑战，从而导致高校管理层在推行高校教学改革时仅停留在表面，缺乏改革动力。而高校教学管理层的这种认识在很大程度上对高校教师产生了影响，从而影响了高校教师的教学积极性，容易使高校教师滋生教学改革惰性。

高校对教师教学改革惰性的影响，还体现在高校管理层对教师教学改革的反复性和艰巨性认识不足方面。任何改革都是一个充满挑战、历经磨难的过程，就学校的管理者来说，在改革初期一般都会提出很多改革设想，但在真正推行的过程中需要与现实不断地磨合。当遇到实际困难或阻力后，管理者会以稳定为前提。很多学校管理者所做的任何改革都是在学校系统稳定的基础上进行的，思想和行为趋于保守，因此常停留于量变的阶段，难以实现改革的质变。而长期处于教学改革的量变阶段，易引发高校教师的懈怠心理，认为教学改革的时机尚未来临，从而使高校教师产生惰性心理。

此外，学校教学改革的氛围会直接影响教师的教学行为，也就是说是否存在正能量的教学共同体会直接影响教师的教学行为。在一个鼓励创新、积极进行教学改革的氛围中，教师会受环境的影响，进而自觉地转变教学态度、教学思想以及教学理念，在教学改革中不断地反思自己、超越自我。相反，如果高校整体改革氛围较差，那么势必会对高校教师的改革积极性产生影响，使大多数高校教师在教学改革中持观望态度，产生教学改革惰性。

综上所述，高校教师教学改革惰性产生的客观因素主要表现在制度惰性和高校氛围两个方面。本书从高校教师聘任制的角度对高校教师教学改革的惰性产生的制度原因进行了简要分析，从高校管理人员的心态入手对高校教育教学改革氛围的形成进行了分析，从而对高校教师教学惰性心理产生的原因进行了分析。

（二）高校教师教学改革惰性形成的主观原因

除了客观原因之外，高校教师教学改革中还存在主观原因。法国哲学家魏尼有句格言："惰性植根于每个人的心灵最深处，它的存在对个人和社会总会是一种隐患。"由此可见，惰性来源于人类灵魂深处，每个人均不可避免地受到惰性的影响，高校教师也是如此。高校教师教学改革惰性的主观原因主要表现在以下几个方面。

其一，高校教师自身内驱力的缺失。

内驱力是教师学习和改革的内在动力个体。内驱力是在人类个体内心需求的基础上产生的一种唤醒状态或紧张状态，能够推动个体行动以满足人类的需求。内驱力是人类成长和发展过程中的最主要动力。在教师教学改革中，内驱力起着十分重要的作用。

高校教师在内心深处存在着惰性，而高校教师教学改革是对传统的教学模式、教学理论和教学方法的改革,打破了高校教师的传统认知,需要高校教师进行大量学习,并在高校教学的前期、中期和后期投入更多的时间和精力,如果教师没有较强的内驱力,很难走出教学的舒适圈,易滋生教学改革惰性。

如果高校教师的教学改革内驱力强,那么高校教师在教学改革中表现出来的积极性就高,就能够有效克服教学惰性。然而在高校教学实践中,有些学校的任课教师缺少话语权,教师个人的意见很难有表达的机会,教师个人发展的需求在学校组织发展的需求中被淹没了,往往就会失去自主发展的动力。又由于理论和实际有较大的差距,一些积极响应教改的教师发现改革之后有很多地方还是不尽如人意,于是又恢复以前的教学方法,改革的积极性也渐渐下降,从而产生教学改革惰性。

教师是教学改革的执行者,改革需要通过人来实施,而不是单纯地依靠政策、课程或技术来实现。要使改革顺利进行,在这个过程中不仅要告诉教师需要做什么,应该怎么做,还要确保改革的观念、信仰、教学态度和学科目标等要求内化于心。

其二,高校教师对教学改革的认识不足引发教师教学改革惰性。

高校教学改革是一项艰巨而复杂的工作,在进行教学改革的过程中,各种新型的教学形式和教法层出不穷。由于教学工作具有较强的特殊性,相关的教学形式和教法提出后还需经过大量的实践,才能从中形成较为成功的、合适的、值得推广的教学经验。在高校教学改革过程中,高校教学理论探讨必不可少,然而并非所有理论均适用于各个高校的教学改革。因此,在高校教学改革中呈现出各种教学理论层出不穷,然而实际高校教学改革实践却相对缓慢的情况。一些高校教师因为对高校教学改革的复杂性认识不足,所以产生了"教法新名词多""个人杜撰教法多""新教法大多哗众取宠,不实用"等想法,进而产生了教学改革的时机并不成熟,教学改革的方法不合时宜等想法,从而对教学改革产生了消极的应付心态或抵制心态。而这些高校教师对教学改革的消极应对反映在教学实践中则为部分高校教师仍然延用旧的教学模式和教学方法,从而引发更多教师对教学改革的消极应对或抵制,从而加剧了高校教学改革的困难,引发更多学者的教学改革惰性。

除了教师对教学改革的认识不足外,高校教师对教材体系的偏见也易引发教师的教学改革惰性。教材建设是高校教学改革的重要组成部分。教材是教师进行教学实践的基础,也是教师进行教学改革不可或缺要素。当前,随着社会的快速发展,各个学科的前沿理论获得了快速发展和进步,社会的人才培养标准也产生了变化，这些均对传统高校教材提出了新的要求。近年来，由于我国教育部的重视，我国高校教材建设获得了较大发展。2016年，中共中央办公厅、国务院办公厅联合下发的《关于加强和改进新形势下大中小学教材建设的意见》提出了整体推动教材建设、创新教材体制机制改革的新要求。2017年，国务院成立国家教材委员会，其职能是统筹、指导、管理全国教材工作，我国教育部成立了专门的教材局，对各级各类学校的教材进行管理。2018年，教育部搭建了国家级高水平课程教材专业研究平台——课程教材研究所，形成了决策、实施、研究三位一体的工作格局。除此之外，一些地方政府还成立了专门的地方教材委员会，对地方各级各类学校的教材进行管理。2019年2月，《关于首批国家教材建设重点研究基地认定结果的通知》指出，"首批国家教材建设重点研究基地所在单位要加强基地工作的组织领导，在基地机构设置、人员配置、运行管理等方面强化条件保障，实行人、财、物相对独立，工作有专人负责，经费专户管理，确保基地工作有序高效开展"。[1] 随着我国高校教材建设和改革的深化，一批新型教材出版并投放到高校教学实践中去。然而，在实际教学实践中，一些高校教师对新教材体系存在偏见，导致其在教学实践中产生较强惰性。

其三，高校教师教学理念的滞后引发教师教学惰性。

我国传统的高校教学理念为知识本位理念，即在教学中以知识传授为主，许多高校教师因此在教学中采用以教师为主的知识灌输式教学模式。近年来，随着我国高校教学改革的推进，经过多年的教育理念宣传，高校教师在教学改革中逐渐树立了"以人为本"的教学理念，对"以人为本"有所认识。"以人为本"的教育理念主张将学生置于教学首位，将学生作为教育教学的出点，顺应学生的发展需要进行课程设计和教学方法选择，从而达到发掘学生潜能，全面促进学生发展的重要目的。"以人为本"的教学理念倡导重视学生的个性差异，主张因材施教，在教学过程中充分尊重学生的个性，挖掘学生的潜能。同时，保护学生的求知欲和好奇心，并且对学生进行引导，以便学生能够更好地保持学习的积极性和上进心。此外，还需在教学实践中培养学生的主体意识，改变教学方法，让学生树立"我要学习"的自觉主动的学习态度，从而提升学生的学习积极性和主动性。

然而，在现实教学实践中，高校教师的教学理念却并未发生较大转变。

---

[1] 汪建华.新时代我国高校教材建设的原则与路径[J].黑龙江高教研究,2020,38（8）：21-25.

许多教师在教学中并未真正落实"以人为本"的教育理论，常常在备课和上课时忽视学生的主体地位，在课程设置和教学中没有充分考虑学生的心理需求和接受能力。"以人为本"的教育理念要求教师和学生之间的地位是平等的，然而许多高校教师在教学实践中却并未将学生当作具有独立个性的、与教师地位平等的主体，导致学生主体地位在教学中并不突出，学生只能被动接受教师的课堂知识灌输。这种教学实践极易引发学生的消极情绪，进而引发学生的"必修课选逃，选修课必逃"的现象，而高校学生的逃课和消极应付行为易引发教师的挫败感，进而引发教师的课堂教学惰性，从而形成恶性循环。

综上所述，高校教师教学改革惰性形成的原因既包括主观原因，又包括客观原因。无论哪一种原因引发的高校教师改革惰性，均为高校教师教学改革中的巨大障碍。

二、高校教师教学改革惰性的特征

高校教师教学改革惰性作为教师惰性的重要表现形式之一，具有影响范围大、持续时间长、爆发频率高等特点。

（一）高校教师教学改革惰性的影响范围大

百年大计，教育为本，教育是一个国家进行人才培养的基础，也是国家的立国之本。高校教师是高等教育教学的主体，也是我国实施科教兴国战略的生力军和培育人才的直接承担者，是高校教育教学改革的执行者和实践者。高校教师教学改革惰性不仅是我国高校教育教学改革的主要障碍之一，影响高校教育教学改革的成败，还会直接影响高校教师能力建设、高校人才培养质量，进而影响我国的综合实力。

其一，高校教师教学改革惰性对高校教学改革的影响。

教师是人类灵魂的工程师，是高校教学改革的执行主体，无论是高校教学模式的改革，还是高校教学教法的改革均需要教师作为实践主体将之付诸实践。从这一角度来看，教师是学校教育改革的重要推动力。教师作为教育工作的组织者，在教育过程中具有较强的主导作用，能够通过个人的积极努力与革新来推动教育改革。高校教育改革涉及方方面面，需要处理各种矛盾，是一项极其艰巨而复杂的工作。教育教学改革不仅需要政府教育机构和各个教育部门、教育组织的共同协作，还需要无数教师在教育岗位上用实践和创新对教育改革工作进行推动。这就要求广大高校教师在教育教学改革中保持积极主动的精神，唯其如此，才能推动高校教育教学改革的顺利进行。

具体来说，高校教育教学改革中需要教师保持积极主动的探索精神和创新精神、积极主动的学习精神、积极主动的协作精神。

积极主动的探索精神和创新精神，指高校教育教学改革的艰巨性和复杂性决定了高校教育教学改革并非一帆风顺的，而是充满了挫折和阻碍的。如果教师不能保持积极主动的探索和创新精神，那么当遇到挫折和困难时，教师往往会失去改革的动力，使教育教学改革陷入长期的停滞和反复。而如果教师能够保持积极主动的探索和创新精神，那么当一种改革方法被证明无效或效果不明显时，教师在教学实践中可以通过积极的创新和探索寻求更好的替代方法，以便推动高校教育教学改革的持续推进。

积极主动的学习精神，指高校教育教学改革在一定程度上颠覆了传统的教学模式和教学方法，高校教师需要学习新理论、新方法和新知识，以便更好地了解当前学生的特点，学习适应新时代教学的教学模式和方法，唯其如此，才能真正树立起以学生为本的理念，形成以学生主体的教学模式，才能真正实现高校教育教学改革的成功。反之，如果教师一味因循守旧，不进行学习，不关心教法的最新理论，不了解当前阶段学生的特点，那么高校教育教学改革只是一句空谈和口号，无法落到实处。

积极主动的协作精神，指高校教育教学改革涉及高校教育的各个方面，需要调解各个改革主体之间的矛盾，维护利益群体之间的权益。如果高校教师缺乏积极主动的协作精神，那么高校教学改革工作就很难进行下去，更遑论取得良好的成绩。而如果高校教师的思想开放，眼界开阔，能够保持积极主动的协作精神，那么就可以很好地将高校、教师、社会、学生的力量结合在一起，有效推动高校教育教学改革。

综上所述，高校教育教学改革离不开教师的积极主动的配合精神，而如果高校教师在教学改革中产生惰性，那么必然会对高校教育教学改革形成较大阻力，从而对高校教育教学改革产生较大的负面影响。

其二，高校教师教学改革惰性对学生和高校的影响。

高校教师是我国高校教育活动开展的主体，在我国高校教育教学中发挥着极其重要的作用。高校教师承担着传道、授业、解惑和培养学生道德、塑造学生人格的重要作用。高校教师首先在教学中承担着传授科学文化知识的重要作用。人类的文明在世代传承中得以流传，人类文明的发展是在对前人文化遗产的继承中进行的，而教师即发挥着将前人的文化知识传授给学生的重要作用。然而教师并非科学文化知识的传声筒，而是通过卓有成效的教学活动将科学文化知识传播给学生。高校教师教学改革即是通过寻求更好的教学活动组织形式和教学方法，达到更好地传授知识的目的。

高校教师除了向学生传授科学文化知识外，还承担着开发学生智力的重要任务。近年来，随着知识经济时代的到来，世界科学技术获得了快速发展，各门学科之间相互渗透，各种边缘学科和交叉学科获得了蓬勃发展，科学技术的发展对未来人才的培养提出了更高的要求，也对高校的教育教学提出了更加严峻的挑战。教师在此过程中承担着开发学生智力的重要任务，而开发学生的智力，应从学生实际出发，因材施教，并且通过激发学生的兴趣、好奇心，对学生进行有计划、有步骤的启发。传统的教学活动中由于采用单纯的知识灌输式教学方法，在一定程度上忽略了学生的兴趣和接受能力。而教育教学改革则树立了以学生为主体的教学方法，使教师从学生的兴趣、爱好、接受能力出发对课堂教学进行组织。然而，如果高校教师在教学改革中产生惰性，那么势必会导致高校教学质量的下滑。除此之外，教师被誉为人类灵魂的工程师，在教学中还发挥着重要的培养学生良好道德素质的重要作用。如果教师在教学改革中产生惰性，不仅难以对学生起到正面积极的影响，还会在一定程度上引发学生对教师和所学课程的逆反心理，甚至可能引发学生的道德失范行为。

高校教师群体的教学活动发生于高校校园这一相对特殊环境中，每一位教师的精神面貌均对整个高校氛围产生十分重要的影响。如果部分高校教师在教学改革中产生惰性，那么势必会影响周边教师的心态，不利于高校教师的个人成长和教学质量的提升，并且影响整个高校教学改革氛围，影响整个高校教育教学改革的风尚。

除了以上几点外，高校教师教学改革惰性对社会的影响。高校是培养社会人才的重要机构，高校教育水平和质量的高低直接关系到社会人才培养质量的高低。高校教学改革的目的是提升高校教育水平和人才培养质量，高校教师教学改革惰性不仅不利于高校教学改革的推进，还会阻碍高校教育水平和人才培养质量的提升，影响整个社会的人才质量和国家人才竞争力。由此可见，高校教师教学改革惰性的影响范围十分广泛。

（二）高校教师教学改革惰性的持续时间长

高校教育教学改革是一项十分复杂而艰巨的工作，具有长期性和阶段性的特点，需要高校教师付出长期不懈的努力。

俗话说："十年之计，莫如树木；百年之计，莫如树人。"中国是一个尊师重教的国家，早在数千年前，中国即设立了专门的、以知识传授为主的学校。在中国数千年的教育教学活动中，出现了许多教育理论，然而从总体上来看，我国传统的教学活动的组织中一直遵循知识传授为主，教与学的关系，一直为教师的"教"一统天下。这种以知识传授为主的教育理念使传统的以教师为主体的知识灌输式教育理论教学模式广为流传，并且深深地根植于教师群体的思维中。中国古代的这种以知识传授为主的教学理念与中国古代教育功能的严重异化有关。中国古代统治者将科举作为人才选拔方式，主张"学而优则仕"，宣传"书中自有黄金屋，书中自有颜如玉"。而中华人民共和国成立后，教育的目的发生了根本性转变，教育成为国家培养有人才的重要方式。高校教育教学改革的理念从以知识传授为主向以能力培养为主转变，教学模式从以教师为中心向以学生为中心转变。然而，受数千年来我国传统教育理念和教育模式的影响，高校教育教学改革并不能一蹴而就，而是具有长期性。

除了长期性之外，高校教育教学改革还具有阶段性的特点。高校教育作为一个国家培养顶尖人才和未来优秀人才的重要方式，势必应符合国情的需要。而我国现阶段正处于社会主义转型期和改革深化时期，各种新旧教育观念相互影响，使我国高校教育教学改革的进程受到较大阻碍，在一定程度上使我国高校教育教学改革具有阶段性特点。

高校教育教学改革的长期性、阶段性特点要求高校教师在教学改革中做好长期的准备。然而，高校教学活动的组织具有一定的特殊性。高校教师经过多年教学，在积累大量教学经验的同时，还会由于对教材和教学活动的熟悉难免产生一定的懈怠心理。因此，许多青年教师在刚参加工作时充满了干劲，积极主动参与教学改革，然而在工作多年后，工作的积极性和主动性开始退却，慢慢怠慢起来，开始凭借自身的经验开展教育教学工作，惰性悄然而生，甚至有的高校教师的授课内容较之前几乎是一成不变，往往出现"一纸教案，长期使用"的现象。即便一些教师在出现工作惰性后通过及时调整，重新恢复了之前的积极的工作状态，然而由于高校教学活动具有一定的单调性和重复性，因此许多教师难免在一段时间后，再次出现教学惰性。而当教师对教学改革的长期性和阶段性认识不足时，也易产生惰性。这种周而复始，循环加强的惰性，导致教师惰性较一般惰性而言，持续时间更长，且在教龄较大的教师身上表现得尤为明显。

（三）高校教师教学改革惰性的爆发频率高

高校教师教学中教师惰性的产生具有较强的普遍性和广泛性特点。高校教师教学改革惰性的形成原因十分复杂，既存在较强的客观原因，又存在较强的主观原因，且具有双向性和复杂性的特点。教师在教育教学变革中需要接受新理念、新观点并对之前的旧模式进行改变，而教师在教学改革中的惰性与外界环境的影响有关。高校教师惰性的形成受到社会、学校、同事、学生等的影响。例如，如果一所高校中的部分教师产生了教学改革惰性，那么就会对其他高校教师的改革惰性产生较强影响，形成不良的教育教学改革氛围。除此之外，高校教师教学改革惰性还与高校教师的主观原因存在密切关系。由此可见，与普通职业中产生的惰性相比，教师在教学改革中惰性的形成是多方作用的结果。

高校教师教学改革中的惰性还导致高校教师教学惰性的爆发频率高。从年龄方面来看，高校教师队伍的年龄构成具有多样化的特点，既包括青年教师，也包括相当比例的中年教师和老年教师。而从高校教师在教育改革中的惰性来看，相当部分的中年教师虽然已经具备了一定的教育经验，但是家庭成员需要更多照顾，导致许多中年教师在工作上投入的时间和精力被大大压缩，其中部分教师易产生教学改革惰性心理。而部分中年教师在教学改革中的惰性行为或心理，如果蔓延开来，即会引发许多不同年龄阶段教师的惰性心理。除此之外，如果个别教师由于自身因素而导致教学改革惰性，也会对其他高校教师产生不良影响。许多平时慵懒、做事拖沓的教师在教学改革中的惰性也会对平时尽职尽责的教师产生影响，容易滋生这些教师的教学惰性。而一些平时积极上进的教师，往往对自身有着较高的要求，当现实的结果达不到预计的期望时就会产生明显的心理落差，导致不愿积极行动，对工作自动拖延。而一旦同一所高校中的部分教师产生教学改革惰性时，均有可能引发其他教师的改革惰性。因此，从这一特点上来看，高校教师教学改革特点与其他职业的工作人员形成惰性相比，更易成为一种常态，存在爆发频率较高的特点。

第五章 深化教师发展是高校教师教学改革惰性干预的有效机制

第一节 教师发展理论概述

一、高校教师发展内涵及相关理论

教师发展理论滥觞于20世纪60年代,美国学者傅乐在其编制的《教师关注问卷》中揭开了教师发展理论研究的序幕。教师发展理论的研究逐渐成为世界各国教育界关注的焦点。

(一)高校教师发展内涵与外延

教师发展包括大、中、小学各个阶段的教师,本书中所说的教师发展概念,特指高校教师发展。

1. 高校教师发展内涵

教师发展的概念提出后,中西方学者对这一概念进行了详细研究,并从不同角度对教师发展概念的内涵进行阐释。1975年,西方学者伯奎斯特(WilliamH.Berquist)和菲利普斯(StevenR.Philips)认为,高校教师发展的首要目的是提高教师个人的教学质量,同时也应是综合的,包括教师作为教学者的个人发展、教学发展以及组织发展。其中,教学发展则包括师资培训、课程开发以及教学评价。[1]1976年,西方学者克劳(Crow)则指出教师发展的内涵即是全体教师的综合性发展。1984年,西方学者博伊斯(Boice)则认为,教师发展的内涵即是改进并且着重提高教师的教学质量。1986年,西方学者布兰德(Bland)则指出,教师发展内涵主要指促进教师的科研活

---

[1] BERGQUIST W H, PHILLIPS S R. A handbook for faculty development [J].Faculty development, 1975:299.

动。1992年，学者赫特库克（Hitchcook）则指出，教师发展的概念应随着时代的变化而改变，而教师教学技能是教师教学发展的重要组成部分。

1998年，西方学者克劳德（Claude）在总结了其他学者观点的基础上，指出教师发展的主要内涵是关注教师学术、课堂教学和个人职业生涯的发展；目的是为了保持和促进高校教师个人专业能力的发展，使他们在特定的院校中完成各种任务的项目、活动、实践和策略。[①]1994年，学者迪勒任祖（Dilorenzu）指出教师发展的内涵是指教师提高任何学术能力的过程。从这些观点中可以看出，西方学者对教师发展的内涵的界定主要指教师的学术发展和能力，而不考虑教师的个人职业发展方面的问题。

随着教师发展理论研究的深入，中西方学者对教师发展的内涵的界定也产生了诸多变化。进入21世纪以来，越来越多的学者对教师发展这一概念进行了阐释。例如，2004年罗在欧（Romano）指出，教师发展不仅包括教师本身的研究和发展，还包括教学上的发展。而这一内涵正是对20世纪70年代以来"教师发展"的研究方向的概括。

尽管自"教师发展"的理论提出后，中外学者对其内涵进行了多种阐释，然而我国国内却并没有公认的教师发展的概念和内涵。

中国学者潘懋元从广义和狭义两个方面对教师发展的内涵进行了详细阐释。潘懋元指出，从广义上来看，教师发展的内涵是指在职教师在终身学习的理念下，从各种渠道开展学习活动，并且不断提升教师的专业技能。从狭义上来看，教师发展则专门指对新入职教师开展的专业化培训，重点是使新教师适应教师这一角色。[②]潘懋元还指出，教师发展的内涵并不是一成不变的，而是在不同国家和不同时期，随着社会需要的变化而不断变化。从总体上来看，教师发展的内涵呈现出逐步扩大的倾向，并且在终身教育理论的指导下不断发展。除了潘懋元的观点外，我国国内还流传着两种教师发展内涵的观点。其中，一种观点认为，教师发展尤其是高校教师发展的目的是改善和提高教育质量，从而形成特定的教学理念和教学信仰，因此该观点认为，教师发展即是在高等教育中对教师实施的专业训练。教师发展所使用的方法和手段既包括传统的教师教育机会，也包括现代互联网教学手段和新媒体教学手段等在教学实践中应用。另一种观点则认为，教师发展的内涵是指教师

---

① MENGES R J, MATHID B C. Key resources on teaching, learning, curriculum, and faculty development: aguide to the higher education literature [M]. San Francisco: Jossey - Bass, 1988: 254.

② 潘懋元, 罗丹. 高校教师发展简论 [J]. 中国大学教学, 2007 (1): 5-8.

发展是为了使教师改进教学内容、方法而采取的努力的总称，此意义包括的范围极为广泛，具体的措施诸如教师教学相互观摩、教学方法研究、新任教师研修会等。

综上所述，国内的教师发展内涵既包括教师本身的发展，也包括教师教学的发展。本书认为高校教师发展的内涵主要包括持续发展、专业发展等多个方面。

教师持续发展，是指高校教师的成长、进步、发展呈现出前后衔接、彼此连续的终身发展过程，而非一时的或阶段性的发展过程。教师的持续发展包括持续不断地获取知识，通过调动教师的主观能动性，从而不断激发教师获取知识的渴望，并且总结获取知识的方法和认知策略，对学习过程进行调控。教师的持续发展除学习外，还包括创新与反思。实现教师持续发展，教师必须从思维上学会创新，并且学习创新策略，在创新过程中坚持不盲从、不唯上、不唯书的精神，从而不断提升教师能力，达到教师发展的目的。此外，实现教师持续发展，教师还应具备反思的能力，在教学活动中，将教师自我和教学活动本身作为意识对象，在教学和科研活动中进行积极反思，以便不断推动教师能力的发展。

教师专业发展，是指教师在整个专业生涯中，通过终身专业训练，习得教育专业知识技能，实施专业自主，表现专业道德，并逐步提高自身从教素质，成为一个良好的教育工作者的专业成长过程。[①] 教师专业发展主要包括四个方面，即基于校本研究的专业发展、基于教学实践的专业发展、基于教学反思的专业发展以及基于信息化环境的专业发展。校本研究是指将学校教育实践活动与教育科研活动紧密结合在一起，从而不断促进教师专业发展，提高教师素质。教学实践的专业发展是教师专业发展的重要组成部分，在教师专业发展中起着不可替代的作用。教师实践性知识的发展能够通过多方面的交流、传承以及多方位的思考和多层次的合作研究实现。教师反思是教师实现专业发展和突破的内在动力之一，有助于教师提升教学经验，将教学经验总结、转化为教师能力。教育的信息化环境发展是指在信息化快速发展的前提下，借助信息化的教育方式，不断促进教师教育理念的现代化，推动教师角色的转变，从而实现教师发展。

---

① 路仙伟，贾国安. 论新形势下的教师发展 [J]. 唐山学院学报，2009, 22 (5)：105-108.

2. 高校教师发展相关概念辨析

高校教师发展的相关概念包括高校教师教学发展、教学学术、教师培训、学习共同体、教师队伍建设。

其一，高校教师教学发展概念。

高校教师教学发展与高校教师发展两个概念之间属于从属关系，高校教师发展的内涵中包括高校教师教学发展。关于两个概念之间的联系和区别，中外许多学者给予了不同阐释。例如，西方学者盖夫（Geff）和艾伯乐（Aibole）指出，高校教师发展即等同于高校教师教学发展，尽管许多学者认为这一观点过于偏颇，然而从总体上来看，高校教师教学发展是高校教师发展中的重要组成部分。近年来，随着高校教师发展理论研究的深入，高校教师教学发展在高校教师发展中所受的重视程度也越来越高。国内外学者对高校教师教学发展进行了详细阐释。例如，学者伊文思（Evans）指出，高校教师教学发展既包括教师教学态度上的改善也包括教师教学功能方面的改革。我国学者岳慧君、高协平则指出，高校教师教学发展包括教学实践能力、教学研究能力、自主发展能力的发展，其中教学实践能力的发展又包括教学方式的创新能力、教学实施的设计能力、教学资源的利用能力、教学环境的优化能力、教学行为的反思能力的发展，这些能力之间相辅相成，相互促进。[1] 除此之外，我国学者姚利民则指出，高校教师教学发展包含教学责任意识的增强、学科专业知识的丰富、普通教学理论和学科教学理论的掌握以及教学能力的提高。[2]

综上所述，高校教师教学发展是高校教师发展概念的重要组成部分，而高校教师教学发展又以教学技能的发展为核心，不仅包括教学技能还包括教学技术应用技能、教学研究和教学指导等方面的技能。

其二，教学学术概念。

教学学术这一概念是西方学者博耶（Emeatl·Borger）在其20世纪90年代出版的《学术反思——教授工作的重点领域》一书中提出的。传统的高等教育除了教学之外，还十分注重科研，甚至出现了重科研而轻教学的现象，引发了公众对高等教育的质疑，在这部著作中，博耶以"教学学术"代

---

[1] 岳慧君，高协平. 教师教育教学发展视角下的高校教学团队建设探讨 [J]. 中国大学教学，2010（5）：13-16.

[2] 国家教育发展与政策研究中心. 发达国家教育改革的动向和趋势 [M]. 北京：人民教育出版社，1994：25.

替高等教育中的科研，从而回应公众对高等教育的质疑。博耶指出，学术意味着通过研究来发现新的知识，学术还意味着通过课程的发展建立学科间的联系。教学学术是对亚里士多德提出的"教学是最高形式的理解"这一主张的践行，既鼓励学生在学习过程中进行批判和思考，同时也鼓励教师在教学的过程中不断学习，以保持教学的学术性。

教师教学学术概念的提出有利于对传统的高等教育重科研而不重教学的现象的转变，从而使教师改变教学态度，树立全新的教学观念，并在客观上促进了教师的教学发展，进而推动高校教师发展。

其三，教师培训概念。

教师培训概念与高校教师发展概念之间存在着十分密切的联系，同时也有着鲜明的区别。在高校教师发展这一概念产生之前，教师教学和技能等方面的发展被统一称为"教师培训"。1975年，英国学者詹姆士·波特（JamesPorter）提出了"师资三段培训法"，认为一名合格的教师必须经历个人教育、初步训练和终身教育三个培训阶段。这一教师培训方法从终身教育理论出发，将教师培训纳入高校教师发展的理念之中。

自高校教师发展的概念提出后，一些国家的高校教师发展组织以"大学高校教师发展与培训中心"命名，从这种命名的方式即可以看出教师培训和高校教师发展两个概念之间存在着一定的联系，两者之间的联系主要表现在以下几个方面。从高校教师发展和教师培训的目标来看，两者的目标存在一定的重叠。从高校教师发展和教师培训的过程来看，高校教师发展的过程离不开各种形式的教师培训，而教师培训则成为高校教师发展过程的关键环节和重要组成部分。从高校教师发展的途径来看，教师培训是实现高校教师发展的重要途径，而反过来，高校教师发展理念也有利于提升教师个体学习的意愿和动力，从而不断提升教师培训质量。

除了紧密联系之外，高校教师发展和教师培训之间还存在较大区别。从主体上来看，高校教师发展强调教师个体从内而外的变化，更加侧重教师主体的自我需求；而教师培训则强调外在环境对教师个体的教育输出和给予，更加考虑社会发展的需要。从内涵上来看，高校教师发展的内涵十分丰富，并且随着时代的发展而不断扩充。而教师培训则主要针对教师教学技能方面的提升。从过程上来看，高校教师发展的历程较长，甚至伴随着教师的整个职业生涯，而教师培训的过程则相对较为短暂，具有明确的时间界限。

综上所述，高校教师发展与教师培训之间存在千丝万缕的联系，两者之间既有区别又有联系，教师培训属于高校教师发展过程的重要组成部分。

其四，学习共同体概念。

共同体的概念是19世纪80年代德国社会学家斐迪南·滕尼斯（Ferdinand Tönnies）在其著作《共同体与社会》中提出的。他指出，所谓共同体是一种建立在自然情感一致的基础上，联系紧密、排他的社会联系或共同生活方式，极具自然性和封闭性的特征。[①]1990年，西方学者布朗和坎皮奥奈将"共同体"这一理念引入教育实践领域，并提出了"学习共同体"的概念。我国学者赵健指出："学习共同体是一种关于学习和学习者的社会性安排，它为学习者提供了围绕共同的知识建构目标而进行社会交互的机会，而以活动为载体的社会交互中蕴含着多种层次的参与。"[②]

学习共同体与高校教师发展属于两个完全不同的概念，然而两者之间也存在一定的联系与区别。两者之间的联系主要表现在两个方面。一方面，学习共同体的主要特征是全过程学习，并且学习成员之间相互合作的共同学习，从而达到推动高校教师发展的目的。另一方面，学习共同体和高校教师发展均建立在教师个体主动学习的意愿上，通过教师个体主动、自觉、自愿的学习，实现高校教师发展的目的。除了联系之外，学习共同体和高校教师发展之间还存在着鲜明的区别。从两者的性质来看，学习共同体属于教师个体成长的一种手段，而高校教师发展则属于教师个体成长的重要目标，两者之间的性质不同。从形式上来，学习共同体大多属于非正式组织，而高校教师发展则既可为正式组织也可为非正式组织。从内涵上来看，学习共同体强调教师个体和成员之间的沟通与合作，而高校教师发展则强调教师个体内在的变化，因此学习共同体的成员在学习之余，还十分重视学习个体的自我反思。

综上所述，学习共同体与高校教师发展之间存在十分紧密的联系和区别，学习共同体可以作为高校教师发展的重要组织载体从而起到推动高校教师发展的目的。

其五，教师队伍建设概念。

教师队伍建设着眼于教师团体的整体建设，而教师团体建设也包括教师个体的发展，因此教师队伍建设与高校教师发展之间存在一定的联系与区别。两者之间的联系主要表现在三个方面。从过程方面来看，高校教师发展

[①] 周海涛，李虔，年智英，等.大学教师发展：理论与实践[M].北京：教育科学出版社，2015：12.

[②] 赵健.学习共同体[D].上海：华东师范大学，2005：25.

和教师队伍建设两者均为长期的、不断完善的过程；从性质方面来看，无论是教师队伍建设还是高校教师发展，两者均为学校管理的重要方面，两者的发展均具有一定的阶段性，在不同阶段均需要解决特定的矛盾与问题；从内涵方面来看，高校教师发展是教师队伍建设的重要环节，而教师队伍建设也推动了高校教师发展。除了联系之外，教师队伍建设和高校教师发展概念是两个不完全等同的概念，因此两者之间的区别明显。从两者的内涵来看，教师队伍建设所涉及的范围更加广泛，高校教师发展的涉及面与其相比，则相对狭窄。

综上所述，高校教师发展与教师队伍建设既有区别又有联系。近年来，随着高校教师发展理论的进步，高校教师发展的方式也发生了变化。从传统的自上而下的指令式发展转变为自上而下和自下而上相结合的民主发展方式。而将教师队伍建设和高校教师发展相结合，则可进一步推动高校教师发展。

（二）高校教师发展的理论基础

教师发展的理论基础主要包括终身教育理论、可持续发展理论、人力资源开发理论、概念化综合模型理论、共同体发展理论、教师更新理论等。

1. 终身教育理论

终身教育又称"永久教育""生涯教育"等，这一理念并非始于21世纪，而是自古以来就存在的思想。现代教育中所指的终身教育概念，是由法国成人教育专家保罗·朗格朗（Paul Langrand）所提出的。1965年，保罗·朗格朗在巴黎召开的国际成人教育大会上首次提出了这一思想，这一思想一经提出就在全世界范围内获得了极大的认同。其中，一些国家的政党，如日本，还将终身教育的实施作为竞选口号争取民众。尽管终身教育的观念得到了世界各国人士的认同，然而关于其概念，在学术界却始终没有统一的说法。"终身教育"一词的提出者保罗·朗格朗认为，所谓终身教育，即是指完全意义上的教育，它包括教育的所有方面以及各项内容，从人的出生开始，一直到生命终结不间断的发展，此外还包括教育各个发展阶段各个关头之间的有机联系。[1]

---

[1] 欧阳忠明，肖玉梅，肖菲. 终身教育探寻学习的财富[M]. 重庆：西南师范大学出版社，2014：6.

终身教育思想的产生，与20世纪末和21世纪初的社会背景有关。20世纪末，人们的物质世界、精神世界以及道德世界发生了巨大的改变，尤其是随着第三次科技革命的崛起，社会更新变化速度加快，知识迭代速度也相应加快，这些均对教育提出了新的挑战和要求，使教育工作者不得不面对各种各样的问题和需求，从而推动教学观念和教学方法的发展和变化。此外，教育终身化也与世界人口急剧增长有关，随着人口数量的增加对教育提出了新的要求和巨大挑战，为了解决不断增长的人口压力与教育之间的矛盾，推动了终身教育理念的流行。除此之外，科学技术的进步以及信息的飞速发展、国家政治结构的频繁变化以及人们闲暇时间的增多、生活模式与思想意识形态的变化以及对身体的认识、人的全面而自由的发展以及社会的可持续发展等，均成为终身教育理念发展的原因。

关于终身教育的原则，保罗·朗格朗将其归纳为以下内容，即防止知识腐化，确保教育的连续性；保障教育计划与教育方法和社会目标相适应；在不同的教育阶段，必须以进化、变化和变革的生活为主，培养活生生的人；此外，利用一切训练方法，解决强加于教育的传统定义与制度的束缚；加强教育与技术、教育与工业、教育与商业的紧密联系。[①] 作为教育中最重要的部分，高等教育终身化在人的全部教育中的地位越来越重要。终身教育的本质特征可总结为三个。从纵向结构上来看，教育并非只限于儿童和青少年阶段，而是贯穿于人的一生。终身教育理念突破了传统学校教育的框架，将教育视为人一生中不断学习的过程，从而推动整个教育过程的统一。从横向结构上来看，终身教育不仅限于正规的学校教育，还包括家庭教育、学校教育以及社会教育等各种正规或非正规的教育，强调教育的综合性和统一性。从更深层次的角度来看，终身教育的特征之一，即是把人的教育与社会生产和生活紧密联系起来。终身教育理论的发展进一步推动了高校教师发展思想，是高校教师发展的重要基础理论。

2. 可持续发展理论

可持续发展这一概念的形成经历了一个不断发展变化的历史过程。1962年，美国作家蕾切尔·卡逊（Rachel Carson）发表了《寂静的春天》一书，在这本书中，蕾切尔·卡逊对工业社会以来流行的"向大自然宣战""征服大自然"的口号提出了质疑，并结合工业社会以及现代科学发展中对生态的

---

① 朱先奇. 制度创新与中国高等教育[M]. 北京：中国社会出版社，2006：113.

破坏人类的生存环境以及人类未来的发展表达了担忧。1972年，非正式国际协会组织罗马俱乐部对环境的重要性以及资源与人口之间的基本联系进行了阐释，提出了"合理的、持久的均衡发展"，为可持续发展思想的萌芽提供了重要土壤。1987年，世界环境与发展委员会发表了长篇报告《我们共同的未来》，在这篇报告中揭示了环境与发展之间的相互关系，并提出了可持续发展的定义：可持续发展是既满足当代人的需求，又不危及后代人满足其需求的发展。①

1992年6月，在联合国环境与发展大会上通过了《生物多样性保护公约》，该文件中提出了就地保护的观念，要求世界各国对珍稀濒危物种进行拯救和保护，在保护濒危物种和野生种群的同时，还要保护好它们的栖息地，即对物种所在的整个生态系统进行全面保护。除此之外，这次会议还通过了《二十一世纪议程》，该文件中首次将环境、经济和社会所关注的重点事项纳入同一个政策框架之中，对可持续发展提出更高要求，进一步推动了可持续发展的理念。2002年，联合国环境与发展大会召开，这次会议提出了《约翰内斯堡实施规划》，在2015年前争取将全球缺乏卫生设施和安全饮用水的人口减少一半；同时，力争在2020年生产并推广对环境和人类健康不产生危害的化学用品，进一步推动了可持续发展的观念。

可持续发展的观念不仅限于自然界，还可用于教育方面。随着现代社会的发展，知识的更新迭代速度越来越快。1996年，赫克尔（Hcukle）和斯特林（Sterling）出版了《可持续性教育》一书，并在此书中提出了教育的可持续发展内涵，得到了世界各国家认可。教育的可持续性发展推动了教师发展，成为教师发展的重要理论基础。

3.人力资源开发理论

人力资源开发即是综合利用培训与开发、职业生涯开发、组织开发等手段来改进个人的、群体的和组织的效率的活动。② 人力资源开发理论自20世纪90年代以来被大规模引进高校管理，许多高校纷纷将之前的"人事部"更名为"人力资源部"，并使用人力资源理论来指导高校教师发展，使人力资源开发理论成为高校教师发展的重要理论。人力资源开发理论与教师发展

---

① 徐华.高职教师专业发展：困境与出路[M].上海：上海交通大学出版社，2017：27.
② MCLAGAN P A. Models for HRD practice[J]. Training and DevelopmentJournal, 1989 (41)：53.

理论的目标和内容具有一致性。

从目标上来看，人力资源开发理论和教师发展理论的目标存在一致性，两者均以个体和组织发展为目标，人力资源开发侧重于通过有计划的学习、培训和分析提高员工的个人技能。而高校教师发展则侧重于对教师教学和科研能力的开发。除了推动个体自身的发展之外，人力资源开发还需要满足和改进组织效率，解决组织中存在的种种问题，以达成组织目标，并根据组织内外环境的变化，有计划地改善和更新企业组织。而高校教师发展活动除了提升教师个体的能力外，整个高校组织的发展也离不开教师的参与。从内容上来看，人力资源开发的内容包括员工个体的职业规划和职业管理；而教师发展则主要包括教师个人发展、教学发展和专业发展，以达到推动教师个人学术生涯发展的目的。

进入21世纪以来，随着知识经济时代的来临，人力资本受到世界各国各个行业的重视，由于人力资源开发理论与教师发展理论之间存在一致性。从人力资源开发的视角来看，员工个体技术、知识和能力的发展是企业的核心竞争力，能够为企业创造出持续的竞争优势。对高校来说，教师个人核心技能和专长的发展以及教师个体对高校的认同感能够提升高校的核心能力和竞争优势。因此，从人力资源开发理论的视角来开展教师发展活动，不仅有利于提升高校教师个体能力的发展还有利于提升高校教师队伍建设。从这一视角来看，人力资源开发理论也是教师发展的基础理论之一。

4. 人的全面发展理论

人的全面发展理论是指马克思的人的全面发展理论，其中包括人的需要的全面发展、人的能力的全面发展、人的社会关系的全面发展、人的自由个性的全面发展以及人的自身文化素质的全面发展。

人的能力的全面发展是指社会是一个载体，人的能力是在社会实践中逐渐形成的。人从事一切社会活动的基础即是具有一定的能力，人的能力中的体力和脑力是所有能力中必不可少的两个要素，人只有同时具备体力和脑力才能为人的全面发展提供保障。人不仅具有体力和脑力，还具有自然能力以及社会能力。人的自然能力即是与动物一样具有的、与生俱来的生命力，与动物相比，人的自然能力更具有能力性。人的社会能力是指人在社会实践过程中形成的生产能力、政治能力、知识能力以及人的意志、品德、情感等方面的能力。

人的社会关系的全面发展是基于人的本质属性，人的本质属性是社会关系的总和，处于社会关系中的人，其发展程度受到社会关系发展程度的影响。人是社会发展的产物，具有社会性的特点，个人无法离开社会群体而独自发展。个体在社会中参与社会活动的积极性以及活动范围的扩大，与生产力的发展和社会进步有着十分密切的关系。社会生产力越发达，个体参与社会活动的积极性越高，而个体在社会中的活动直接促使人的社会关系的全面丰富，社会关系的拓展使人与人之间的交往越来越频繁和紧密，各民族和各地域之间的交往促进了社会的包容性和开放性。人是社会的产物，具有社会性的特点，每个人的发展都离不开社会环境。而社会交往是人与人之间信息传递、感悟沟通等全方位发展的必要媒介，随着个体在社会交往的范围不断扩大，交往的层次不断深入，个人的能力也会得到全面发展。

人的自由个性的全面发展是指每个人都是社会中独立的个体，具备与众不同的个性。马克思认为，充分发挥人的自身个性，实现人的个性的全面发展是共产主义社会的目标。[1] 人与动物最显著的区别即在于人具有主观能动性，能够通过对自身以及社会环境的改造，使个体得到更好的发展。马克思认为，人的劳动以及通过劳动而生产的产品是人的个性和主体性的物化，人在劳动过程中对生命的肯定也是对个性的肯定。[2] 人的个性随着主体性的增强而增强，而随着个体主体性的增强，个人的主体性的充分发挥使个人的差异性和独特性也更强，而个体的差异性和独特性正是个体区别于他人的最重要表现。马克思认为，人的自由个性的全面发展主要表现在个人所具备的潜在本能、创造本性等精神特质的充分发挥，个人身心的和谐发展以及个人人格独立性的不断加强和尊严的不断彰显。[3]

人的自身素质的全面发展，是人的全面发展理论的重要组成部分。素质是一种看不到摸不着的东西，是人的内在品质，同时也是人对自身和外界看法的集中体现。人的素质具体可分为自然素质和社会素质两个方面，其中社会素质又包括人的思想道德素质和科学文化素质。在人的发展中，思想道德素质和科学文化素质十分重要，它们决定着人的价值观和人生观。而人的自身文化素质的高低反映了人的发展程度与社会发展程度的高低，只有将人的自身文化素质和思想道德素质与人的需要、人的能力以及人的社会关系和人的个性的全面发展联系起来，全面重视个人文化素质的培养，才能达到促进

---

[1] 孙宇. 马克思人的全面发展理论研究[D]. 大连：辽宁师范大学，2013：22.
[2] 孙宇. 马克思人的全面发展理论研究[D]. 大连：辽宁师范大学，2013：23.
[3] 孙宇. 马克思人的全面发展理论研究[D]. 大连：辽宁师范大学，2013：22.

人的全面发展的最终目的。

教师发展理论着眼于教师个体能力的发展，而从人的全面发展视角来看，教师个体能力的发展不仅包括教师教学能力的发展，还包括教师科研能力等多个方面的发展，只有不断学习和发展才能达到全面发展的最终目的。从这一视角来看，人的发展理论也是教师发展理论的基础。

除了以上理论之外，高校教师发展的基础理论还包括概念化综合模型理论、教师更新理论和共同体发展理论等，这些理论均对促进高校教师发展的理论奠定了基础，在此不再一一赘述。

（三）高校教师发展的影响因素

高校教师发展主要受多重因素的影响。高校教师发展在不同国家和不同阶段的内涵不同，其影响因素也不尽相同。国外学者费斯勒（Fessler）和格拉特霍恩（A. Glatthorn）对教师发展的影响因素进行了深入研究，他们的研究成果在国内外教师发展理论中具有十分重要的影响。

费斯勒指出，影响教师发展的重要因素包括个人环境因素和组织环境因素两方面。其中，个人环境因素包括家庭因素、积极的关键事件、危机、个人性情、兴趣爱好和生命阶段；组织环境因素包括学校规章制度、管理风格、公共信任、社会期望、专业发展组织和教师协会。[①] 格拉特霍恩则指出，教师专业发展的影响因素则可细分为个人因素、教师工作生活因素和教师发展的特殊性介入因素。其中，个人因素主要包括教师个人的认知发展、生涯发展和动机发展三个重要方面；教师工作生活因素则主要包括社会与社区因素、学校系统因素、教学小组因素和院系课堂因素等多个方面；教师发展的特殊性介入因素主要指能够对教师发展产生影响的特殊介入性因素。

除了国外学者外，许多国内学者对高校教师发展的影响因素进行了总结。我国学者赵昌木指出，教师发展受到内部因素和外部因素两方面的影响，其中外部因素的影响是主要的，具体包括社会因素、家庭因素和无法预料的偶然事件等外部环境因素。具体的外部条件指国家教育政策、学校管理和氛围、教师文化等。同时，教师自身因素对教师发展的影响也较大，具体包括教师的认知能力、师德状况、人际交往能力、自我评价以及职业发展动

---

① 董丽敏，高耀明. 教师职业生涯周期——教师专业发展指导[M]. 北京：中国轻工业出版社，2005：52.

机等。[1] 除了赵昌木之外，我国许多学者均对教师发展的影响因素进行了论证。本书认为，教师发展的影响因素主要包括个人因素、工作环境因素、社会环境因素三个方面。

1. 个人因素

教师发展的个人因素受惰性影响较大，具体体现在教师职业发展因素、职业素养因素、家庭因素和个体特征四个方面。

其一，教师职业发展因素对教师发展的影响。

教师职业发展因素主要包括教师职业生涯发展和职业认同两个重要方面。教师职业生涯发展既是教师发展的内在需求，也是高校教育改革和教师队伍建设的客观要求，能够充分体现教师个体的生命意义，实现教师生命价值和主动持续发展。教师职业生涯发展对教师个体和高校教师队伍建设均具有十分重要的意义和价值。对教师来说，职业生涯规划明晰，则可推动教师个人和教师团队组织的发展。

教师的职业认同是教师通过与环境互动来建构的关于个体和职业意义的结果，是教师个体对教师职业的心理认可。它既是个体从自身经历中逐渐发展、确认教师角色的过程，同时也是教师个体对所从事职业的认同程度。[2] 教师的职业认同程度在教师发展中具有十分重要的作用，教师的职业认同程度越高，越能够提升教师发展的主观意愿，对教师发展越能起到正向和积极作用。

其二，教师职业素养因素对教师发展的影响。

教师职业素养主要包括教师教育理念、知识水平和职业道德三个方面。教师教育理念先进与否，是决定教师职业素养的重要因素。教师只有及时了解和掌握先进的教育理念，才能积极转变其知识观和学习观，实现分科教学到跨学科教学的转变，也才能掌握先进的教学方法，提升教师的个人教学技能和考研能力，最终达到教师发展的目的。

教师的知识水平是衡量教师职业素养的重要因素。教师一般具有较高的知识水平，才能具有复合型的知识结构，不仅具有普通的科学人文知识，还具有专业知识以及较高层次的自我知识。

教师的职业道德也是决定教师职业素养的重要因素。教师职业道德是教

---

[1] 赵昌木.教师成长研究[D].兰州：西北师范大学，2003：15.
[2] 张宁俊，朱伏平，张斌.高校教师职业认同与组织认同关系及影响因素研究[J].教育发展研究，2013（21）：53.

师在教育教学活动中所应该遵守的职业伦理规范，反映了教师对教育事业、教师队伍组织、学生和家长等各个群体和组织中应该遵循的道德标准。高校教师的师德是通过教学实践活动表现出来的，推动教师以积极主动的精神投入到教学中，并且将教师的师德与教师的知识、行为、人格融为一体，从而影响教师的信念和行为，同时为学生树立榜样示范。

其三，教师家庭因素对教师发展的影响。

家庭因素是影响教师职业发展的重要因素。家庭因素在教师发展中的影响重点体现在两个方面，即工作家庭冲突和工作时间。工作家庭冲突是指教师所在家庭对教师的职业选择、职业就业流动以及工作投入等产生影响。如果家庭成员支持教师的职业理想，并且能够为教师投入工作和学习创造积极环境，则有利于推动青年教师的发展。反之，如果家庭成员不支持教师的职业理想，或者不能够为教师创造良好的工作环境，则不利于教师发展。

工作时间因素则是指教师在教学、科研和社会服务中所投入的时产。教师是一个十分特殊的职业，教师尤其是青年教师在教学和科研工作中投入的时间越长，在教学和科研中取得的成就越高，越有利于教师的发展。

其四，教师个体因素对教师发展的影响。

教师个体因素在教师发展中的重要作用，主要包括职业发展、兴趣爱好、身体健康状况、精力状况等。个体的年龄不同，在一定程度上会对其兴趣爱好、心理健康以及情感需求等产生影响，从而影响教师的职业发展。

2. 工作环境因素

工作环境因素主要指学校环境。教师的工作场所是学校，教师是学校组织机构的一分子，其教学发展在受到个人因素影响之外，还受到学校环境的影响。学校的资源、组织领导、管理制度、教学活动和科研活动的组织和开展、学校的整体氛围以及教师个人与教学组织之间的关系等，均会对教师发展产生影响。

其一，高校资源条件对教师发展的影响。

高校资源条件包括大学的图书馆、实验室和教学设备、校园网设施等硬件条件。近年来随着经济社会的发展，我国高校硬件设施也不断优化。良好的高校硬件设施，是高校教师从事教学活动和学术研究活动的基础。高校图书馆藏书数量的不断提高为高校教师进行教学和学术研究工作奠定了文献基础。高校实验室和教学设备的提升则不断丰富教学和学术研究的手段，为高校的信息化教学和学术研究活动奠定了重要基础。

其二，高校文化氛围对教师发展的影响。

高校文化氛围由高校的物质文化、制度文化和精神文化共同构成，其中高校的物质文化氛围由校园建筑、人文景观、传播媒介等构成，这些均为高校物质文化的载体，通过这些高校物质文化载体高校师生可以了解高校文化的本质内涵，并且从中获得精神满足和愉悦。高校的制度文化是指高校在办学过程中形成的规章制度和行为规范等，高校制度文化是高校文化建设的根本，也是高校物质文化和精神文化形成的基础。高校精神文化是指高校的办学理念和价值追求，也是高校文化的最高层次。

高校文化是在长期的历史积淀中形成的，成为被高校广大师生共同认可的价值观和行为模式。良好的高校文化氛围能够对高校教师的教育理念和教学方式等产生积极的影响，从而达到推动教师发展的重要目的。

其三，高校组织建设对教师发展的影响。

高校组织建设是指高校中设立的旨在促进教师发展的教学中心或其他教师组织和平台，这些组织和平台能够帮助教师完善教学实践并且促进教师之间的相互交流与合作。高校组织建设在教师个人发展之余，为教师提供了良好的交流与合作的氛围，使高校青年教师能够有机会得到高校管理者、专家以及同行的帮助，从而不断提升高校教师的发展。

其四，高校制度体系对教师发展的影响。

高校制度体系包括高校各项规章制度和行为准则在内的用于规范高校师生行为，调节高校人与人之间、人与环境之间关系的重要规则体系，包括高校教师岗位评聘制度、高校教师评价制度、高校教师晋升制度、高校教师薪酬制度、高校教师培训制度等。高校制度体系是否先进和开放直接关系到整个高校的繁荣。开放和先进的高校制度体系有利于营造良好的校园文化环境，并且对高校资源和组织建设产生重要影响，从而为高校教师发展创设良好的学校环境。反之，僵化、保守和陈旧的高校制度体系则不利于高校教师的发展。

高校制度体系之岗位评聘制度。高校教师岗位要求教师具备一定的教学、科研能力，并根据不同教师的能力设置工作岗位，不同高校的工作岗位设置机制不同，如以教学为主的岗位类型、以科研为主的岗位类型、教学科研并重的岗位类型等。这些不同的岗位设置中均需要坚持"按需设岗、公开招聘、平等竞争、择优聘用、合同管理"的原则，不断优化用人机制，激发教师工作的积极性和创造性，从而达到推动教师发展的目的。

高校制度体系之教师评价制度。教师评价制度是近年来备受关注的高校制度形式，也是高校改革中极其重要的高校制度组成部分。良好的高校教师评价机制注重教师的未来发展,强调真实性和准确性,并且注重教师的个人价值、伦理价值和专业价值,能够起到推动教师发展的重要作用。

高校制度体系之晋升制度。良好的教师晋升制度能够激发教师工作的积极性、主动性以及创新性,有利于教师发展。

高校制度体系之薪酬制度。薪酬是高校制度的重要组成部分,高校只有制定公平而又兼顾内外部以及教师个体的薪酬管理制度才能调动高校教师的积极性和主动性,从而推动教师的稳定发展。

高校制度体系之职业保障制度。高校职业保障制度主要包括养老保险、失业保险、工伤保险、生育保险、住房公积金等。高校职业保障制度经历了从"国家保障"到"社会保障"的历程,随着国家保障制度的发展而发展。而教师职业保障制度确保了教师群体的权益,能够为教师解决后顾之忧,从而达到推动教师发展的目的。

高校制度体系之培训制度。培训制度是指高校中开展的岗前培训、激励青年教师在职攻读学位、实施青年教师导师计划等。高校培训制度能够有效提升高校教师的教育理念、教育教学和教育学术研究,从而推动教师发展。

3. 社会环境因素

除个体层面和校园环境之外,社会环境对高校教师发展也具有较大影响,主要表现在社会政策法规、社会经济发展、社会文化氛围以及社会信息科技的发展水平等。

其一,社会政策法规对教师发展的影响。

社会政策法规是构建社会基本秩序的根本,也是构建社会教育环境的基础。国家对高校教师教育和教学重视与否,所制定的政策是否有利于教师教育的发展对教师发展具有直接的影响。我国自改革开放以来,十分注重高校教育的创新与改革,并且在历年的教育政策和法规中强调教师发展的重要性。例如,1985年,《中共中央关于教育体制改革的决定》中指出:"教育体制改革要调动各方面的积极性,最重要的是要调动教师的积极性,各级政府和有关部门每年都要为教师切实地解决一些问题,要在全社会范围内,大力树立和发扬尊重各级各类教师的良好风尚,使教师工作成为最受人尊重的职业之一。"[1] 此外,为了加强社会各界对教师群体的重视,我国于1985年设

---

[1] 徐彦红.大学青年教师专业发展影响因素研究[D].北京:首都经济贸易大学,2017:59.

立了"教师节",将每年9月10日设为教师的专门节日。进入21世纪以来,我国对高校教师发展越来越重视,出台了《教师资格条例》《教师培训条例》《"长江学者和创新团队发展计划"长江学者聘任办法》《"青年骨干教师培养计划"实施办法》《青年骨干教师培养计划》等一系列政策法规。在这些政策法规的影响下,我国高校的教师培训体系逐渐建立起来,为我国高校教师发展创造了良好的环境。

其二,社会经济发展对教师发展的影响。

经济基础决定上层建筑,社会经济的发展对社会教育的发展有着决定性影响。高校是为社会培养人才的机构,社会经济发展与进步对教育的体制、教育的目标等起着直接作用。改革开放以来,我国社会经济取得了突飞猛进的发展,对教育尤其是高等教育提出了更高的要求。为了适应不断发展的社会经济,我国高校教育体制进行了多次改革。除此之外,社会经济的飞速发展使我国在高等教育上投入的资金也越来越多,有利于改善高校软硬件设备,并对高校教师发展起着十分重要的推动作用。从这一视角来看,社会经济发展对教师发展有着极其关键的影响。

其三,社会文化对教师发展的影响。

萨德勒(M.Sadler)曾说过:"孤立地研究教育是不可行的,要高度重视教育的文化背景,……文化对教育的影响是持久又深刻的。"[1] 由此可见,社会文化对社会教育起着十分重要的作用。社会文化对社会教育的重要作用可以从不同国家的文化特质对教育的影响中体现出来。例如,美国作为一个移民国家,崇尚多元文化,美国高等教育则具有开拓、竞争、理性和实用并重的特点。英国崇尚绅士文化,其高等教育中强调对学生教养的培养和责任的重视。德国崇尚理性文化,德国的高等教育中强调对学生的理性、科学、严谨精神的培训。中国崇尚德性文化,在高等教育中注重学生的道德培养。

社会文化对高等教育的影响,反映在教师发展方面,即形成一种持久而稳定的教育作用。由此可见,社会文化对教师发展的影响具有间接性和隐蔽性的特点。

其四,信息科技水平对教师发展的影响。

随着第三次科技革命的发展,人类迈进信息时代,信息技术的飞速发展对人们的学习、工作和生活各个方面产生了极其重要的作用。尤其是进入

---

[1] 屈书杰.迈克尔·萨德勒比较教育思想的现实意义[J].比较教育研究,2009,31(8):7-10.

21世纪以来，随着社会信息科技水平的飞速发展，颠覆了人类社会的各个方面。高等教育领域积极引入信息科技，改变了高校教学环境、教师和学生的思维方式、学习方式、教学方式等。而高校教师的培训方式、教学以及学术研究中均引入了信息科技，教师的信息化能力越高，越能够充分利用信息科技推动自身各方面能力的发展和提升。反之，如果教师不适应信息化教学手段，不能较好地融入信息化时代，那么必然对教师的发展产生不良影响。因此，高校教师信息科技水平的高低，直接影响着高校教师的发展。

综上所述，高校教师的发展不仅受到教师个人因素的影响，还受到高校环境和社会环境多方面的影响。明确高校教师发展的影响因素有利于在进行高校教师教学改革和创新中立足教师发展，不断营造有利于高校教师发展的家庭、学校和社会氛围，提升高校教师发展的主动性和积极性。

二、中国高校教师发展历程及成果

高校教师作为精英知识分子的代表，其成长需要较长的周期，尤其是20世纪末期，随着第三次科技革命的发展，世界已经变成了一个命运相连的共同体，进入21世纪以来，几乎困扰人类的所有重大问题均具有全球性、整体性以及互联性的特点，知识朝着全球互联、互通的趋势发展，更新速度越来越快，高校教师必须不断学习、终身学习才能在世界学术研究中保持领先地位。高校教师发展已成为全球各国高等教育共同的话题。中国高校教师发展主要经历了两个发展阶段，即中国高校教师培训阶段和中国高校教师教学发展阶段。

（一）中国高校教师培训阶段

教师培训是高校教师发展的重要方式之一，纵观全国各个国家的教师发展方式，教师培训均为其中卓有成效的手段。高校教师培训本质上是为教师更好地履行岗位职责而进行的继续教育，中国传统的高校教师培训开展较早。早在中华人民共和国成立后，中国高校教师培训就已出现。1959年，我国出台了《关于加强高等学校教师进修工作的通知》，对高校教师的培训进行管理。1953年，出台了《高等学校教师进修暂行办法》，有计划地组织高校教师到全国名校进修，这一阶段我国高校教师的进修大多采用老带新帮扶和助教的方式。新入职的教师分配给经验丰富的教师带领，并且在老教师的指导下，协助新教师编写部分章节的讲义，并参与听课和批改作业。然而，直到20世纪80年代初期，我国高校教师培训仍呈现出零散的状态，大多为个别重点高校教师单独设置培训班进行培训，远远没有形成全国统一的、完善的培训体系。

改革开放后，我国高等教育恢复办学，学生的数量逐渐递增。为了补充高校师资队伍，大量学生毕业后留校任教。20 世纪 80 年代初期，我国政府的有关部门开始重视高等教育质量问题，20 世纪 80 年代中期至 20 世纪 90 年代末期，我国出台了一系列政策，逐步建立了国家、地区、省市（自治区）三级高校教师培训和交流体系。1980 年，我国出台了《全国重点高校接受进修教师工作暂行办法》。1984 年，我国出台了《高校举办助教进修班的暂行规定》，有效推进了我国高校教师培训的发展。

进入 20 世纪 90 年代后，我国高校教师培训获得了进一步发展。1992 年，我国出台了《关于加强各级高校师资培训中心建设的意见》。1993 年，我国《教师法》正式颁布，其中明确指出教师享有参加进修或其他方式的培训的权利，在职教师培训和进修被作为一种制度固定下来，将高校教师在职培训纳入我国法制化的轨道。在此之后，我国高校教师培训开始朝着法制化和规范化的方向发展。1996 年，我国在出台的《普通高校教师培训工作规程》中首次提出了高校教师岗前培训的规定，并对相关培训要求和标准进行了规定。1997 年，原国家教委出台《高等学校教师岗前培训暂行细则》。随着《高等学校教师岗前培训暂行细则》和《高等学校教师岗前培训教学指导纲要》的出台，我国高校教师岗前培训工作全面展开。1998 年，《关于开展高等学校教师岗前培训有关问题的通知》出台，进一步明确了高校教师岗前培训工作的重要性并推动中国高校教师岗前培训工作的开展。同年，《中华人民共和国高等教育法》出台，对高校教师的培训和培养进行了具体规定。

进入 21 世纪后，随着我国高等教育大众化趋势的发展，我国高校教师培训呈现出新的特点。

1999 年，我国国务院批转教育部《面向 21 世纪教育振兴行动计划》的通知，提出了高等教育入学率的目标，开始扩大普通高校本专科院校招生人数。自 1999 年高校扩大招生以来，我国高等教育呈现出跨越式发展态势。《2017 年全国教育事业发展统计公报》显示，2017 年我国在校大学生数量达到了 3 779 万人，2018 年我国在校生人数与 2017 年并没有较大差距。然而，与 1999 年的 413.42 万人相比，增加了 9 倍。此外，研究生的在校生人数也得到了大规模增长，据有关数据统计，从 1998 年到 2011 年，我国高等院校招生以 20% 的速度扩张，极大地推进了我国高等教育大众化进程。高等院校扩招，使我国高校对教师的需求量大幅上升。

为了加强高校教师建设，1999年教育部发布了《关于新时期加强高等学校教师队伍建设的意见》，对未来五年的教师培训提出了具体的目标，为高校教师队伍建设指明了方向。2001年，教育部出台了《关于加强高等学校本科教学工作提高教学质量的若干意见》，明确了三级教师培训制度。2004年，教育部出台了《高等学校"高层次创造性人才计划"实施方案》，对高校人才培训实行激励计划，并初步形成了三级人才激励体系。2007年，教育部和财政部联合下发了《关于实施高等学校本科教学质量与教学改革工程的意见》，提出对加强高校内部教学工作经验交流，以及通过传、帮、带充分加强高校青年教师教学培训的方法。2011年，《关于"十二五"期间实施"高等学校本科教学质量与教学改革工程"的意见》出台，2012年我国高校教师培训开始加强对教师教学方面的培训，并开始朝着高校教师发展的方向前进。

纵观这一时期，我国高等教育教师培训主要表现出以下特点。

其一，高校教师培训逐渐走向正规化。改革开放前，我国虽然出台了一些高校教师培训和进修的政策或规定，然而由于当时我国高等教育实行保送机制，只有少数高校才能组织高校教师培训，因此这一时期的高校教师培训呈现出频率低、规模小、人数少等特点。改革开放后，为了弥补我国高等教育在20世纪六十至七十年代高校教师队伍的损失，同时也为了更进一步推动我国高校教师队伍的壮大。我国政府出台了一系列相关措施，推动我国高校教师培训逐渐走向正规化和体系化。除此之外，我国高校教师队伍培训开始转向中青年学科带头人和学术骨干教师的选拔和培养。

其二，高校教师培训的形式趋向多样化和灵活化。改革开放前，我国的高校教师培训大多通过骨干教师进修班或老教师带新教师的方法进行。改革开放后，随着我国政府对高校教师的培训日益重视，参与教师人数逐年增加，教师培训规模越来越大，我国高校教师培训朝着形式多样化的方向发展。据有关数据统计，1992—1996年，我国高校教师参加各种培训的人数高达10万人次。而高校教师培训的形式除了骨干教师进修班外，助教进修班、讲师培训、副教授培训、教授培训、单科进修班、国内访问学者、高级研讨班以及以同等学力申请硕士学位班等形式。由此可见，这一时期，我国的高校教师培训管理体系仍以自上而下的行政手段为主，然而形式上更加灵活多样。

其三，高校教师培训朝着提高教师学术能力的方向发展。改革开放以来，为了提升我国高校教师的学术能力发展，我国出台了一系列相关政策。

1978年，国务院颁布了《发明奖励条例》，对重大科技发明进行奖励。之后，我国政府陆续颁布了《高等学校建立学校基金和奖励制度的试行办法》《教学成果奖励条例》《中华人民共和国科学技术进步奖励条例》《关于科学技术奖励工作的通知》等。这些政策法规文件的发布调动了我国高校教师的积极性和创造性，并激发了教师提升学术能力和从事科研工作的积极性，为高校教师学术能力的发展奠定了良好的基础。

其四，高校教师培训中的教师教学培训获得发展。高校教师培训体系建立后，我国高校教师培训种类、方式更加灵活多样，其中教学作为高校教师基本能力构成要素备受重视。20世纪八十至九十年代，我国高校教师培训中的助教培训、讲师培训、副教授培训、教授培训或不同层次的培训均涉及教师教学技能的提升和教师教学方法的改进，为高校教师教学质量的保障起到了十分重要的作用。除此之外，一些高校教师培训开始朝着专门提升高校教师教学能力的方向发展，如一些高校中通过设置专门的教学质量奖，提升我国高校教师的教学质量，促进高校教师在教学实践中研究教学规律，改进教学方法。

综上所述，20世纪80年代至21世纪初期，我国高校教师培训体系的建立对我国高校教师整体能力的提升，以及高校教师队伍建设做出了十分重要的贡献，也为我国高校教师教学培训的创新奠定了良好的基础。

（二）中国高校教师教学发展阶段

进入21世纪后，随着国外高校教师发展理论逐渐走向成熟，我国除了注重高校教师培训之外，还开始注重高校教师教学发展。高校教师教学发展以高校教师为主体，贯穿高校教师职业生涯的各个方面，成为我国高校教师培养和教学质量提升的主要方向。

2003年，我国学者龚波发表了《试论大学组织文化与大学教师发展的共生机制》一文，这篇文章成为我国学者较早对高校教师发展的研究文章。2006年，我国"高校教师发展与高等教育质量保障"国际学术研讨会举行，这次会议上除了中国的学者外，还有来自美国、英国、挪威等9个国家的高校领导人和高等教育研究专家参与，在此次学术交流会上，与会学者就"高校教师发展"进行了较为深入的交流，极大地提升了我国教育家和学者对"高校教师发展"问题的关注度，之后我国高校开始加大对教师质量和教师队伍水平的重视。同年5月，在我国教育部的组织和支持下，中国19所高校的领导人参加了美国密歇根大学举行"密歇根—中国大学领导论坛"，在这次为期两周的论坛上，中国高校领导人对"教师发展"这一概念有了更加深入的了解，并对密歇根大学的教师发展工作进行了考察。

进入21世纪以来，随着我国高校大规模扩招，我国高等教育质量问题开始显现出来。由于大规模扩招，我国大部分高校呈超负荷运行状态，教育投入增长速度、师资队伍增长幅度、办学条件等均出现跟不上高校发展的现象。其中，教师作为高校教育工作的主体，在高校教育质量中起着十分重要的作用。我国一些学者和教育家在教学工作中逐渐意识到高校教师的全面发展和终身发展是决定高校教师整体素质和水平的重要因素，也是我国高等教育质量提升的关键。

随着教育大众化的推进，我国各个高校之间的竞争压力越来越大，引发了我国政府和各个高校的关注，为了更好地提升高校教学质量，"教师发展"这一概念在我国逐渐获得了更加广泛的关注，除了学者的理论探讨外，我国政府和高校也对这一概念十分关注，并出台了一系列关于提升高校教学质量的政策。2007年，《教育部财政部关于实施高等学校本科教学质量与教学改革工程的意见》出台。2008年，《高等学校教师培训工作规程》出台，开始对传统的高校教师培训进行创新。2008年，我国教育部师范司召开了"教师发展中心建设草案研讨会"，尽管这次会议针对我国教师教育召开，然而却引发了教育界的广泛关注。2009年，首都经贸大学召开了"高校教师潜能开发国际研讨会"，这次会议上，与会学者对我国高校教师发展中心的建设进行了理论探讨。2010年，《国家中长期教育改革和发展规划纲要（2010—2020年）》出台，明确提出了"大力提高高校教师教学水平"的要求。2011年，我国教育部高教司组织的"密歇根班"，包括12所高校在内的30多名教师代表前往密歇根大学教学与学习研究中心进行学习。2011年，东北师范大学举行了"2011高校教师发展国际研讨会"，在这次会议上多位学者呼吁我国应在高校内部建立提升教师教学能力的专门机构，这次会议的举办使高校教师发展思想在我国得到了进一步扩散，获得了大多数学者的认同。同年，《教育部财政部关于"十二五"期间实施"高等学校本科教学质量与教学改革工程"的意见》发布，明确提出加强高校中青年教师培训。

2012年，教育部发布《教育部关于全面提高高等教育质量的若干意见》，明确提出了推动高校普遍建立教师教学发展中心的意见。同年，教育部高等教育司批准了以厦门大学教师发展中心为代表的30个教师教学发展中心作为"十二五"国家级教师教学发展示范中心。这一事件成为我国高校教师发展的里程碑事件，标志着我国教师发展进入了有序化、规范化的发展时期。

之后，我国高校教师教学发展中心如雨后春笋般陆续出现。当前，我国高校教师教学发展中心已达百余个，极大地推动了我国高校教师教学质量和教师素质的全面提升。

中国高校教师教学发展示范中心，尤其是国家级教师教学发展示范中心均为专门的教师教学发展组织机构，其目的是从根本上提升高校教师教学发展，提高教师教学能力和水平，保障和提升教师教学质量。然而，这些机构的名称却略有差别。早在中国国家级教师教学发展示范中心大规模成立之前，我国一些高校即成立了促进高校教师教学质量的发展组织。例如，清华大学1998年设立的教学研究与培训中心是我国较早的高校教师发展专职机构。从中国高校教师教学发展示范中心的名称、隶属关系来看，不同学校所设置的示范中心名称和隶属关系均存在一定差异，如大部分高校的教师教学研究中心的命名方式为学校名称＋教师教学发展中心。但也有个别学校不同，如清华大学教学研究与培训中心、山东大学教学促进与教师发展中心、北京理工大学教学促进与教师发展中心等。有的高校教师教学发展示范为独立的直属机构，如厦门大学教师发展中心、西安交通大学教师教学发展中心、上海交通大学教学发展中心等；有的则隶属于本校教务处，如北京大学教师教学发展中心、清华大学教学研究与培训中心等；还有的隶属本科生院、人事处或学工部等。高校教师教学发展示范中心隶属不同，权限也存在相应的差别，在高校内部所获得的支持也不尽相同。除此之外，不同高校教师教学发展示范中心的人员构成、建设目标和功能定位也存在细微的差别。

纵观我国高校教师教学发展示范中心，其功能定位主要包括教师培训、研究交流、质量评估、咨询服务和教学资源建设五个方面。其中，教师培训，即是指根据教师的需要，以课程学习、研讨会等多样化的形式，对高校教师进行培训，培训内容主要涉及教学理念创新和教学技能提升等方面。研究交流是指高校教师教学发展示范中心出于为提升高校教师的能力而组织开展的高校教师教学理论与实践、教学职业发展研究，从而为全校教师搭建一个学术交流和沟通的平台。质量评估是指高校教师教学发展示范中心还承担着通过教师教学质量评价体系对教师的教学质量进行评估，并且将结果及时反馈给教师，以此帮助教师正确认识其教学效果，并且帮助教师有针对性地对教学理念、教学模式和方法教学等进行改革与创新。咨询服务是指高校教师教学发展示范中心通过先进的教学分析、教学督导等手段开展教师教学咨询服务，不断推动高校教师教学综合水平的提升。教学资源建设主要指高校教师教学发展示范中心还承担着建设教学策略、学科教学资源网和先进的数据库资源，在高校内部建立教学资源共享机制的重要工作。

随着我国高校教师教学发展示范中心工作的开展，高校教师教学发展已初步进入正轨，并且取得了一些成效，在一定程度上提升了我国高校教师教学发展的主动性、积极性和教学能力。然而，高校教师教学发展是一个长期的过程，不能一蹴而就。与国外发达国家成熟的教师发展体系相比，我国高校教师发展还处于起步阶段，存在种种需要改进之处。

（三）中国高校教师发展的机遇与挑战

中国高校教师发展自2012年国家级高校教师教学发展示范中心设置以来，我国高校教师教学取得了较快发展。中国高校教师发展与其他国家相比，虽然起步较晚，然而近年来信息技术广泛应用于教育教学领域，为教师发展提供了新的发展机遇。除此之外，美国、英国等国家的教师发展已形成了较为成熟的模式，可以为我国高校教师发展提供一定的借鉴，有利于我国高校教师发展的进行。

从中国近年来设立的高校教师教学发展示范中心组织来看，我国高校教师发展在充满机遇的同时也面临着一些挑战，主要表现在以下几个方面。

1.高校教师发展外部环境的挑战

我国高校教师发展外部环境方面的挑战主要表现在高校教师发展观念和高校教师发展政策两个方面。

其一，中国高校教师发展观念上存在误区。

高校教师发展是关系到未来中国高校教学质量高低的重要因素，然而当前我国高校教师发展观念上还存在一定误区。其中，一些高校虽然设立了高校教师教学发展中心，但是仍然将教师培训等同于教师发展或教师教学发展，认为教师教学能力和教学策略只能通过培训来提高。因此，在教师发展实践中，许多高校将教师岗前培训、骨干教师培训、专题研修培训等作为高校教师发展的主要途径，这种自上而下式的、单向的、目的性较差的培训已不能满足高校教师发展的需求。除此之外，还有一些高校的管理者将高校教师发展等同于教学发展，并认为教学发展是为了促进学生成长和教学质量提高，将高校教师等同于促进学生发展的工具，而忽略了教师自身的发展，从而导致高校教师的发展被严重限制。一些高校教师管理者为了促进研究型高校的定位，存在较为严重的"轻教学重科研"的风气，导致高校管理者对教师教学发展不重视，认为高校教师的学历层次较高，专业素质突出，完全可以胜任高校的教学和科研工作，无须再进行学习。加之我国高校教师发展还处于建设初期，许多高校教师对教师发展认识不足，导致高校教师发展面临着较大挑战。

其二，中国高校教师发展制度有待健全和完善。

完善的制度是高校教师发展的指导方向和发展保障，如英国的教师发展能在短短数十年中取得较大成绩，其中的突出原因是英国政府十分重视高校教师发展的制度建设，在英国高校教师发展的每一步均以良好的政策对其进行指导，从而有力地推动了英国高校教师发展进程。反观中国高校教师发展制度，由于我国高校现有的教师教育均以培养中小学教师为主要任务，缺乏培训高校教师的专门机构。

另外，高校教师发展与高校教师评价机制和高校教师激励机制存在较强的关联，我国高校教师评价机制和激励机制虽然取得了较快发展，然而在教师发展方面仍然存在着诸多不足。其中，高校教师评价制度中涉及教师教学评价的方式较多，然而涉及课堂教学质量的评价方式却几乎没有。一些高校教师为了完成教学业绩考评，申请讲授多门课程，然而由于高校教师除了教学之外还承担着较重的科研任务，其承担的课程数量越多，各门课程的准备时间就会大大缩减，对课程质量产生较大影响。此外，一些高校教师存在较强的重科研轻教学的倾向，只要科研成果过关即可，对教学效果极度忽视，认为教学只要达到基本的工作量即可。而如果科研成果不过关，论文、科研项目不达标，那么教学质量再高也无益。在这种错误思想的影响下，高校教师的教学质量受到较大的负面影响，由于高校中缺乏对教师教学质量的评价，因此无法杜绝此类现象。由此可见，高校教师评价制度有待完善。

除了高校教师评价机制外，高校教师教学发展的激励机制也存在一定不足。当前，我国高校教师的激励办法一般为教学报酬和教师职业发展机会两种，然而由于在实践过程中，高校教师教学报酬缺乏层次性和差异性，不仅没有起到较好的效果。反而打击了一些高校教师的教学热情。职业发展机会则主要指高校教师职称的晋升路径，这一激励措施在激发青年教师的教学热情方面存在着较好的效果，然而，对一些已被评为最高级别的教师，这些措施则失去了其应有的效用。由此可见，我国现有的高校教师激励措施在促进高校教师发展方面存在着一定局限性。

2.高校教师发展内部运作的挑战

高校教师发展内部运作的挑战主要表现在高校教师发展，尤其是高校教师教学发展实践中存在着诸多不合理之处。

其一，高校教师发展理念存在误区。

高校教师发展是一个全新概念，其依托终身教育理念为基础，强调对教师的全面培养，推动教师素养的全面提升，其中既包括教师教学能力、科研能力的发展，也包括教师个人教学风格和实践能力的培养。而当前我国教师教学发展实践以学历补偿为主，重视理论培训，忽视了对教学能力和教育实践能力的培养。此外，当前我国高校教师教学发展仍然没有摆脱教师培训的模式，在教师教学中仍然以三级培训为主，然而三级教学培训属于自上而下的教育培训，重视培训的整体效益和规模，忽视了高校教师的需求差异性和多样性的特点。一些高校或政府相关机构组织的高校教师培训由于忽略了教师的真正需求，难以满足高校教师自身发展的需要，对高校教师教学发展活动的最终效果产生了不良影响。

其二，高校教师发展内容缺乏针对性。

当前，我国高校教师发展的重点主要为教师教学技能的提升，教师在实际教学实践中的困难，以及教师在教学问题上的种种困惑等。然而，由于不同学校、不同专业和不同学科背景、不同年龄阶段的教师在发展中的需求不同，面临的困难也不尽相同。当前我国教师发展的主要项目为教师教学发展，忽略了不同教师发展的个性化需求，对教师专业发展、组织发展和个人发展的重视程度不够，导致教师难以在教学发展项目中得到满足和提升，使高校教师发展活动的效果不甚理想。

其三，高校教师教学发展形式陈旧。

一些高校在开展教师教学活动中，由于活动形式陈旧、单一，大多以帮助教师提升学历、学位层次以及学术科研能力为主要目标，并且参与活动的教师大多为新入职的青年教师或骨干教师，严重打击了其他教师参与活动的积极性。除此之外，高校教师教学发展的形式仍然以知识讲授为主，形式单一，难以激发教师参与的积极性，导致高校教师教学发展活动未能真正打通教师教学理论和实践之间的界限，未达到真正的全面提升高校教师教学发展的目的。

综上所述，我国高校教师发展处于起始阶段，近年来发展较快，发展前景可观。然而，受内外因素的影响，仍然面临着诸多挑战。

三、国外高校教师发展启示

西方英、美等国家是世界上最早建立大学并且对高校教师进行系统化的国家，西方发达国家的教师发展历程和教师发展模式对我国高校教师发展具有一定的启示和借鉴意义。

（一）美国高校教师发展的特点及启示

美国高等教育的发展中，教师发展工作起着十分重要的主导作用。美国高校十分重视教师发展，大多数高校均设有教师（教学）发展中心，并且针对各级各类教师提供具有针对性的教学和学术发展活动与项目，并由教师根据自身的需要进行选择性参与。

1. 美国高校教师发展理念变革

美国高校教师发展理念兴起较早，纵观美国高校教师发展理念经历了三个发展阶段，即自我发展理念、组织发展理念、全面发展理念阶段。1810年，哈佛大学出现的最古老的、有组织的大学教师发展形式——带薪休假制度，这一制度是针对学术上有潜力的教师的一种奖励制度，被认为是美国最早的教育发展形式。美国高等教育制度最初源于欧洲教育制度。1492年，哥伦布在航海中发现了美洲大陆。16世纪，英国等殖民者如同潮水般纷纷涌向美洲大陆，开始开拓并争夺殖民地。1607年，第一个英属殖民地在弗吉尼亚建立。1732年，第13个英属殖民地在佐治亚成立。殖民地时期，美国高等教育的发展继承了欧洲大陆高等教育的特点。这一时期，美国高等教育学校的创设动机为多培养宗教人才。纵观殖民地时期美国的教育属于精英教育，即便1776年美国独立战争后，美国教育仍然在较长的一段时间内处于精英教育阶段。"学院被神学家、法学家和古典学者所占据，在多数场合……人们把这些决定着学院性质的人视为知识精英，并且他们自己也如此认为。"[1]在精英教育阶段，美国教师发展倡导自我发展理念。

2. 美国高校教师发展阶段演变

从美国高校教师发展阶段来看，尽管1810年哈佛大学实行了学术休假制度，然而现代意义上的美国高校教师发展仍然自20世纪五十至六十年代开始，经历了学者时代、教学者时代、开发者时代、学习者时代和网络时代五个发展阶段。

---

[1] 刘易斯·科塞.理念人：一项社会学的考察[M].郭方，译.北京：中央编译出版社，2001：304.

20世纪50年代至60年代初,美国高校教师发展进入学者时代。这一时期,美国高校开始重视教师学术水平和教学能力,并且实行教师"学术休假制度"和"明星教授制度",通过在高校中开展教师学术休假、资助教师参加学术会议以及支持教师获得高一级学位的学习活动、支持教师进行科研活动等推动高校教师在特定学科领域中的地位和专业水平的提高。这一时期,高校教师发展活动的组织者为美国高校的人事管理和学术管理部门,其对高校教师发展活动的组织是为了培养研究型教授,而教师教学能力的提升等需求则被忽视。

20世纪60年代中期到70年代,美国高校教师发展进入教学者时代。这一时期,美国高校建立了专门致力于解决教师教学和学习研究中心,开始培养高校教师的教学能力。各种高校教师发展组织和机构纷纷成立,这一现象被称为美国进入高校教师发展运动时期。

20世纪80年代,美国高校教师发展进入开发者时代。这一时期,美国高等教育获得了飞速发展,并且开始进行高等教育大众化时代。美国社会对高等教育的质量提出了较高要求,而由于这一阶段政府对高等教育的投入大大减少,高校为了争取更多的政府投入和社会捐助也致力于提升教育教学质量。而高校教育质量的提高,对高校教师发展提出了更高要求。在此期间,美国的教师发展活动强调增强教师活力,注重对教师能力的开发,高校教师发展工作者则成为了教师资源的开发者。[①]

20世纪90年代,美国高校教师发展进入学习者时代。这一时期,美国高等教育进入了新的快速发展时期。美国高校教师所承担的职责越来越多,除了教学活动和科研活动之外,美国高校教师还承担着社会服务、申请经费、咨询等职责。在高校教师职责扩展的前提下,美国高校教师发展活动进一步丰富,不仅开始关注教师的专业发展、教学发展、科研发展,还开始关注教师个体需求的满足。此外,美国高校教师发展的范围进一步扩大,不仅高校专职教师发展机构和活动组织更加多样化,还出现了专门针对兼职教师的发展机构。

21世纪,美国高校教师发展进入网络时代。随着信息科技技术在教育活动中的应用越来越普遍和深化,美国高校教师职责进一步扩展,互联网信息技术被广泛应用于高校教师发展领域。此外,自21世纪以来,高校教师

---

① 钟秉枢.解读美国名校办学,感悟大学管理精髓——参加高校领导赴海外培训项目有感[J].北京体育大学学报,2005(2):145-148.

发展中心在美国高校中的地位进一步提升，职责和作用进一步扩展，而借助互联网信息技术跨地区的高校教师发展组织纷纷成立，推动高校教师发展在美国呈现出空前繁荣的局面。

3. 美国高校教师发展的特点

了解了美国高校教师发展理念和发展阶段演变后，纵观美国高校教师发展，呈现出以学校为主体、注重发展和服务、形式多样等特点。

其一，以学校为主体的高校教师发展组织。

美国的现代高校教师发展组织虽然成立较早，但从整体上来看，美国并没有建立统一的高校教师发展制度，仅仅通过设立专门的教师发展基金和建立地区性的合作和组织形式等为美国高校的教师发展提供经费支持。例如，国家科学基金会、国家人文科学捐助基金、富布莱特项目等均为支持高校教师发展的基金组织。尽管美国高校教师发展制度并没有形成专门的、统一的制度，却形成了以高校为主体的教师发展组织机构，其中包括教师发展中心、教学中心、教师发展委员会等，这些组织机构是美国各个高校根据其自身发展需要而开展的教师发展项目。由于美国高校教师发展活动主要在系、院、校等层面开展，因此美国的高校教师发展活动呈现出鲜明的高校自主性发展特点，与高校的办学特色、使命和文化传统相结合，实现了组织发展和个人发展的结合。

其二，注重教师的发展与服务。

美国高校教师发展涵盖的范围主要包括教学发展、专业发展、个人发展和组织发展四个方面。其中，教学发展致力于提升美国高校教师的教学能力和教学水平，是美国高校教师全面发展的起点；专业发展则致力于提升美国高校教师的专业学术知识和科研能力水平；个人发展即对高校教师的个人健康和福利进行关注，致力于提升高校教师的生活品质；组织发展则致力于提升美国高校教师的教学和研究氛围以及环境。

美国高校教师发展以满足教师需求为宗旨，提供教师成长过程的全方位服务。针对不同年龄阶段、不同工作性质的教师提供适应教师职业生涯发展的良好服务。例如，美国高校的教师发展项目既有针对新教师的发展项目，又有针对职业生涯中期教师的发展项目，还有针对终身制教师的发展项目，这些丰富的教师发展项目能够为高校教师提供良好的、有针对性的服务。除此之外，美国高校教师发展活动开展前会对参与活动的教师的需求进行调查，并开展相应的需求服务，在活动开展期间还会组织教师对服务项目进行评价并提出建议，以便为高校教师提供更加精准和完善的服务。除此之外，美国高校教师发展机构还会为教师提供敏感性和私密性的咨询服务，遵循自愿和保密的原则。由此可见，美国高校教师发展项目十分细致，且以服务教师作为主要宗旨。

其三，教师发展活动组织和形式具有多样化。

美国高校教师发展项目和活动的种类呈现出多样化和灵活性的特点。美国的高校教师发展组织十分多样化，既包括高校内部成立的教师发展组织，也包括大量校外教师发展组织。其中，美国高校内部成立的教师发展组织主要包括高校教师发展中心，或称为教学中心、教学研究中心，该中心一般配备专门的工作人员为教师发展提供服务。除了高校教师发展中心外，美国高校内部还成立有高校教师发展委员会，该委员会发挥着分配教师发展经费、开展教师发展活动的重要作用。除了高校内部的教师发展组织外，美国社会上还成立了多种高校教师发展组织，如高校教师发展专业协会、以太平洋之冠公司、教育评价与发展中心等为代表的人力资源公司开展的教师发展服务业务、高校教师发展基金会等。这些教师发展组织的活动形式多样，大多采用校园中心模式、多校区合作模式、特殊目的中心模式和院系教师发展等模式。这些模式所服务的高校类型、对象、范围以及活动内容等存在一定的差异。不同高校教师可根据需要选择适合的教师发展组织形式。

4.美国高校教师发展对中国高校教师发展的启示

通过对美国高校教师发展的历史沿革和特点进行分析，美国高校教师发展对中国高校教师发展的启示主要表现在以下三个方面。

其一，美国高校教师发展理念对中国的启示。

美国高校教师发展理念历经数次革新，形成了全面发展的教师发展理念，并且强调服务宗旨，形成了教学发展、专业发展、个人发展与组织发展有机结合的多元化教师发展理念。而我国的高校教师发展目前还处于教育主管部门和高校对教师的管理方面，高校教师的培训和教师发展还处于教师被接受的方面。对此，我国的高校教师发展应进一步借鉴美国高校教师的发展理念，结合我国高等教育发展与改革，立足于教师的全面发展，从而推动高校教师发展以教师的内在发展需求为根本，将教师的自身发展与组织发展相结合，为教师提供适合发展的不同组织形式，以推动我国高校教师发展从被动走向主动，从片面发展走向全面发展。

由于我国高等教育的发展特点，我国高校教师培训制度长期以来作为高校和政府有关机构管理教师的一种方式，被当作高校教师必须完成的任务，而高校教师培训的内容并没有完全从教师发展的自主性需求出发进行设置，导致我国高校教育培训的效率不高，效果不佳。而美国高校教师发展则十分重视和强调服务，从教师的个人需求出发，有针对性地开展相关的教师培训项目，所起到的效果较好。有鉴于此，我国高校教师发展应结合我国国情，借鉴美国高校教师发展中的服务理念，树立服务意识，尊重教师发展的需求。在教师发展活动组织前后做好调查，并且有针对性地根据教师的反馈意见进行调整，以切实为教师提供符合需求的发展服务。

其二，美国高校教师发展组织建设对中国的启示。

美国高校教师发展的组织建设十分丰富，美国高校内部和外部成立了多种形式的教师发展组织，并且有侧重地开展多元化、类型丰富的教师发展活动。这些教师发展活动的内容、针对的人群、层次等均不相同，能够适应教师群体不同的需求。我国现阶段的教师发展仍然以传统的高校教师培训方式为主，由国家教育行政主管部门统一安排和部署。然而，这种传统的高校教师培训方式却存在着种种弊端。例如，高校教师培训的管理大多出于行政目的，而较少从教师发展本身考虑，而且高校的行政管理部门由于本身事务十分繁重，因此常常忽视教师培训工作，不利于高校教师的发展。另外，高校行政部门所组织的培训活动形式单一、内容陈旧，难以起到切实推动我国高校教师发展的目的。因此，我国未来的教师发展组织建设可在结合我国高等教育国情和实际的基础上，借鉴美国高校教师发展组织建设的经验，通过立足高校教师发展的实际需要，建立专门的高校教师发展机构，开展讲座、研讨班、学术休假、资助、教学档案、教学技术辅导、工作坊等多种形式的高校教师发展活动。

从高校教师发展筹措方面来看，我国传统的高校教师培训经费主要来源于国家资助，而美国高校教师发展经费来源则十分多元化，包括学校的专项经费、教师发展奖励基金、政府专门基金以及社会人力资源公司的资金等。这些资金为教师发展工作的展开提供了充足的资金保障。未来，我国高校教师发展的经费筹措也可借鉴美国高校教师发展的经费种类，设立专门用于教师发展的资金，并且积极吸纳社会公益基金或有计划、有步骤地引进社会资金用于教师发展。

其三，美国高校教师发展人才队伍建设对中国的启示。

美国高校教师发展是一个专门的职业，这一职业承担着美国教师发展需要的重要责任，承担着教师发展资料库、联系人、咨询师和顾问等重要角色，并且具备活动组织、教学、演讲、沟通等多种能力。作为一门职业，美国高校教师发展人才队伍中集中了各种各样的人才。其中，包括专门的教育工作者、人力资源人员以及专门进行高校教师发展的学者等。这些人才队伍为美国高校教育发展工作的开展和进行奠定了良好的基础。

由于我国教师发展起步较晚，还未构建一支专业化的可以为高校教师发展提供专门辅导和服务的高校教师发展职业人才队伍。现阶段的高校教育培训工作多由高校的学科专家兼任，而高校的学科专家虽然是高校某个专业领域的带头人，专业技术能力出众，但是这些专家并未受到专业的训练，且由于需要将大量时间和精力投入到教学和科研以及学科建设中去，因此没有足够的时间和经验，从事高校教育培训和教师发展工作。对此，我国高校教师发展在结合现有国情的基础上，可以借鉴美国经验，建立一支专业化的高校教师发展队伍。一方面，通过专业和职业培训专门的教师发展人才；另一方面，通过专门的物质和荣誉激励的方式，吸引在校教师，尤其是高校中有着丰富教学和科研经验的一线教育工作人员加入高校教师发展服务中，从而不断提升我国高校教师发展人才队伍的专业性，为高校教师发展工作的开展奠定良好的基础。

（二）英国高校教师发展的特点及启示

英国是世界大学的发源地之一，其高等教育在世界上以发源早、繁荣兴盛、经久不衰而著称。英国的高等教育发展史可追溯到800多年前，成立至今已有800多年历史的牛津大学，即是英国最古老的大学。英国牛津大学创建后，英国高校教师发展即初露端倪。然而，现代意义上的英国高校教师发展直到20世纪50年代才开始萌芽，并在短短半个多世纪的时间里建立了独特的英国高校教师发展模式。

1. 英国高校教师发展的历程

英国高等教育作为世界高等教育的发源地，对西方乃至世界各国高等教育的发展均产生了较大影响。尽管英国的高等教育曾一度走在世界的前列，然而英国高等教育的发展并非是一帆风顺的，而是一个有高潮，有低谷，充满波折的过程。尤其是第二次世界大战之后，当德国、美国等国家的高等教育进入新的发展阶段时，英国的高等教育经历了重大改革。英国的教师发展在这一时期开始取得重大进步。纵观英国高校教师发展的历程经历了四个阶段。

其一，英国高校教师发展萌芽阶段。

英国的高等教育起初是为了培养教会人才而创办的，高校教师多为教会神职人员。第一次世界大战的爆发使英国高等教育事业面临着经费短缺的困境。第一次世界大战后，为了培养人才，英国政府加强了对高校的拨款同时对高校进行改组，在这次高校改组中，英国高校教师发展并未引起英国政府的重视。因此，这一时期英国高校教师仍然多为神职人员，又由于此时的英国高等教育仍然实行精英教育，高校教师成员较少且自主性较强，还未形成教师发展需求。

第二次世界大战后，英国政府开始重视高等教育事业，并大力推动高等教育的发展，加强对高等教育的宏观调控。1944年，英国正式成立了教育部，标志着英国建立了中央与地方共同合作的教育管理体制。1963年，英国政府发布了《罗宾斯报告》，这一报告揭开了英国高等教育大众化的序幕，标志着英国现代高等教育制度由精英型教育向大众型教育转变。1965年，英国宣布在高等教育领域实施"双元制"，即将英国的高等教育分为以大学为代表的自治部门和以技术学院、教育学院为代表的公共部门。同年，英国成立了"全国学位授予委员会"，从体制上拓宽了高等教育大众化的发展道路，经过一系列改革，英国的高等教育规模开始迅速扩张。20世纪60年代，随着英国高等教育大众化的改革，英国高校大规模扩招，高校教师数量激增，英国高校教师逐渐形成了教授、副教授、高级讲师和讲师、助理讲师四个等级，完成了教师身份的转型，使英国高校教师发展开始被政府和社会大众所关注。

这一时期，英国高校教师发展由于处于萌芽期，教师发展行为多为教师个体的自发性行为，主要以学术休假的方式呈现，且教师发展的内容多与教师教学活动密切相关。从这一时期的高校教师发展来看，英国高校教师发展无论在内容上还是形式上均存在明显缺陷。

其二，英国高校教师发展生长阶段。

20世纪60年代中期至20世纪80年代末期是英国高校教师发展的生长阶段。1963年，《罗宾斯报告》发布后，英国高等教育开始朝着大众化的方向发展。1969年，英国创办了开放大学，通过多媒体手段进行远程教学的方式使越来越多的青年接受高等教育，开放大学的创办极大地推动了英国高等教育大众化的步伐。20世纪60年代，英国创办了多所新大学，并对一些原有技术学院进行升级。据有关数据统计，自《罗宾斯报告》发布后，高校学生人数增加了一倍多，高等教育机构的数量也大幅增加。随着众多高校的成立和高校学生人数的增加，英国高校的教师数量开始激增。由于第二次世界大战前，英国实行精英化教育模式，导致高校教师数量有限，而随着高校的大规模扩招，一些不具备高校教师资格的人员进入大学教师的行列，导致英国高校教师的素质呈现出良莠不齐的状况。这种情况引发了一些英国教育家和学者的关注。除了各高校外，英国政府在全国范围内组建了英国高校校长和副校长委员会、高校教师联合会和全英学生工会，之后在这三个组织的基础上合并成立了全英高校教师指导委员会，专门负责教学发展与学术发展培训事宜。此外，1972年英国伦敦大学教育学院开发了为期两年的"高校教师发展项目"，对全国范围内的高校学术人员和从事高校管理职位的教师进行培训。1979年，英国教育部和科学部为英国伯明翰大学提供了专项研究基金，用于对英国中层高校教师专业发展需求的调研，而此次调研结果为英国高校教师发展政策的制定和体系的建设奠定了良好基础。

进入20世纪80年代后，英国加快了对高等教育的改革，并于1883年、1885年、1887年、1988年相继发布了《雷弗休姆报告》《20世纪90年代英国高等教育的发展》绿皮书和《高等教育——迎接新的挑战》白皮书，《1988年教育改革法案》和高等教育白皮书等一系列政策，试图通过改革，使高等教育更好地为社会和经济服务。其中，《1988年教育改革法》中结束了教师终身教职制，明确了高校教师的责任与权利，并且提出了高校教师应定期接受考评。《1988年教育改革法》推出后，英国各高校对课程内容、教学方法、学校管理结构方式进行了一系列改革，通过引入教师评价制度加强了对高校教师的管理。与此同时，英国政府和高校还加强了对教师发展的重视，成立了高校教师培训发展中心，将高校教师发展置于高校增强竞争力和实现其战略目标的关键环节，推动英国高校教师的培训和发展。

这一时期，英国高校教师发展较前一阶段获得了重要发展。一方面，从内容上来看，英国高校教师发展内涵得到了进一步拓展，从之前单纯注重高校教师教学能力和学术能力的发展朝着提升教师管理能力、培养教师学科领导力发展。另一方面，从形式上来看，这一阶段的教师发展形式较前一阶段更加丰富，英国高校教师发展开始走上正规化的发展道路，出现了专门的教师发展项目和组织，教师发展形式在原有的学术休假形式的基础上，开始出现咨询服务、发行出版物的形式。

其三，英国高校教师发展成熟阶段。

20世纪90年代，英国高校教师发展进入第三个阶段，即教师发展成熟阶段。这一时期，英国大学的教育质量与欧洲其他国家的差距越来越明显。

在此情况下，英国开始进行教育系统的重大改革，其中最重要的改革之一即是高校评审制度，成立了高等教育质量保证署等教育质量标准机构，对各个层级的学校质量进行评估，其中包括高校教师质量评估。

早在 1992 年，英国政府即意识到学校内部学科评审的重要性，并且从法律上强制学校进行包括教师教学和教师发展在内的学科层面的质量审核。为了确保高校教育质量审核的落实，英国成立了高等教育拨款委员会和教学发展基金，为各高等教育机构的学科评审提供资金。1992 年，英国国会通过了《1992 年继续教育和高等教育法》，废除了英国高等教育二元制，并规定多科技术学院升级为大学且拥有授予学位的权利。这一改革使英国大学的数量迅速增长，然而这也为英国高等教育埋下了教育质量下降和声誉受损的隐患。《1992 年继续教育和高等教育法》颁布后，英国政府成立了质量审计单位，该组织的成员大多为工商界人士，并且对英国大学进行统一的质量统计工作。1997 年，英国政府针对高等教育的现状及出现的问题发表了《迪尔英报告》。《迪尔英报告》强调了终身教育的理念，并指出高等教育应高度重视教师教学与学生学习，号召加强英国教师培训与发展。这一报告对英国高等教育的发展状况进行了较为全面的反思，并对未来的发展做出了具有战略性的构想和规范。在《迪尔英报告》的指导下，英国加强了对高校教师发展的重视，对提升英国教学水平奠定了重要基础。

英国高校教师发展成熟期较前一阶段产生了较大发展。这一时期，英国高校教师发展主体进一步扩展，除了政府、高等教育机构外，一些中介机构也开始涉足高校教师发展活动。此外，这一时期，高校教师发展被纳入高等教育机构发展战略中，建立了高校质量保障和监控机制。此外，这一时期的高校教师发展体现出教师专业化发展的特点。

其四，英国高校教师发展专业化阶段。

进入 21 世纪后，英国高校教师发展逐渐走向专业化。2003 年，英国教育国务大臣查尔斯克拉克克（Charles Clarke）发表了《高等教育的未来》白皮书，其中指出英国高等教育正面临着来自中、美等国高等教育的竞争，并且号召对英国高等教育进行新的改革，增加科研经费投入，加强高校教师发展体系的建立。2008 年，欧债危机爆发后，英国经济陷入困境。在此背景下，英国政府分别于 2009 年、2010 年发布了《崇高志向：知识经济中的大学未来》和《确保高等教育可持续发展的未来》两份报告。这两份报告中提出了构建世界一流教育体系的目标。2016 年，英国政府发布《高等教育：知识经济的成功之源》，其中指出英国高等教育在提升教学水平、促进社会流动、丰富学生选择等方面是未来工作的重点。在一系列报告的基础上，英国进一步加强了高等教育制度的改革，高校教师发展作为英国高等教育的重要组成部分得到了更多关注，开始朝着专业化的方向发展。

这一时期，英国高校教师发展体系更加完善，建立了完善的高校质量监督与评估体系，如这一时期英国成立了英格兰高等教育基金会、高等教育质量保障署、英格兰高等教育拨款委员会等机构，为英国高等教育教师发展工作的展开提供了保障。此外，英国还建立了高等教育学术协会和教学卓越中心等的国家层面的教师发展组织，为英国高校教师发展的专业化提供了保障。

2. 英国高校教师发展的特点

纵观英国高校教师发展实践呈现出完善的政策保障体系、明确的组织机构职能、清晰的专业标准以及有效的评估和激励机制等特点。

其一，完善的政策保障体系。

英国高校的教师发展自第二次世界大战后开始萌芽到建立专业化的教师发展体系，在短短数十年间取得了令人瞩目的成就。而英国高校教师发展成就的取得离不开英国政府的大力支持。自20世纪50年代以来，英国进行了多次高等教育改革，而每一次高等教育改革中，英国政府均为英国高校教师发展提供了政策指导，并从财政政策、教育立法、机构设置、质量评估等方面推动英国高校教师发展和建设。例如，20世纪60年代英国高等教育大众化的发展时期，成立了多科技术学院，1964年英国政府成立了国家学位授予委员会，对这些学校的教育质量进行把控，被认为是英国较早的高等教育质量机构。1992年，英国国会通过《1992年继续教育和高等教育法》后，相继成立了苏格兰高等教育拨款委员会、英格兰高等教育拨款委员会和威尔士高等教育拨款委员会等，为英国高校教师发展提供资金保障。除此之外，英国政府还成立了教学质量评估委员会进一步推动高校教师发展走向完善。2004年，英国质量保障框架评论小组成立，为高校教师专业发展的标准体系的构建提供了相应的依据和基础。由此可见，英国的高校教师发展在高等教育政策的保障体系下发展，获得政策支持和指导较多。

其二，明确的组织机构职能。

英国高校教师发展经历了多个发展阶段，现已形成了完善的教师发展体系。英国高校教师发展组织机构体系包括高校教师专业发展委员会、大学专业教师发展中心、院系层面的教师发展团体以及教师个体，这些组织机构的职能十分明确。其中,高校教师专业发展委员会专门负责为教师专业发展理事会和一般大学理事会提供相关政策和程序建议,并且对教师发展活动的执行和实践进行监督。大学教师专业发展中心主要建立教师发展活动的组织中心形式,对大学内外的相关专业发展部门之间进行协调,通过联系大学内部的教师发展参与者并且与大学内外的教师发展部门之间建立伙伴关系,以保障高校教师发展的顺利进行。除此之外,大学教师专业发展中心还对高校教师发展执行进行监督,对高校教师专业发展的质量实施评价。院系层面的教师发展团体主要通过开展评价的方式为高校教师专业发展需求提供建议,以达到鼓励和协助教师专业发展的目的。除此之外,英国高校教师个体则是高校教师专业发展活动的主体,利用相关机构提供的机会进行学习,以达到实现教师个人和专业发展的目的。

其三,清晰的专业标准。

为了促进英国高校教师专业发展,英国制定了清晰的教师发展专业标准。由于高校教师专业发展具有持续性和阶段性的特点,英国的高校教师专业发展标准也具有持续性和阶段性的特点。现阶段的英国教师专业发展标准主要包括教师教学实践性知识、强调教师的服务性和强调高校教师的学术研究与实践。高校教师的主要任务是教学,英国高校在重视教师教学活动理论知识的同时,还强调高校教师教学实践性知识的重要性,对高校教师的实践性知识进行了明确而详细的规定。当前,随着英国对高等教育质量的重视,英国高校将教师视为服务型人员,要求教师在教学中坚持并突出"以学习者为中心",通过为学生创设恰当的学习环境和课程开发,推动高校学生的学习效率。英国高校教师专业发展中不仅要求教师具有较高的学科知识水平,还要求教师具有较高的教学水平,并且强调教师对学习者体的尊重,为学习者构建多元化的学习环境。高校教师在承担着教书育人职责的同时,还承担着学术研究和服务社会的功能,英国高校教师专业发展中还对高校教师学术研究和社会服务提出了较高标准。

其四,有效的评估和激励机制。

英国高校的教师能够在较短时间内取得卓越的成效,离不开有效的评估和激励机制的建立。

从激励机制来看,英国建立了国家层面、社会层面等多元化的教师专业发展激励制度。例如,1995年英格兰就业与学习部与高等教育拨款委员会设立了教学与学习发展基金,经过教学质量评估认证的优秀高等教育教学机构进行拨款和资助;英国于1999年设立了教学质量进步奖,以对高校的教学和学习战略行为进行奖励；2000年，英国设立了国家教学奖旨在对高校教学方面表现突出的学习者和教师进行奖励；2003年，英国高等教育拨款委员会建立并资助了多个卓越教学中心；2007年，英国高等教育学在北爱尔兰推出了教学与学术发展奖励项目和远程教学发展项目，成立并资助了多个卓越教学与学习中心。这些奖励项目涉及多个方面，为英国高校激励机制的发展和完善奠定了重要基础。

除了激励机制外，英国还建立了完善的高校教师专业发展评估方式。英国各个高校成立的教师发展中心均具监督和管理的功能，相关人员在确定教师专业发展项目之初即开始对其进行监督和管理，监督和管理的过程还贯穿于高校教师专业发展的整个过程。除此之外，英国高校还建立了较为完善的教师评价系统，通过学生对教师的评价、高校对教师的评价等多元化的教师评价方法，为高校教师的专业发展提供建议。此外，有的高校还将教师的专业发展纳入年度考核方案，以推进高校教师的专业发展。英国高校对教师专业发展的评估中十分注重对教师学术方面的科研评估的有效性和可行性，以推动高校教师在科学研究方面的发展。

尽管英国高校教师专业发展取得了卓越成就，然而从整体上来看，英国高校教师专业发展也存在和面临着一些新的挑战，突出表现在主体性迷失、职业性耗竭和结构性失衡等方面，在这里不再赘述。

3. 英国高校教师发展对中国的启示

从英国高校教师专业发展的特点中可以看出，英国当前已建立了较为成熟的教师专业发展体系，从中可对中国的高校教师发展带来一定的启示。

其一，加强完善高校教师发展政策体系。

英国高校教师专业发展之所以在短时间内取得了突飞猛进的发展，与英国高校制定了较为完善的高校教师发展政策有关，我国高校教师发展的过程中，也可结合国情建立相应的高校教师发展政策体系，以对我国高校教师的发展提供指导和规范。当前，我国高校教师在入职前后均会举行相关培训，然而高校教师入职之前的培训大多流于形式，通常只对教师进行一定的教育学知识和心理学知识培训，大多高校教师在学校或其他场合中已对此进行了一定的了解，因此这些课程对大部分高校教师来说并不具备有效指导性。然而，我国当前的教师指导恰恰并不针对教师的个体特点给予针对性的指导。而英国高校教师发展则以终身教育思想为指导建立了多层次的、针对各个年龄层和阶段的教师群体的教师发展体系，未来我国高校教师发展可借鉴英国高校教师发展的经验建立多层次、多元化的教师发展体系。

其二，加强高校教师专业发展的支持力度。

与英国等西方国家相比，我国高等教育起步较晚，高等教育资源分布存在严重的不平衡性特点。20世纪70年代，中国为了推动高等教育的发展，采用了先推动其中一部分高校发展起来的做法。20世纪90年代末，中国开始进入高等教育大众化的发展阶段。这一时期，由于中国高等教育资源不平衡，只能集中力量发展其中的部分优质教育资源，从中暴露了教师发展的一些问题，导致我国高校教师的积极性不高，青年教师的发展陷入缓慢状态。面对这样的状况，我国高校应进一步加强高校教师专业发展的支持力度。具体来说，一方面，在国家政策方面，通过法律的形式，为不同年龄、资历的教师提供教师发展的平台。另一方面，我国高校在未来教师发展中还应进一步加强对高校教师的职后教育培训，确保教师在职教育经费及时投入和到位。为此，在坚持国家对高校教师培养进行补贴的基础上，还应根据国情，积极吸纳、企事业单位以及个人的捐赠资金，以此作为高校教师进行专业发展的基础。

其三，进一步完善高校教师发展激励和考核机制。

英国的高校教师发展迅速的另一个原因在于，英国建立了较为完善的激励和考核机制。仅从国家层面来看，英国成立了英格兰高等教育拨款委员会、高等教育学术协会、英国的高校和英国的大学教师发展机构的激励措施等教师发展激励机制，并且设立了多个专门的奖励基金对高校的教师发展进行物质和精神激励。此外，英国还于20世纪后期，在高校教师层级确立的前提下，全面实行了高校教师聘任制，高校是独立的法人机构，各高校与教师之间属于雇佣关系，并且对高校教师实行严格的聘用办法。例如，有的学校初次与教师确定雇佣关系时，采用三年试用期的办法，在试用期内对教师进行严格考核，一旦发现不合格即可辞退，而如果高校教师通过试用期，即可与高校签订长期合同，以这种方法激励教师加强教学研究，提升教学质量。我国教师发展也可借鉴英国高校教师发展的经验，通过加大教师教学奖励制度，设置多层教学专项奖励金，以及不断完善高校教师聘任制等方式推动高校教师发展进一步成熟。除此之外，英国还设置了多元化的教学质量评估机制和考核机制，通过高等教育机构内部评价和外部评价相结合的方式对英国高校教学进行质量评估，以推动高校教师教学能力、学术研究能力等多方面的发展。当前，我国高校教育教学改革已初步建立了教学质量评估体系，然而许多高校的教学质量评估仅仅流于形式，高校教学质量评估和考核机制还不完善，不利于教师发展的进行。对此，我国可借鉴英国的经验，进一步完善我国的教学质量评估机制和考核机制，以便达到推动高校教师发展，促进教学改革的目的。

第二节 高校教师发展对教学改革的影响

一、高校教师教学能力发展的意义

教育是振兴国家和民族的希望，而振兴教育的希望则在于教师发展。高校教师发展是提升高校教育质量的关键，也是高校教育改革的重要发展动力。教学是教师最基本、最核心的能力之一，高校教师教学能力是高校教师发展中的核心组成部分，在推动高校教师教学改革方面起着极其重要的作用。在此主要对高校教师教学能力的内涵、影响因素及其对高校教师教学改革的影响进行详细阐释。

（一）高校教师教学能力发展的内涵及特点

国运兴衰，系于教育；教育成败，系于教师。近年来，随着知识经济的到来和经济全球化的发展，各国不断增强国家核心竞争力。教育尤其是高等教育作为国家的人才培养基地，是实现人才强国、科教兴国等国家发展战略目标的关键，肩负着支撑国家可持续发展的重要使命。高校教育的人才培养有赖于教师群体的参与，高校教师教学能力的高低直接关系到高等教育人才培养质量。

1.高校教师教学能力概念和特点

所谓教师教学能力是指各科教师均应普遍具备的、能够运用特定教材从事教学活动、完成教学任务的能力。它具体包括掌握和运用教学大纲的能力、掌握和运用教材的能力、掌握和运用教学参考书的能力、编写教案的能力、选择和运用教学方法的能力、因材施教的能力、实施目标教学的能力、组织课堂教学的能力、教学测试能力、制作和使用教具的能力等。[1]

---

[1] 申继亮，王凯荣.论教师的教学能力[J].北京师范大学学报（人文社会科学版），2000（1）：64-71.

教师教学能力发展,主要指教师教学能力在知识结构、经验积累、认知技能等方面的提高。高校教师的教学能力发展不是一个简单的过渡过程,而是一个长期的成长历程,是高校教师从无经验的教师新人走向理论知识和实践经验丰富的教师的过程,这一发展过程需要高校教师不断地成长,并且在此过程中需要社会、高校等外界机构或组织为高校教师创造良好的发展环境。

高校教师是高校教育活动得以开展的关键,高校教师教学能力是高校教学质量的保障,也是高校的核心竞争,然而高校教师教学能力的提升则并非易事。与中小学教师相比,高校教师教学能力存在复杂性、专业性和实践性的特点。

其一,高校教师教学能力的复杂性特点。

教师肩负着传道、授业、解惑的重要职责,教师是教学的主体,教学是一个十分复杂的过程,这一过程中充满突发性和不确定性,其涉及教师、学生、教学内容、教师资源、教学环境和教学活动等诸多要素,除此之外,教师教学活动还受教师和学生内部身心状态和外部条件的影响,远远超出课堂讲授所限。因此,教师教学过程并非照本宣科式的,而是需要处理教学过程中出现的各种复杂场景和问题,从而推动教师教学活动顺利进行。而教师教学活动的复杂性,决定了教师在教学过程中必须具备较强的综合素质和能力,以便应对教学过程中的种种突发事件,唯其如此才能使教学活动达到良好的效果。教学活动的复杂性直接反映出教学活动是一种专业程度较高的活动,只有经过专业训练的人才能够胜任。

其二,高校教师教学能力的专业性特点。

教师作为一种职业,其综合素养的高低直接关系和影响未来国民的素质,在国家和民族未来人才发展中起着十分重要的作用。教师的教学能力在不同时代具有不同的要求,进入21世纪以来,随着社会科技的发展,各种新知识、新技术和新发明不断涌现出来,对人才素质提出了更高的要求。社会对人才要求的提高,对高校教师的要求也越来越高。我国《教育法》中明确提出"教师是履行教育教学职能的专业人员",教师教学能力的专业性是指教师不仅掌握着教学的专门知识,还具有从事教学行业的必备资格,只有具备了相应的资质,才能从事教学行业。高校教师教学能力的专业性是指高校教师不仅具备相应的专业知识能力和专业教学能力,还发自内心地热爱教书育人,具有较强的责任感和使命感。这是由于教学不仅是一种技术活动,而且还是一种具有生命感的、人格化的活动,教学的过程即是教师和学生进行心灵沟通的过程，也是一种教学相长的过程。教师只有认识到这一点，才能在教学过程中更加投入，才能不断提升其专业知识，提升教学水平和教学效果。

其三，高校教师教学能力的实践性特点。

教师教学能力具有较强的实践性特点主要表现在三个方面。第一方面，教学能力是一种行动能力，无论教师的教学理论水平多高，最终必须落实到教学实践中才能真正体现教学效果。无论多么先进的教学理论也来自教学实践，并且需要经过大量教学实践的检验。如果教学理论无法在教学实践中进行检验，那么这一教学理论最终只能停留在一个美好的构想上，而不能成为教学实践的指导。教师教学能力无法落实到实践上，那么这一教学效果是不完整的。而教学能力可以通过日常的教学实践积累，将其进行总结后，即可升华为教学理论，用以指导更多教师的教学实践。从这一层面上来看，高校教师教学能力具有实践性的特点。第二方面，教师教学能力的激发有赖于特定的教学环境。教学能力是教师在特定的教学场景中，通过结合学生的个性、兴趣、接受能力、年龄特点、接受方式等经过教师的思考和实践而创造出来的一种能力。如果不依赖于特定的教学环境，教师的教学能力便无法锻炼。同一种教学方式可能适合一个班级的教学，而不适合另一个班级的教学，而教师只有在具体的教学环境中，才能结合所学的教学理论和已有的教学实践经验做出判断，从而不断提升高校教师的教学能力。第三方面，教师教学能力的形成有赖于教学机智的创造。教学机智是指教师在教学中迸发出来的教学创新思维。教学机智具有较强的灵活性，其不仅包括单纯的教学技能和技巧，还包括教师创造性的行为和表现。教学机智并不能随心所欲，而是必须依赖于特定的教学情境，以及高校教师对特定情境的认识和把握。由此可见，教学能力的形成不仅有赖于教师的专业性，还有赖于教师的创造力和教师的实践能力。

2.高校教师教学能力发展的特点

高校教师教学能力的复杂性、专业性和实践性特点决定了高校教师教学能力的发展具有独特的特点。

其一，高校教师教学能力发展的长期性与连续性。

高校教师教学能力的长期性是指高校教师生涯发展具有长期性的特点，其贯穿于教师职前培养阶段、教师职后任教阶段以及在职培训的过程中均必须对高校教师进行持续不断的学习与研究，从而达到良好的专业发展内涵，提升高校教师的专业能力。高校教师教学能力的长期性是由高校教师的职业特点所决定的。高校教师作为国家精英人才的培养者，其自身的专业知识必须与本专业的最新科研成果和最新的教育教学理论相联系，唯其如此才能在教学过程中及时将最新知识传授给学生，不断提升教学效果。除此之外，高校教师作为教育工作者其所教授的学生群体的思想随着时代的变化，其价值观也不断发生变化，而教师应了解学生，并且根据学生价值观和思想的变化对教学模式和教学方法进行调整，在教学实践中不断提升教学能力。因此，尽管许多教师已拥有多年教学实践经验，教学能力仍然需要进行不断提升。

除了长期性之外，高校教师的教学能力还具有较强的连续性特点。高校教师教学能力的连续性体现在教学能力是一个需要不断提升的过程，高校教师教学能力的成长和提升贯穿于高校教师教学的每一个阶段。自高校教师发展的概念提出后，中西方学者从多个角度对高校教师教学职业成长进行划分，在不同教师的职业成长阶段具有不同的特点。从教学实践来看，高校教师的教学能力因人而异，这是由于高校教师的教学能力不仅和外界的高校教师培养环境或教师发展所获得的外界支持有关，还与高校教师自身主观能动性有关。高校教师的主观能动性是高校教师教学能力提升的关键。如果高校教师本身具有较高的主动学习意识，能够在教学中花费更多的时间和努力，那么高校教师的教学能力提升较快。相反，如果高校教师的主观学习意识不足，学习主动性不高，那么高校教师的教学能力提升则相对较慢。例如，有的教师虽然毕业时的起点较高，然而在长期的教学活动中，不主动学习，不思进取，则难以把握教学规律，不能用心地钻研教学方法，那么即便这位教师已工作十年，然而其教学能力可能并未增长，仍然处于职业发展中的低级阶段。因此，从教师教学能力的连续性特点来看，高校教师在走上职业道路后，并非一劳永逸，而是还有较高的发展有空间。从这一角度来看，教师教学能力的成长是一个连续的过程，在这一过程中，教师只有充分借助外界教师培训等方式，并且进行积极主动的学习，才能实现推动教师教学能力提升的目的。

其二，高校教师教学能力发展的综合性与复杂性。

高校教师教学能力发展的综合性和复杂性是指教师教学能力的发展由多种因素所决定。高校教师教学能力的发展由教学实践的环境决定。教师教学能力是在教学实践中形成的，高校教师所在的学校能否为教师提供多样化的教学实践环境是高校教师教学能力发展的关键。如果高校能够为教师提供多种不同层次或不同班级的教学实践，则有利于高校教师教学能力的发展。

除了教学实践外，高校教师教学能力的发展还与高校能否为教师提供多样化的教学理论培训有关。高校教师教学能力的发展不仅需要教师在教学实践中进行总结，还需要先进教学理论的指导。教师只有在各个职业生涯阶段，及时接受业内最新的专业知识和教学理论，才能为教师在教学实践中的创新奠定良好的理论基础，否则仅仅依靠教师自身在教学实践中的总结和自行摸索，难以在有限的时间内提高教师的教学能力。高校教师教学能力的发展还受整个国家高等教育体系的影响。如果国家建立了较为完善的教师发展支持政策，如高校教师教学质量评价体系、高校教师教学考核机制等，为高校教师教学能力的发展提供良好的宏观指导，那么则为高校教师教学能力的发展奠定了良好的政策基础。

除以上几个方面之外，高校教师教学能力的发展还与高校教师的教学理念、个人的努力程度等个人主观因素之间存在较大关联。如果高校教师具有较强的教学使命感和责任感，积极学习先进的教学理念，并在教学实践中敢于创新，那么高校教师的教学能力发展较快，否则高校教师的教学能力发展较慢。

综上所述，高校教师教学能力的发展由众多外界因素和高校教师的主观因素所决定，具有较强的综合性和复杂性的特点。

其三，高校教师教学能力发展的多样性和艺术性。

受终身化教育思想的影响，高校教师教学能力具有较强的持续性、连续性以及长期性的特点。除此之外，高校教师教学能力的发展还是一个多层面、多领域扩展的过程。高校教师教学能力发展包括多个方面，其中既包括较强的高校教师课堂教学能力，也包括学术科研能力，还包括课堂思辨能力、教学方法创造能力，学生沟通能力以及课堂互动能力等多个方面的能力。此外，在高校教师成长的不同阶段，高校教师面临的发展任务和需求不同，教师培训的内容和形式不同，高校教师教学能力的要求也不尽相同。因此，高校教师教学能力发展也不尽相同，从这一角度来看，高校教师教学能力发展具有多样性的特点。除此之外，高校教师教学能力发展还具有艺术性的特点。教师教学过程是科学性和艺术性的统一，高校教师教学也是如此，教师在教学过程中除了遵从学生认知的科学规律，将知识传授给学生之外，教师的教学设计能力、教学实施能力、教学评价与反思能力、教育技术应用能力等均具有较强的艺术性特点。因此，从这一角度来看，高校教师教学能力发展的艺术性特点十分突出。

（二）高校教师教学能力发展的影响因素

高校教师教学能力发展受教师个人因素和外界环境的双重影响。

1. 高校教师教学能力发展受教师个人因素的影响

高校教师教学行为与教师个人的知识结构、对教师职位的认同度、教师的情感需要以及从事教师职业的动机等有着极其重要的关系。相应地教师教学能力发展也受到教师个人因素的较大影响，主要表现在以下三个方面。

其一，高校教师教学能力发展受教师教学实践经验的影响。

根据西方学者的有关调查显示，教师的教学能力随着时间的推移其教学能力水平也不相同，高校教师教学能力在参加工作的前两年最低，工作3～5年后高校教师教学能力开始提高，工作7～12年后高校教师的教学能力达到最高，工作12年后，高校教师的教学能力开始下降。[1]由此可见，高校教师教学能力随着高校教师教学实践经验的增长而呈现出较强的发展性特点。高校教师教学能力发展之所以在12年内呈现出增长趋势，与教师刚刚走上工作岗位时表现出来的对待教学工作的认真负责的态度有关，尽管新教师具有较强的工作热情，然而由于缺乏教学实践经验，专业理论知识无法转化为教学实践，在教学过程中存在缺乏教学预见性和针对性，灵活性较差的现象，在教学过程中常常疲于应对，甚至无法完成教学目标。而随着教师实践经验的积累，当教师工作3～5年后，其已初步积累了一些教学经验，因此教师的教学能力也得到相应的提升。而当教师工作7～12年后，教师接触的学生越来越多，在教学过程中遇到的各种类型的教学状况越来越多，教师所积累的经验也越来越丰富，已经可以游刃有余地应对教学过程中出现的各种复杂事件。

从理论上来看，教师虽然是教学工作中不可或缺的主体，但教学过程却离不开学生的积极参与，而在教学过程中只有师生双方相互协调，相互合作，才能确保教学活动顺利完成并取得良好的教学效果。在此过程中，教师需要充分调动学生的积极性，创建良好的课堂环境和学习氛围，而刚刚走上教师岗位的青年教师虽然在职前教育中学习了大量教学理论知识，但这些理论知识由于缺乏相应的实践经验，还未完全转化为教师的教学能力，只有经过大量的教学实践，在真实的教学环境中不断练习，才能将理论知识转化为

---

[1] 张敏. 高等院校新教师教学能力发展研究[D]. 哈尔滨：哈尔滨工业大学，2007：26.

实际教学经验，才能从根本上提升高校教师的教学水平。

其二，高校教师教学能力发展受教师知识结构的影响。

高校教师知识结构既包括高校教师的专业知识，也包括高校教师的教学知识，还包括高校教师的学生知识等各个方面。高校教师的知识结构对教学能力发展的影响主要表现在两个方面。

一方面，高校教师知识结构对教师教学能力发展的影响主要体现在"知识基础"薄弱方面。早在20世纪80年代，西方学者史密斯（Smith）即提出了教师核心知识基础的概念。之后，西方学者对教师核心知识的内涵进行了广泛讨论。伴随着教师心理研究理论的深入，高校教师核心知识的内涵越来越丰富。当前国内外学者普遍认为，教师核心知识基础主要包括学科知识、实践知识、一般教学法知识和学科教学法知识等。在高校教师群体中，新入职的青年教师在职前教育中学习了大量专业的学科知识，和一般教学法知识。然而，由于高校青年教师刚刚入职，教学实践经验相对欠缺，因此高校教师的教学实践知识和学科教学法知识相对欠缺。而随着时间的推移，高校教师基础知识逐渐丰富和扎实，高校教师的教学能力也因此得到更好的发展。

另一方面，高校教师知识结构对教师教学能力发展的影响还体现在高校教师知识结构不合理方面。西方学者舒尔曼（L.S.Shulman）指出，高校教师的知识结构包含七个方面，即教材内容知识、一般教学法知识、课程知识、教学法内容知识、学生及其特点的知识、教育情境的知识、有关教育宗旨目的和价值及其哲学与历史背景的知识。[1] 除了舒尔曼之外，其他学者从各个方面对教师的知识结构进行了划分。从舒尔曼的高校者知识结构来看，教师的知识结构已远远超出了学科知识和教育学知识的范畴，除此之外，人文和科学的基本知识、工具性学科知识和其他专门性知识等成为高校教师的必备知识内容。在高校教师群体中，一些高校教师的知识结构不合理，也会导致高校教师教学能力受限。

其三，高校教师教学能力发展受教师责任心和使命感的影响。

高校教师教学能力发展还受教师责任心和使命感等因素的影响。如果高校教师对教师职业的角色认同感强，那么高校教师在教学活动中即能够投入更多精力和时间，在高校教学工作中表现出更强的责任心和使命感，推动高校教师进行理论学习和实践学习，从而不断提升高校教师的教学能力发展。

---

[1] 张敏.高等院校新教师教学能力发展研究[D].哈尔滨：哈尔滨工业大学，2007：19.

高校教师在教学活动中的责任心和使命感除受教师角色认同的影响之外，还受高校教师个人兴趣、教师个人的物质需求和精神需求、教师个人对工作环境的要求等多个方面的影响。

2. 高校教师教学能力发展受外界环境因素的影响

高校教师教学能力发展除受高校教师个人因素的影响外，还受到外界环境因素的影响，主要表现在国家政策因素和高校政策因素的影响方面。

高校教师教学发展离不开国家的有关政策，政策具有较强的调控作用，国家出台的高校教师教学能力相关政策对高校教师教学能力发展有良好的调控作用。早在20世纪80年代中期，我国即开始重视高校教师各方面的综合素质与能力的发展。国家教育相关部门出台了一系列推动高校教师职前和在职培养的规划，通过在职研究生、委托代培研究生、助教进修班、参加研究生课程学习、社会实践等多种培养方式，不断提升高校教师的综合素质，提升高校教师的教学能力。除此之外，20世纪八十至九十年代，我国高校还通过举办各类研讨班、开展接受国内访问学者活动等形式培养高校青年骨干教师和学科带头人。

进入21世纪后，我国高校通过进一步丰富高校教师培养方式，扩大高校教师支持强度，以及充分利用"国家杰出青年科学基金""资助优秀年轻教师基金""优秀拔尖留学回国人员科研重点基金""博士点基金"等专项基金计划，不断完善高校教师奖励制度，全力推进我国高校青年骨干教师和学科带头人的成长。此外，随着我国"高等学校本科教学质量与教学改革工程"的实施，以及全国各高校高等学校教师教学发展示范中心的建立，为我国高校教师教学能力的发展创建了良好的氛围，提供了较好的物质和精神保障，促进了高校教师教学能力的良好发展。国家政策对高校教师教学能力发展的影响主要体现在以下两个方面。一方面，国家政策为高校教师教学发展能力创造了良好的有利条件，从而推动高校教师教学能力的直接发展。另一方面，在国家政策的影响下，教师所在高校通过落实教师培训等方式推动高校教师的综合素质，从而对高校教师教学能力的发展产生间接影响。

除了国家政策因素外，高校教师教学能力发展受高校制度因素的影响。如果高校能够为教师发展提供良好的理论培训或大量实践教学环境，形成积极向上的学术氛围，即有利于高校教师教学能力的发展。反之，如果高校存在"重科研轻教学"等理论的影响，将科研视为高校教师的第一生命，而忽略教师教学，那么将对高校教师教学能力的发展产生不良影响。

二、高校教师专业发展对教学改革的影响

所谓教师专业发展是指教师应不断地发展来促进高校以及学生的不断进步。教师专业发展包括教师个人的发展以及其他外部因素为教师提供的培训、评价激励等有利条件的发展。教师专业发展是一个持续的、不断发展的过程，是一种从低级到高级、从旧到新的转变，其贯穿于教师的整个职业生涯中。本节主要对教师专业发展的内涵，教师专业发展的特点及现状，以及教师专业发展对教学改革的影响等方面对其进行详细阐释。

（一）教师专业发展的内涵

教师专业发展的概念提出后，国内外学者对其进行了广泛而深入地讨论。我国学者叶澜指出，教师专业发展是指高校教师专业志长发展或内部专业知识构造不断丰富、变化及创新的阶段过程。[1] 我国学者宋广、魏淑华则认为教师专业发展是指教师个体的知识、技能、情意等达到教师专业标准，并由低到高的发展过程。[2] 我国学者陈碧祥则认为高校教师发展是教师参与不同形式的深造、探究活动的过程，也是教师加强自我反省、认识、改善讲学、研究及服务的过程。从我国国内几位学者对教师专业发展概念的分析可以看出，教师专业发展包括两个方面的发展。一方面是指教师作为一个整体，其外在的、标准的、不断提升的发展；另一方面是指教师作为个体，其内在的、自主的发展。

教师专业发展是促进教师教学能力提升、改善和提升教师交往能力，并且不断提升教师专业素养的培训活动。教师专业发展的理论基础包括知识结构理论、教师生涯发展理论、发展性教师评价、人本主义理论等。

1. 知识结构理论

知识结构理论是西方学者舒尔曼（Shulman）提出的，他指出人的知识包括学科知识理论和教学法知识理论。其中，学科知识理论顾名思义即是与具体的学科相关的概念、内容等知识。教学法知识则是指教育心理学以及教师专业特有的教学知识等。教学法知识是开展教学活动所必备的课堂教学知

---

[1] 袁莉，蔡琨，李芳.新时代地方高校教师专业发展的内涵[J].金融理论与教学，2020（1）：104-106.

[2] 覃日怡."双一流"建设背景下高水平大学教师专业发展研究[D].长沙：湖南大学，2018：24.

识。这两类知识按照英国哲学家波兰尼的理论又可划分为显性知识和隐性知识两种类型。其中，显性知识是指可以使用文字、符号等能够具体准确描绘出来的知识，而隐性知识则是指不能通过文字、符号等进行传播的知识。隐性知识通常只能借助非具象的以及非正式途径进行传播。隐性知识和显性知识在个体的知识构成中均十分重要。尤其是进入21世纪以来，随着知识经济的发展，学术界对隐性知识越来越重视，日本的学者提出了知识转化模式，主张个体将观点和意见通过可视的语言、文字和符号等，在社会中传播，并通过会议、文献或参加各种活动等方式实现隐性知识与显性知识的结合。

近年来，随着我国双一流大学的建设，知识素养成为教师最重要和最直接的素养，高校教师必须将显性知识和隐性知识相结合，才能推动高校教师专业不断发展。

2. 教师生涯发展理论

教师生涯发展是从高校教师整个教育生涯角度对教师的职业素质、能力、成就和职称进行研究的理论。教师生涯发展概念提出后，中外学者对其概念进行了研究，并提出了多种不同理论。典型的教师生涯发展理论主要包括西方学者费朗斯·傅乐的教师生涯关注阶段论、伯顿（Burden）的教师生涯发展理论、费斯勒的教师职业生涯发展阶段理论、伯林纳（Berliner）和司德菲（Steffy）教师生涯发展理论等。其中，费朗斯·傅乐最早研究教师生涯发展阶段，并且将教师生涯发展划分为四个阶段，分别为教学前关注阶段、自我关注阶段、任务关注阶段、学生关注阶段。

20世纪90年代，教师职业生涯发展理论传入中国，引起了中国学者的广泛关注。中国学者结合我国的实际情况对教师职业生涯发展进行了研究，并提出了教师职业生涯发展的三阶段论、七阶段论和五阶段论等理论和实践成果。其中，教师生涯发展的七阶段论指出，教师生涯发展可划分为七个阶段，分别为适应期、新入职教师时期、稳定期、试验期、平静和保守期、滋长自满情绪时期、退出教职期，整个教师生涯大约持续30~40年。以上教师生涯发展阶段理论大多以教师的自然年龄或教龄进行划分，以时间为线索，对教师一生的专业发展中各个阶段的特征进行总结，为教师的培养和培训进行研究。这些教师生涯发展理论和实践为人们深刻认识教师职业的特点和发展规律提供了良好的分析工具，在此基础上还为教师专业发展和教师培养奠定了理论和实践基础。然而，教师生涯发展受多种因素的影响，是一种十分复杂的行为，现有的教师生涯发展理论大多单纯从时间角度对教师生涯发展进行分析，这一思路存在简单化的特点，在今后的研究中应引起相关学者的注意。

3. 发展性教师评价

发展性教师评价最早起源于20世纪80年代的英国。1985年，英国皇家督学团发表了《学校质量：评价与评估》报告，其中明确提出了教师评价制度应与奖惩制度分离，这一规定对实施发展性教师评价制度起到了关键作用。1989年，英国教育与科学部以及萨克福研究小组等组成的数十位教育专家向英国政府提交了专门报告，其中对发展性教师评价制度进行了详细阐释，认为发展性评价制度能够深化课程改革，并且有利于形成教师创新意识。发展性教师评价制度是针对传统的奖惩性教师评价制度而提出的，奖惩性教师评价属于自上而下的教师评价制度，易打击教师的积极性。然而，发展性教师评价制度则是面向未来的教师评价制度，能够根据教师发展目标和发展价值观达到促进教师专业发展和终身成长为目的教师评价制度。20世纪90年代，发展性教师评价制度引入我国后，受到我国学者的关注。发展性教师评价与传统教师评价相比，评价主体多元化，评价对象作为评价主体，全程参与评价过程。评价标准则呈现出个性化的特点，评价方案具有严格的民主性特点，评价情境则强调真实性，评价过程具有明显的周期性，评价反馈具有较强的激励性的特点。发展性教师评价以促进教师专业发展为目的，强调教师在评价中的主体地位和民主参与，十分重视教师的个体差异，通过统筹兼顾的方式实行全员评价和全面评价，创建良好的氛围，以促进评价双方的双向沟通。

发展性教师评价促进了教师发展需要与学校发展需要的统一和融合，通过借助招聘、选拔、岗位安排、上岗转正、转岗、监控、纪律处分、辞退等手段将教师个人发展需求纳入学校发展轨道，从而达到促进教师和学校共同发展的目的。

4. 人本主义理论

人本主义理论是随着有人本主义有思潮而兴起的一种教学理论。人本主义思潮源于卢梭的自然主义与杜威的进步主义教育主张，人本主义心理学认为，每个人都有本能地积极发展自己潜能的内在动力。因此，人的行为是有目的、有意识的，个人的价值与目的是决定人的行为的重要力量。人本主义十分注重经验对人的影响，十分重视人的尊严与自由。人本主义理论的代表学者为罗杰斯与马斯洛。①

　　罗杰斯的人本主义教育思想对教育理论所产生的影响最为深远。罗杰斯认为，教育必须帮助学习者发展积极的自我意识，促进其学习与个人潜力的充分发挥。罗杰斯指出，在当前不断变化的社会中，个体只有通过不断学习，不断接受新经验，才能不断促进自身变化与个体发展，从而实现自我。此外，罗杰斯强调情感和认知在个体发展中的作用，指出教育的目的是培养情智合一的人。由此可见，罗杰斯的人本主义教育观不仅关注教学活动中的知识传授和个体智力培养，同时也关注学习者情感与精神、价值观念的发展。罗杰斯的人本主义教育观是一种"非指导性教学"，是罗杰斯在总结临床心理学实验的基础上提出的一种教学原则，这一教学原则具体包括启发诱导，教师在讲授知识时，应避免灌输式的知识传授，而倡导学习者的自发学习；因材施教，即根据学习者的特点进行有重点地教学；积极疏导，即在潜移默化中及时疏导学习者的情绪和情感；情境感知，即为学习者营造一个良好的学习氛围；强化学习者的自我评价和自我管理意识。②罗杰斯的人本主义学习观，提倡学习者进行"有意义学习"和"自由学习"。其中，"有意义学习"能够促进个体经验的积累和知识的增长，"有意义学习"可以使学习者个体的行为、态度、个性和未来选择以及行动方针上发生重大变化。"有意义学习"具有全神贯注、自动自发、全面发展和自我评估四个显著特征。"自由学习"是指教师在教学中应引导学习者进行自由自在的学习，具体来说，教师可通过为学习者构建真实情境、提供学习资源、使用学习者合约、利用社区资源、同伴间的教学、自我分组学习、探索性训练、合理的程序教学、构建友谊小组、自我评价等进行自由学习。罗杰斯的人本主义教育观中还对师生观进行了分析，认为学习者是教育的主体，教学活动应以学习者为中心，教师的职责是为学习者创设适合学习的学习氛围，以便引导学习者进行自主学习、自我实现。教师是学习者学习过程中的"催化剂"和"助推器"在学习者学习中扮演着引导和辅助学习者学习的角色。在罗杰斯看来，教师不再是高高在上的权威者，在教学中不再使用具有权威性的语言，告诉学习者应该做什么和不应该做什么，而是开始尊重学习者的个体差异，培养学习者的"自我意识"和"自我概念"。罗杰斯认为，新的师生关系的构建需要

---

① 华维芬.英语专业教材建设理论与实践[M].广州：广东高等教育出版社，2012：21.
② 李小兵.罗杰斯人本主义教育思想及其对我国教育改革的启示[J].湖南科技大学学报（社会科学版），2014，17（4）：164.

具备真实、尊重、移情性理解三个要素。罗杰斯的人本主义课程观是以真实问题为主，教师在教学中应为学习者创设真实的情境，让学习者对这些问题进行思考、发现、分析，并解决问题。同样的，课程内容应选择"真实性任务"避免脱离真实问题的空洞教育。除此之外，罗杰斯还强调在"自主学习观"的指导下，构建以学习者"自我评价"为主，他人评价为辅的评价体系，以便引导学习者从自我评价中主动确立学习目标，进行自我诊断、自我调节，以控制自己的行为偏差，最终达到自我完善。[①]

由此可见，人本主义是"以学习者为中心"的教育理论，强调学习者参与教育的决策过程，人本主义以学习者的发展为根本，突出学习者的主体地位。人本主义学习强调在教学中调动学习者的积极性和主动性，促进学习者不断探索，主动发展。[②]

（二）教师专业发展的特点及趋势

教师专业发展是教师个体专业不断发展的过程，也是教师不断接受新知识，不断增长专业能力的过程。

1.教师专业发展的特点

教师专业发展具有自主性、阶段性和连续性、情景性、多样性、实践行、环境性等特点。

其一，教师专业发展具有自主性的特点。

教师专业发展的自主性特点是教师专业发展的前提和基础，是指教师在进行教学活动时，无论是在设计课程规划还是教师教材选择、教学方法和教学手段的运用中均具有较强的自主性，教师须具有将外在影响转化为自身专业发展动力的意识，培养教师的自我专业发展意识。教师专业发展的自主性能够不断增强教师自我发展责任感，从而使教师不断寻求自我发展的机会，逐渐获得自我发展的能力。教师的自主性发展又可称为主体性发展，是指教师具有自我发展的意识和动力，能够自觉自主地通过不断学习、实践、反思、探索，从而使教师的教学能力不断提高，向更高层次的方向发展。教师专业发展的自主性强调教师本人对自己的专业负责，因此教师专业发展带有

---

① 李小兵.罗杰斯人本主义教育思想及其对我国教育改革的启示[J].湖南科技大学学报（社会科学版），2014，17（4）：166.

② 严明.大学英语自主学习能力培养教程第4版[M].哈尔滨：黑龙江大学出版社，2014：3.

较强的自主性特点。

教师专业发展涉及教育教学理论知识、教学实践的具体教学情境等应用场景，还包括教师个人的理论知识、实践性知识、价值观、心理素质等。教师专业自主发展即是将这三个因素相互融合，推动教师专业发展。教师专业的自主发展具有双重含义。一方面，教师在不受外力干扰的情况下，能够根据教师自身和学生实际对教育活动进行科学设计和安排；另一方面，教师的选择须对社会和学生负责。教师专业发展的自主性特点须借助教师的自主能力，以便推动教师的教学能力、研究能力、反思能力等。

其二，教师专业发展具有阶段性和连续性的特点。

教师专业发展具有鲜明的阶段性特点，国内外学者从不同教育理论出发，提出了各种不同的发展阶段理论。而处于不同发展阶段的教师需要也不同，为了更好地促进教师专业发展，教师应对处于不同专业发展阶段的教师设立相应的发展目标，以便促进教师在不同阶段的发展。除此之外，教师专业发展还呈现出较强的连续性特点。教师专业发展并不是一蹴而就的，而是具有较强的连续性和循序渐进性的特点。教师专业发展贯穿了教师的整个职业生涯。教师的成长和教师经验的积累过程之间存在着十分紧密的关系。教师只有在终身教育理念的指导下，遵循不断发展的理念，才能促进自身专业的发展，与此同时确保教师的教学能力，不断积累高校教师经验。

其三，教师专业发展具有情景性的特点。

教师的教学必须在特定的实践环境中进行，教师的实践经验来源于教师在特定实践场景中根据学生特点、教学内容等对教学的感悟而获得，这一实践经验对促进教师专业发展起着决定性的作用。教师只有在具备充足理论知识的基础上进行大量实践才能获得专业提升，否则仅仅具有大量专业理论知识而不进行教学实践，那么教师也无法对已获得的教学理论进行实践和反思，更无法进行专业知识的反思和调整，从而无法获得专业知识的发展。由此可见，教师的专业发展具有情景性的特点。教师的教学情境十分复杂，充满变化，教师与学生之间的合作与交流，与同学和家长之间的合作等均使教师处于一种合作关系中，只有不断在实践经验中进行协调，才能建立良好的相互合作的文化，从而不断促进教师的成长与发展。

其四，教师专业发展具有多样性的特点。

教师教学工作中，需要建立和谐的学生关系，并且通过观察学生的学习兴趣和学习特点，创设不同的学习情境，在教学活动中培养和发展学生不同的能力、对学生的学习成果进行评价，参与教师教研活动，参考其他教师的听课、评课活动等，通过这些活动教师既对学生进行了知识传授和能力培养，又与学生进行了情感交流。与此同时，教师的观察能力、判断能力，教学活动的组织能力、评价能力以及认知能力、技能技巧、情感交流与互动等各方面的能力均进行了提高与发展。由此可见，教师专业发展并非具有单一性，而是具有多样性的特点。

其五，教师专业发展具有实践性的特点。

教师专业发展一方面以充足的专业理论知识作为基础，一方面又以实践知识的丰富和发展作为目标。教师专业发展主要体现在教师职业发展的基础上。教师所学习和掌握的大量理论知识必须应用于教学实践中，并且在教学实践中经过检验才能真正被教师所吸收，才能真正提高教师的专业能力。由此可见，教师专业发展具有较强的实践性特点。教师专业发展的实践性表明教师职业除了须具备先进的学科知识和教育教学专业知识外，还必须进行大量的实践活动，否则教师就不能得到真正的专业提升和发展。教师专业发展的实践性是教师发展的基本因素也是最重要的因素，在教师发展中起着不可替代的作用。

其六，教师专业发展具有环境性的特点。

教师专业发展的环境性特点是指教师专业发展受到教学环境的影响，高校环境的影响以及社会环境的影响。其中，教学环境的影响是指教学环境是否丰富。教师专业发展具有实践性的特点。教师只有在教学实践环境中进行发展，才能充分提升教师的教学实践能力，才能推动教师专业的发展。高校是教师进行教学活动的重要场所，高校为教师营造的教学环境是否优越决定着高校教学活动开展情况是否顺畅。如果高校的教学环境良好，那么教师能够顺利开展教学活动，并且在教学活动中实现丰富经验的积累，从而有利于高校教师专业发展。否则，如果高校内部盛行"重科研而轻教学"之风，没有为高校教师教学创设良好的校园风气，那么即会对教师从事教学的积极性产生较大影响，从而不利于高校教学实践活动的开展，进而对教师专业能力的发展产生较大影响。社会环境是教师教学活动开展的大环境，也是教师专业发展的基础。如果社会环境支持教师专业发展并可以为教师专业发展提供较多资源，必然推动教师专业发展，提升教师教学活动的积极性。由此可见，教师专业发展具有环境性的特点。

2. 教师专业发展的趋势

近年来，随着世界各国对高校教师发展的重视程度越来越高，教师专业发展呈现出新的发展趋势，纵观近年来中国教师专业发展的趋势主要表现在以下三个方面。

其一，与世界教师专业化潮流同步。

教师专业化这一概念，从提出、发展到受到世界各个国家教师教育的广泛认可，在短短数十年时间取得了丰硕成果。作为世界教师教育的主要理念，教师专业化这一概念已被世界各国教育界认同，已成为世界各国教师教育的指导性教育理念。20世纪80年代，教师专业化概念传入中国，并引发了中国学者的广泛讨论。改革开放以来，中国在教师专业发展中引入了教师教育一体化等新观念，并逐渐建立和完善了教师资格认定与评估制度，在教师专业发展方面取得了一系列成果。当前，我国高校教师专业发展呈现出世界教师专业发展相一致的趋势。而这一趋势决定未来中国教师发展必将沿着教师专业化的方向发展。

其二，朝着中国特色教师专业发展的道路前进。

中国高等教师教育自近代以来，大量引进西方教师教育概念，这些教师教育概念在中国教师教育发展中起着十分重要的推动作用。自近代以来，中国高等教育在引进教师教育概念时大多结合中国国情，保留中国教师美德素质等。中国高校教师教育在引进教师专业化的概念时，也呈现出较强的中国特色，在移植和引进教师专业发展过程中的教师机构的设置、教师专业发展制度的设置等方面均体现出中国传统教师行业重视师德的特点，与西方高校教师专业发展中更加注重教师的技术相比，中国教师专业发展则既注重教师的技能发展，也注重教师的师德发展。从而使高校教师专业发展具有较强的人文性特点，而这一点也是中国高校教师专业发展的重要基础。

其三，注重中国教师教育研究能力培养的趋势。

自20世纪80年代以来，教师专业发展概念被引入我国之后，即十分注重教师的研究能力，并且提出了"教师成为研究者"的观点，认为教师作为教学专业人员，应该具有对教学行为进行反思、研究和改进的能力。当前，是否具有较强的研究能力已成为判断一位高校教师专业与非专业的根本标志。这种对高校教师专业进行判断的方式决定了研究能力的培养，是中国教师专业发展的重要趋势之一。当前，随着我国高校教师教育改革的推进，高校教师教育研究能力得到较高的重视和强化，成为高校教师专业发展的重中之重。

（三）教师专业发展对教学改革的影响

高校教师专业发展与高校教师教学改革存在相互影响。一方面，高校教师教学改革直接推动了高校教师专业发展；另一方面，高校教师专业发展对教师教学改革也存在极其重要的影响，主要表现在以下三个方面。

其一，教师专业发展有利于推动教师教学改革理念。

教师专业发展是一个不断变化的过程，教师专业结构包括教师专业智能和教师专业精神。从教师专业智能的角度来看，教师专业发展必然包括教师专业知识的发展，而教师专业知识发展需要教师改变教育理念。因此，教师专业发展能够推动高校教师教学改革发展理念。高校教师专业发展能够促进高校教师理论素养的提升，从而促使高校教师借助全新的理论素养，不断推进高校教师教学理论的发展。

其二，教师专业发展有利于推动高校教师教学方法改革。

教师教学理念革新能够通过革新教师观念从而影响高校教师教学方法改革，而高校教师专业发展有利于推动高校教师教学理念革新，从而推动高校教师教学方法革新。此外，高校教师专业发展能够提升高校教师的综合素质，其中包括高校教师的专业素质，高校教师的专业素质可以通过在现实教学环境中对教学中出现的种种问题进行解决等教学实践，推动高校教师专业发展。其中，即包括对教学方法进行改革。因此，从这一角度来看，教师专业发展有利于推动高校教师教学方法改革。

其三，教师专业发展有利于提升高校教师的内在发展动力，克服高校教师教学改革惰性。

教师专业发展的动力主要源于三个方面。其一，为高校教师所在的学校、地方政府教育机构，甚至国家为教师专业发展所提供的良好的发展环境，如政策支持或资源支持等。这方面的教师专业发展动力主要指外界环境对教师专业发展的支持，如高校为教师专业发展提供的学习和进修、培训等机会。其二，为高校教师在日常教学工作中遇到的种种困难或必须解决的情境时，高校教师所进行的专业发展。其三，为高校教师在自我专业发展意识的引导下积极进行专业发展。这三方面的教师专业发展动力均需要高校教师具有较强的自主性和积极性，只有教师具有强大的专业自主发展意识，教师才能在专业发展方面建立起较高的自主能力，自觉制订专业发展的目标、计划、途径，并且在实践中促进教师专业发展。

教师专业发展的自主性和自觉性，不仅可以直接推动高校教师专业知识的提升，还能够推动教师身体素质、心理素质、专业素质等综合素质的发展。而高校教师专业的自主性发展以及高校教师的综合素质发展，极大地提升了高校教师的内在发展动力。高校教师性内在物质利益动力的提高有助于推动高校教师教学改革，从而克服教师教学改革惰性。

三、高校教师道德发展对教学改革的影响

高校教师发展，除了教学能力和专业发展之外，还包括道德发展。高校是培养未来国家人才建设者和接班人的重要场所，也是我国社会主义精神文明建设的重要阵地。高校教师的道德发展不仅对学生的道德培养起着十分重要的作用，还对高校教师教学改革有着十分重要的影响。

（一）高校教师道德失范行为对教学改革的消极影响

教师是世界上最为神圣的职业之一，被誉为人类灵魂的工程师，承担着教书育人、立德树人的重要职责。然而，近年来，随着社会市场经济体制的逐步完善，社会改革日益深化，我国的社会生产力、综合国力和人民的生活水平得到了普遍提高，社会经济生活、政治生活和社会面貌发生了深刻变化。我国高校教师也面临着严峻的道德挑战。

1. 高校教师面临道德挑战的背景

改革开放以来，我国的社会主义市场经济极大地推动了社会主义经济的发展。而社会主义经济的发展又引发了我国社会生活领域的复杂变化。在市场经济和社会生活各个领域发生深刻变化的同时，对我国高校教师的道德行为产生了较为深刻的影响。一方面，随着社会主义市场经济中的自主平等、公正公平以及竞争理念的建立，高校教师群体从旧的道德观念的精神束缚中解放，树立了较强的自主意识、竞争意识。另一方面，社会主义市场经济的功利原则和等价交换原则逐渐渗透到教育领域，一些教师受其影响开始以新的价值参照体系对自身的价值进行重新衡量和定位，出现了部分教师以实现自我价值和获取物质利益代替敬业精神和奉献精神，以谋取个人私利而放松教师责任和义务的行为，对我国高校教师的发展产生了不良影响。

20世纪八十至九十年代，随着知识经济时代的到来，知识、科技成为社会进步的核心要素。而高校作为知识和科技的创造、积累和传播基地成为区域经济发展中科技创新、技术转移和成果转化的重要载体与平台，传播科学精神、科学道德以及精神文明和文化建设的主要阵地，并且通过高等教育人才培养、科学研究和社会服务影响等各个方面在区域经济的创新和发展中发挥着积极作用。而近年来，区域经济发展对高校知识和科技的依托，不仅使高校面临着较强的竞争压力，还对我国高校的师德发展造成了强烈冲击，

从而使我国高校师德面临着新的挑战。

除了以上原因外，21世纪以来，随着我国高等教育体制改革的不断深化，我国高校地方大学获得了较大发展空间，进入了快速发展时期。与此同时，地方大学由于发展较快，也面临着新的挑战。其中，部分高校由于扩招较快，在校学生人数空前增长，使高校教师的负担过重，对高校教师的师德和师风提出了更高要求。此外，许多高校在扩招过程中，生源质量下降，加大了高校的学生管理难度，而教师作为传道授业的主体，在高校学生教育中承担着十分重要的责任，对高校教师的师德提出了更加迫切的需求。而由于近年来我国高校中青年教师数量获得了较大提升，在高校教师群体中所占比例较高，并且呈现出逐年上涨的趋势，然而青年教师的师德问题也十分突显，不容乐观。此外，我国高校尤其是地方高校的教师队伍建设中呈现出"一手硬，一手软"的状况，对学科建设、学术水平、科研与教学成果等方面的工作较为突出，然而在教师人才队伍的师德方面的建设则相对落后。除此之外，近年来高校中出现的学术不端、学术失范等行为对高校教师的学术形象和学术风气产生了不良影响，使我国高校教师师德面临较大挑战。

2.高校教师道德行为失范的不良影响

在讨论高校教师道德失范之前，应对高校教师的道德内涵进行说明。这里所指的高校教师道德是职业道德，即是教师在长期教学实践活动中形成的比较稳定的道德观念、行为规范和道德品质的总和，是社会对教师职业行为提出的基本道德要求，是教师的思想觉悟、道德品质和精神面貌的集中体现。[①] 所谓行为失范，即行为偏离或违反了社会规则和规范。高校教师道德失范，即高校教师在教学和学术研究中所表现出来的行为有悖性，不符合道德和法律规范的要求。高校教师道德行为失范对我国高校教师教学改革的不良影响主要体现在以下三个方面。

其一，易滋生高校教师教学改革惰性。

高校教师道德行为失范包括许多类型，其中典型的包括教师价值观念失衡、教学效果失真、背离学术道德等类型。

其中，教师价值观念失衡是指教师的价值观念发生了偏离。我国《高等学校教师职业道德规范》中指出，教师要敬业爱生、为人师表、严谨治学、教书育人、爱国守法，这些是高校教师最基本的道德素养。而高校教师作为

---

① 张红专.加强师德建设的系统思考[J].湖南社会科学，2008（4）：165-168.

我国高校教学、科研、管理的骨干力量，在教学育人的同时还应当在教学工作中树立为学生服务的意识，注入较强的职业情感和职业道德。然而，在现实中，我国部分高校教师却由于种种原因出现了教师价值观念失衡的现象，如出现利己主义、过于追逐个人利益、社会思想淡漠等特点。高校教师的利己主义表现在多个方面，包括一些教师缺乏保护学生的意识和信念，在处理个人和集体关系时，将个人置于集体利益之上，无视集体利益。高校教师过于追逐个人利益是一些高校教师面对社会市场经济的种种诱惑，不将主要精力放在课堂教学和学术研究方面而热衷发展个人的校外副业，严重影响了教学质量的提升和教学改革的推进。高校教师的社会思想淡漠是指一些高校教师在价值取向上表现出急功近利的特点，单纯看重学生的就业率，而对高校教学改革冷眼旁观，漠不关心。

高校教师教学效果失真是指一些高校在对教师进行评估和考核时，不注重教师教学质量的提高，而是将重点放在高校教师论文发表数量，课题申请的数量，活动经费的多少以及各种头衔、称号等荣誉的比拼上，这种评估方式，使高校一些教师形成了不注重教学质量的提升，不关心学生知识获取的多寡而一味注重科学研究，甚至有的高校教师认为"科研是受益，教学是支出"。除了科研之外，许多高校教师还十分注重高校行政职务，这些高校教师的大量精力被科研、行政工作等分走，大量压缩了教学时间和精力。更有部分高校教师在上课前不注重备课，上课时不仅迟到早退，还大量讲述与课程无关的事宜。除此之外，还有一些高校教师为了学生能在考试中达标，一味强调学生成绩，甚至使用一些不良手段，严重干扰了正常的教学秩序，并且对高校学生产生了不良示范，不利于学生良好道德品质的养成。高校教师的这些不尊重教师职业道德的行为，导致高校教学效果极大失真。

高校教师背离学术道德行为主要指现阶段一些高校教师在市场经济的影响下，将学术当作可以谋取物质利益和荣誉的工具、跳板，通过将学术工具化、庸俗化而谋取金钱和物质，从而导致高校各种学术不端、学术腐败等道德失范现象的发生。例如，一些高校教师为了职称评定和科研申报，不惜造假履历、伪造研究成果、篡改数据、抄袭剽窃论文等。这种学术腐败行为不仅缺乏学术的严谨性，更造成学术道德失范。除了学术腐败化之外，部分高校教师在市场经济的作用下，还出现了追名逐利、心浮气躁、急功近利的浮躁心理，热切追求利益或欲望，将学术作为商品进行出售。这种学问功利化的思想和行为不仅玷污了高校作为学术象牙塔的形象，还在社会上引发了一系列负面影响，而且高校教师的学术腐败化和学问功利化的行为，严重影响了高校的学术进步，影响了我国高校教师的教学态度，不利于高校树立正确的教学理念。

综上所述，我国高校教师价值观念失衡、教学效果失真、背离学术道德等道德行为失范，使部分高校教师形成了不愿意承担与自己利益无关的社会责任，缺乏奉献精神，对高校教学改革不关心，采取消极观望等态度，极易滋生高校教师教学改革惰性，不利于我国高校教师教学改革的发展。

其二，与高校教师教学改革"以人为本"的理念相悖。

教育是为人服务的，教育的过程也是人的改造过程，教育的目的是提高整个民族的科学文化水平与素质，培养适合社会发展的各类人才。从这一层面来看，教育的本质即是以人为本。高校教师教学改革的理念为"以人为本"，教学的主体是教师和学生，以人为本的教学改革理念即以教师和学生为本，充分考虑广大师生的真正需要和满意程度，为他们提供完善而便利的服务。以人为本教学改革理念的实施，要求教师在教学过程中真正做到尊重学生、理解学生、关心学生，加强与学生的沟通。

高校教师的师德并非一朝一夕形成的，而是具有较强的历史继承性和鲜明的时代特征。中国是一个教育大国，自古以来即十分注重教育的重要作用，教师作为教育实施的主体更被寄以多种期望。高校教师的师德在继承古代教师师德的基础上，还应反映出时代的需要和时代精神。2014年9月，习近平同北京师范大学师生代表座谈时，提出了"做党和人民满意的好老师"的四条标准，即"要有理想信念、要有道德情操、要有扎实学识、要有仁爱之心"[①]。这四条标准即可视为社会主义新时期师德规范的凝练。其中的仁爱之心，即与古代教师师德中的热爱学校、热爱学生、甘为人梯等精神相契合。

教学的主体是教师和学生，因此教学管理工作也应以人为本，改变过去对高校师生进行强制性管理的方法，而是从教师和学生的需求出发，树立为学生和教师服务的理念，为师生做好教学服务，激发教师和学生的主观能动性，动员和鼓励教师和学生以多样化的方式参与到教学管理工作中来，对教学管理工作进行监督。

其三，不利于高校教师教学改革学习和创新精神的发展。

---

① 杨俊一，吴强．社会主义核心价值观与师德学风建设研究[M]．上海：上海社会科学院出版社，2017：144．

高校教师的师德在现阶段面临着更大的社会挑战，这与我国现阶段特有的国情，社会主义市场经济的发展以及高校建设和改革中所产生的社会价值和个人价值冲突有关。当前，我国国内高校正全力朝着"双一流大学建设"的方向发展，高等教育的体制改革和人事改革正处于深化时期，高校教师这一职业原来的铁饭碗被打破，并被绩效考核和评聘结合的制度所取代，而许多刚刚步入高校教师岗位的青年教师在巨大的考核压力下，往往会做出更利于个人利益的选择。例如，为了增加收入，而接受校外公司或企业的聘请，为其进行服务。又如，一些教师被短期利益所迷惑，在教学和科研方面表现得心浮气躁，甚至做出学术造假等道德失范行为。除此之外，一些高校教师受个人价值至上的影响，在学校与学生、同事相处时态度不端正，导致师生关系和教师之间的同事关系发生了异化。例如，有的高校教师在教学中存在着严重的只教书，不育人的现象，上课时只专注知识的讲解，课后则很少与学生进行交流，缺乏对学生的关心与关爱，师生关系淡漠。而对待同事，则将其他教师视为竞争对手，出于自身利益对其他同事进行打压，更遑论与其他教师进行合作，导致高校教师之间的同事关系不和谐。而高校教师的这种行为所导致的师生关系和同事关系的异化，不仅难以在高校中形成尊师重教的氛围，也严重影响和阻碍了高校教师之间协作意识的增强和团队精神的发挥。

高校教师教学改革具有艰巨性、复杂性的特点，涉及高校教师、学生、高校管理团队以及政府相关教育机构等多个主体，需要各个主体之间相互协作，共同努力，才能取得成功。其中，高校教师作为教学改革的主体，在教学改革中起着十分关键的执行、协作和连接各个主体的功能，而高校教师要充分发挥其在高校教学改革中的作用，必须进行大量的学习，并且在教学实践中对学习到的新方法和新模式进行改革，唯有不断地学习理论知识，并且在实践中进行教学检验，才能推动高校教师教学不断向前发展。然而，如果高校教师出现道德不良甚至道德失范的现象，个别高校教师一心只关注个人利益，对与个人利益关系不大的教学改革漠不关心，那么势必会影响高校教师在高校改革中的学习和创新精神，进而对高校教学改革产生不良影响。

综上所述，高校教师作为一个特殊岗位，师德是否高尚对教学改革起着十分重要的作用，高校教师道德行为失范易滋生高校教师惰性，与高校教师教学改革"以人为本"的理念相悖，不利于高校教师教学改革学习和创新精神的发展，从某种意义上来看，甚至直接关系到教学改革的成败。

（二）高校教师道德发展对教学改革的积极影响

教师是师德建设和发展的主体，高校教师道德发展一词并非学术界公认的学术概念，而是指高校教师的师德建设。高校教师的师德建设是以教师发展为根本的一种发展。师德作为教师的职业道德，是在个体道德的基础上发展起来的，是教师对职业生活的各种要求的认同，也是高校教师从内心深处对教师身份的体认与自主建构。本书所指的高校教师道德发展是高校教师自内而外的一种道德建构包括道德认知、道德情感和道德行为的发展。前文中对高校教师职业道德所面临的挑战以及道德不良对高校教学改革所产生的消极影响进行了详细阐释，这里主要对高校教师道德发展对高校教师教学改革的积极影响进行阐释。

1.高校教师道德发展有利于提升高校教师的身份认同

身份是人类在社会组织中出身和地位的彰显，人类个体的身份在社会中的彰显和表现源于人类个体在社会中的互动，身份本身没有意义，而身份认同则决定着人们采用什么方式来理解和改变世界。西方学者认为，身份认同蕴含着一个人的各种信念、价值观和态度、知识和能力。我国学者则认为，身份是某人或群体的标志或独有的品质，身份认同既包括对个体特质和属性的确性，也包括对个体和群体关系的认同。[①] 教师身份认同既包括教师自身对其个人身份的理解，也包括社会群体对教师身份的理解。教师作为教书和育人的主体，承担着重要的教书育人的职责，以及培养社会主义事业建设者和接班人，提高民族素质的重要使命。教师自古以来即被社会赋予"传道、授业、解惑"的职责，被誉为人类灵魂的工程师。其中，寄寓着社会群体和他者对教师角色的期望和认同，这就要求教师不仅具有较强的专业技能，还必须具有较强的职业道德素养。而教师的道德发展与教师的身份认同之间存在着十分密切的关系。

高校教师的道德发展是以其身份认同作为基点的，身份认同是教师发展的内在基础，也是教师主体进行自我建构的过程。教师这一职业在社会中的身份认同是由教师自我认同、他者认同和社会认同共同组成。其中，教师自我认同是教师道德发展的内在根源，这是由于教师的职业道德附着在教师身份之上，教师身份的获得并不意味着教师道德的产生，只有当教师自我对其

---

① 寻阳.我国中学外语教师身份认同研究[M].北京：新华出版社，2016：22.

教师身份进行认同后，才能回答"如何成为一名合格的教师"的问题，才会从道德层面对该身份的行为进行约束。"知道我是谁，就是在道德空间有方向感；在道德空间中出现的问题，什么是好的或坏的，什么值得做和什么不值得做，什么对你是有意义的和重要的，以及什么是浅薄的和次要的。与空间方向感相联系的迹象存在于人类心灵极深处。"[①] 当教师对自我身份进行认同后，即会影响教师价值观和职业观的重塑。教师的自我认同过程是一个不断进行自我修正、自我改变、自我发展的过程，在这一过程中，教师不仅要具备相应的专业教育知识和教育技能，还应该具备教师应该具有的态度、情感和价值，其中包括道德修养。从这一层面来看，教师自我认同可以促进教师道德发展，反过来教师道德发展可以对高校教师的价值观和职业观产生影响，从而影响高校教师自我身份认同。

高校教师的自我身份认同能够强化高校教师的行为，推动高校教师在教学和科研中的积极主动行为，从而提升高校教师在教学改革中的积极性，最终达到推动高校教师教学改革发展的效果。

2. 高校教师道德发展有利于优化高校师生关系

教师和学生是高校教学改革的两个重要主体，在高校教学改革中起着十分重要的作用。师生关系是高校关系中最重要和最基本的关系，师生之间的关系包括教学关系、情感关系和道德关系三个方面。其中，师生之间的教学关系是指教师和学生之间由于共同的教学任务而建立的关系，师生间的教学关系具有一定的目的性和工具性，是师生之间最基本的关系，也是教学活动顺利进行的前提。师生间的情感关系是指师生在教学活动中通过交流和沟通而产生的情感联系，师生间的情感交流和沟通是一种较深层次的交流方式，体现在教学活动的各个方面，也是师生关系融洽与否的重要表现。师生间情感关系的建立超越了师生间的教学关系，加深了师生间的情感传递与交流，这种关系的建立对教学活动起着十分重要的影响，对师生双方均起着良好的积极作用。师生之间的道德关系是指师生在教育教学的过程中履行相关的道德义务，双方均须遵从相应的道德规范，其行为依赖相应的道德规范进行协调。

中国传统的师生关系主要依赖于儒家师生关系理念的维系，如"师道尊

---

① 查尔斯·泰勒.自我的根源：现代认同的形成[M].韩震，王成兵，乔春霞，等译.南京：译林出版社，2001：38.

严"等。而社会主义新时代教育背景下，师生关系则是一种平等、民主、合作的和谐关系。高校和谐的师生关系是高校教师与大学生之间相互尊重，互相理解，形成良好的平等沟通关系，是一种新型的理想的高校师生关系。①高校和谐师生关系的建立不仅有利于提升高校教学质量，促进高校教学改革，还有利于调节高校大学生的心理健康，培养学生良好的思想品德，并为构建和谐社会做出重要的积极贡献。

高校和谐师生关系的建立要求师生双方必须遵从相应的道德规范，一旦出现教师道德滑坡或道德失范现象，则会对高校师生关系产生不良影响，导致教师出现教学活动中缺乏科学方法、急功近利、冷漠，缺乏对学生的关爱，使师生间友好沟通和交流的渠道无法建立，无法达到师生间的心理相容和情感共鸣，从而对融洽的师生关系的建立造成不良影响，导致师生关系出现异化，甚至使学生和教师走向对立。而师生关系之间的异化不利于正常的教学秩序的开展，也不利于高校教师教学改革的推进。

与之相反，高校教师道德发展致力于提升高校教师的职业道德，要求高校教师爱岗敬业，关爱学生，并且在教学中与学生建立起通畅无阻的情感交流和沟通，这些均有利于高校和谐师生关系的建立。而和谐师生关系的建立则对高校的教师教学改革起着积极的推进作用。由此可见，高校师德发展对高校教师教学改革活动存在多方面的积极影响。

3.高校教师道德发展有利于高校教学模式的改革

2010年，我国教育部正式发布了《国家中长期教育改革和发展规划纲要（2010—2020年）》，其中致力于对旧的教学思维和落后之处进行改革，从而促进我国高等教育朝着更加公平、公正、公开的方向发展，为社会主义现代化建设培养高素质优秀人才。在教育改革背景下，教师的功能和作用发生了重大转变和调整，主要表现在两个方面。一方面，高校教师在教学中的地位发生了重大转变和调整。传统教学活动中，教师是课堂教学活动的主导者和中心，在教学活动中处于绝对主导地位；而改革后的教学活动中，教师从课堂教学活动的主导者变成了引导者，学生在教学活动中的地位提升，成为教学活动的中心。另一方面，教师在教学活动中地位的变化，引发了教师教学方法的变革。传统的以教师作为主导和中心的教学活动中，教师多采用知识灌输的教学方法，而改革后的教学活动中，要求教师的教学方法均从学

---

① 徐淑金.新时期高校和谐师生关系研究[D].福州：福建师范大学，2012：9.

生的需要出发，激发学生的学习兴趣和主动学习精神。这两个方面是高校教学改革中"以人为本"思想的重要体现。

高校教育改革中教学模式改革的提出和实践，要求教师具备较高的职业道德素养，唯其如此，才能更好地进行高校教学模式的改革。高校教师师德中的依法执教、爱岗敬业、关爱学生、严谨治学、团结协作以及为人师表、教书育人等是从职业道德的角度对教师提出的要求，其中暗含着社会群体对教师身份的职业期待。其中，关爱学生是教师师德中的重要组成要素，也是师德的灵魂所在。关爱学生表现在高校教师在教学活动中对学生进行关心和爱护，而教学模式改革的初衷即是出于让学生更好地学习和接受课堂知识，更好地激发学生的学习兴趣，培养学生综合能力的发展。除此之外，关爱学生还表现在对学生情感方面的关爱，以引导学生形成正确的价值观、人生观。

高校教育改革具有持续性、长期性以及艰巨性的特点，需要无数高校教师长时间投入大量时间和精力。教学模式改革是教学改革的重要组成部分，也是其中的关键所在，教学模式改革是一种全新教学理念和教学方式的改革，如果高校教师具备较强的爱岗敬业、关爱学生的职业道德，那么高校教师即会投入更多精力和时间在教学模式上，并且能够积极主动地学习新的教学理念，在教学实践中建立"以人为本""以学生为中心"的教学模式，不断尝试和创新教学方法，从而不断推动高校教学改革的整体发展。

4.高校教师道德发展有利于增强教师教学改革的责任感

教师是教学活动的主体，是推动教育发展和教学改革不可或缺的关键角色。高校教师职业道德中的"爱岗敬业、关爱学生"等均为教师责任感的重要体现。高校师德和责任感之间存在十分密切的联系。

一方面，责任感是高校师德的核心。任何职业均要求从业者具有较强的责任感，教师职业也是如此。责任一般由两部分构成，即契约责任和道德责任，责任在高校教师职业道德中起着重要的核心作用和统领作用。如果一名教师缺乏责任感，教师就失去了教学动力，无法完成教师职业的自我认同，师德也无从谈起，教师随时可放弃教师职责。与之相反，教师只有明确了自己的责任，认识到教师职责对自己的职业、对学生、对社会、对国家，甚至对整个人类知识和文化传承中的重要影响，才能更加自觉地践行教书育人、严谨治学、爱岗敬业和关爱学生的职业道德，才能将师德内化并体现在教学实践之中。我国教育部前部长周济曾指出，当代教师的责任大体可划分为三项,即岗位责任、社会责任和国家责任,这三项责任是新时代教师的主要责任,而如果教师缺乏相应的责任感,那么将无法承担起相应的责任。

另一方面,责任感是培养和树立师德的根本途径。高校教师只有具备了强烈的责任感才能自觉提升师德修养,提升素质,承担相应的职责。对于高校教师来说,只有具备了责任感才能培养爱岗敬业的态度,切实履行教书育人的根本职责,才能发自内心地关心和关爱学生,也才能发挥为人师表的重要作用,还是提高教师教书育人水平和高洁的品德的重要途径。

除此之外,责任感还是高校教师师德评价的重要价值尺度。高校教师具有较高的知识水平、文化素质,然而不同教师的思想觉悟、师德规范、师德觉悟和师德水平则不尽相同,社会和高校对教师职业道德素质高低的标准主要为有无责任感。如果高校教师的责任感较强,那么高校教师则表现出较强的爱岗敬业和关爱学生的精神。相反,如果高校教师缺乏责任感,那么在教学实践中,即表现出缺乏事业心和进取心,安于现状,对学生缺乏关心和关爱,工作方式简单粗暴,缺乏集体主义观念和团结协作精神等特点。

综上所述,高校教师的责任感和师德之间存在十分紧密的关系,责任感的高低不仅是高校教师师德的核心所在,还是高校教师师德培养的根本途径和高校教师师德的评判依据。高校教师道德的发展和建设,通过不断将高校教师的道德精神进行内化,从而不断提升高校教师的责任感和使命感。高校教学改革极具复杂性和艰巨性,只有当教师具有较强的责任感,才能积极学习教学改革理论知识,在教学实践中进行创新,最终达到不断推动高校教学改革的目的。从这一角度来看,高校教师道德发展有利于增强教师教学改革的责任感,还在直接推动高校教学改革中起着重要作用。

第三节 促进教师发展提高教学认知是降低教师教学改革惰性的有效机制

本章第一节、第二节论述了教师发展的相关理论,分析了高校教师发展对教学改革的影响,可以得出高校教师发展对教学改革影响的结构图(如图5-1所示)。

结构图中列出的皆为积极影响,从这些影响中我们可以看出高校教师发展对教学改革的重要性,促进高校教师发展有利于高校教学的变革,在诸多发展的分类中,尤以能力发展、专业化发展及教师道德发展为重。目前,高校教师教学改革中出现的种种惰性现状也会在发展中逐渐被消解被克服。

由此，促进教师发展，提高教学认知是降低高校教师教学改革惰性的有效机制，其核心就是提升教师的专业能力。

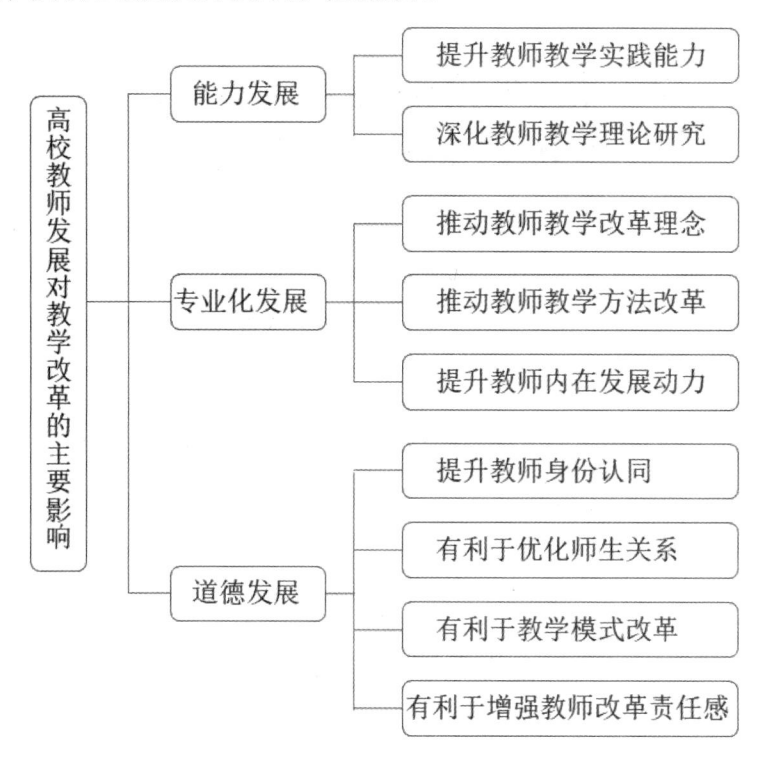

图 5-1　高校教师发展对教学改革积极影响的结构层次图

第六章　促进教师发展的核心是提高高校教师的专业能力

第一节　教师能力理论基础及内涵

教师能力理论自 20 世纪 80 年代以来越来越受到学术界的关注。本节主要对教师能力的发展历程、理论基础以及教师能力的内涵进行阐释。

一、教师能力理论发展历程

教师能力理论最初萌芽于 19 世纪二十至三十年代，随着美国资本主义经济和政治的发展，公立学校迅速发展，而随着公立学校的发展，出现师范学校教育的需求。教师能力受到社会各界的广泛关注。1898 年，美国哥伦比亚大学成立了师范学院，专门研究教师的知识和能力，反映了社会各界对教师能力的关注。纵观 19 世纪教师能力理论的发展，对教师能力的要求普遍较低，只需要具备简单的教学法能力即可。这一时期，可视为西方教师能力理论发展的萌芽期，西方国家学者认为教师能力即为简单的教学法能力。

20 世纪，随着西方资本主义国家普遍进入资本主义发展的繁荣时期，西方教育理论获得了较快发展。这一时期，美国的教育研究位于世界教育研究的领先行列。随着美国进步主义教育思想和实用主义教育思想的发展，美国学者对教师能力的研究获得了较大发展。第二次世界大战前，美国教师能力研究主要在心理学研究领域，发展相对缓慢。第二次世界大战后，随着世界各国政治、军事力量的变化，美国学术界和社会各界对美国教育质量的批评越来越多。1957 年，苏联成功发射了第一颗人造卫星，这一事件使美国朝野震动。美国政府认识到，要在冷战中取得胜利，必须在科学技术上取得领先地位，而在科学技术上的领先地位，必须通过优质的高等教育来实现，即办好大学，培养优秀人才。1958 年，美国颁布了《国防教育法》，《国防教育法》为美国确立了新的教育和科技政策，并在各级教育中加强了美国高等学校自然科学、数学、现代外语等科目的教学,并将其和技术教育确定为美国高等学校的核心教学内容。随着美国各级教育内容的变化,自然科学知识、数学、外语等能力作为教师能力的重要组成部分,受到教育界的重视。

20世纪70年代,美国佛罗里达州开展了教师能力研究,明确指出教师能力主要包括衡量及评价学生行为的能力、进行教学设计的能力、教学演作的能力、承担行政职责的能力、沟通能力、发展个人技巧的能力以及使学生自我发展的能力。[①] 这一时期西方学者对教师能力的研究获得了较大发展,并且从之前的实践研究朝着理论研究的方向发展。

20世纪80年代后,随着全球性教育改革,各国对教育质量,尤其是高等教育质量越来越重视。20世纪80年代,美国颁布了一系列教育法案,引发了教育界和学术界对美国教师能力的关注。这一时期西方学者对教师能力的研究越来越多元化,研究成果越来越多,涌现出了一批研究教师能力的学者,如毕斯考夫(B.G.Bisschoff)、格勒布勒(Grobler)、丹尼尔森(C.Danielson)、赫尼曼(H.G.Heneman)、瓦特(D.Watts)、卡尔(O.Carl)和卡比拉(M.K.Kabilan)等。这些学者从不同角度对教师能力进行了研究,并提出了多种教师能力理论。进入21世纪后,教师能力的研究获得了进一步发展。

21世纪,我国教师能力研究体现出以下特点。其一,我国教师能力研究更加系统。这一时期,我国教师能力研究突破了经验层面的研究与总结,朝着理论方向和纵深方向发展。除了教师教学能力之外,还对教育心理学领域的教师能力进行了系统研究,对教师胜任力和教师能力结构、教师课程能力等方面进行了深入研究。

其二,教师能力研究呈现出以人为本的特点。教师能力研究与我国高校人才培养标准和人才培养质量息息相关。进入21世纪以来,随着我国高校教师教育人才培养中素质教育的推进,我国高校教师教育开始关注学生整体素质和能力的培养,注重以人为本,相应地要求教师也具备综合能力的发展,呈现出较强的以人为本的特点。

其三,教师能力研究呈现出以教师专业发展为主的特点。高校教师教学改革的主体为教师,教师教学改革离不开教师培训和教师发展。而教师培训和教师发展均十分重视教师专业发展,尤其是教师教学能力的培训。近年

---

① 李燕.新时期高校教师能力培养与专业化发展探究[M].成都:四川大学出版社,2018:12.

来，随着互联网信息技术的进步以及我国社会现代化改革的深入发展，为了满足社会对教师人才的多元化需求，我国高校教师教育逐渐建立了系统的教师教育标准，以确保教师教育的专业性，从而培养高质量水平的教师，促进教师的创新性发展，提升教师专业能力。而教师专业能力是教师能力研究的重要组成部分，因此从这一角度来看，教师能力研究呈现出以教师专业发展为主的特点。

二、教师能力理论基础

教师能力发展离不开理论基础的支持，本节主要从能力种类理论、能力结构理论、能力技术理论三个方面进行阐释。

（一）能力种类理论

能力种类理论即是指教师能力的种类具有多样化的特点，而非只有一种能力构成。教师能力种类理论认为，教师能力包括一般能力和特殊能力、模仿能力和创造能力以及认知能力、操作能力、社交能力等。

教师的一般能力是指教师在教学活动中所必须具备的观察能力、记忆能力、想象能力、创造能力以及抽象概括能力等。这些能力与其他职业所具备的能力基本相同，属于教师的基础能力。教师的特殊能力是指教师在教育中所表现出来的区别于一般职业能力的部分，如音乐教师在教学中展现出来的独特的音乐知识、素养和音乐教育教学能力等。

教师的模仿能力是指教师在教育教学过程中可以通过观察他人的授课模式、授课方法以及解决授课过程中出现的种种问题等，从而学习其他教师的教学实践经验，并且在教学过程中通过模仿其他教师的行为而达到顺利开展教学活动的目的。例如，刚毕业的青年教师模仿有经验教师的教学行为，普通教师模仿专家教师的教学行为等。

教师的创造能力是指教师在教学过程中除了模仿他人的教学模式和教学方法之外，由于教学情境的变化，教师在特定教学情境中通过发现新的联系和关系，而进行教学模式、教学理念和教学方法创新的能力，即称为教师的创新和创造能力。教学情境具有复杂性的特点，教师教学创新和创造能力是每一位教师在教学中均需要具备的能力。

教师的认知能力是指教师在教学中通过对教学信息的加工、储存和提取，从而不断提升对教学活动的了解和认识的能力。

教师的操作能力则是指教师在教学过程中通过对理论知识或其他教师的

教学经验进行总结从而转化为自身的教学理论，并且在教学实践中应用这些知识的能力。教师是一种极其特殊的职业，其所学的理论知识和经验均需应用到实践中，以达到培养和提升学生能力的目的。教师的教学行为是一种特殊行为，其必须在教学实践中对所学理论和经验进行应用和检验，并将其转化为教师自身的能力，才能真正达到提升教学水平的目的。

教师的社交能力是指教师教学过程即是教师与学生关系的建立和发展过程，教师教学涉及多方面的因素，需要处理好各个方面的关系，其中包括师生关系、教师之间的关系、教师与家长之间的关系、教师与学校之间的关系等。教师只有不断提升其社交能力，才能处理好各方面的关系，才能使其为教学活动服务。

综上所述，高校教师能力研究离不开对教师能力的分类，而对教师能力的分类能够进一步促进教师能力研究的发展。

（二）能力结构理论

能力结构理论是现阶段国内外学者常用的教师能力研究理论基础。国内外学者从不同角度对教师能力结构进行分析，从而形成了不同的派别。其中，具有代表性的为多元智力理论和三维结构能力理论。

多元智力理论是20世纪80年代由美国心理学家加德纳（H.Gardner）提出的能力结构理论。加德纳认为，人的智力可划分为言语智力、逻辑—数学智力、空间智力、音乐智力、身体运动智力、社交智力、自知智力等七种智力。这种多元智力理论最初被应用于儿童智力结构研究，之后被教育专家和学者应用到教师教育研究领域，成为教师能力研究的重要理论。

三维结构能力理论由西方学者吉尔福特（J.P.Guilford）提出，他指出教师能力结构可以划分三个维度的智力结构理论，此外还提出教师智力可划分为内容、操作和产品。其中，智力内容是指个体听觉、视觉等能力，这些基础能力是构成教师智力活动的基本对象和材料。教师智力操作是指教师智力活动的过程，是在智力内容的基础上，包括教学活动的认知、记忆、评价等。教师智力产品则是指运用智力内容和智力操作的结果。吉尔福特的三维智力结构理论的提出为教师能力结构分析提供了新的思路。

（三）技术能力理论

技术能力理论包括教师技术知识结构分析和教师技术知识培养两个方面。教师技术知识结构包括教师专业知识、教育技术知识、教育技术能力知识等内容。其中，教师专业知识是指教师应具备的知识。西方学者舒尔曼（Shulman）指出，教师必备知识包括学科内容知识、一般教学法知识、课程知识、学科教学法知识、有关学生及其特征的知识、有关教育脉络的知识、有关教育的目标、价值、哲学和历史渊源的知识等七个方面的知识。除了舒尔曼之外，其他学者从不同角度对教师知识结构进行了分类，将教师知识划分为学科内容知识、一般教学法知识、学科教学法知识等。除了以上教师技术知识结构分析之外，有的学者还指出了教师实践知识的重要性。教师实践知识是指教师个体在其教学实践过程中形成并运用的知识，由于教师教学具有复杂性的特点，不同学科的教学知识对教师教学的影响均需要通过教学实践发挥作用，因此一些学者认为教师实践知识是影响教师教学实践的终极知识。

教师教育技术知识是从教师教育的技术性角度进行的分析。科学与技术之间存在相互依存、相互渗透和相互转化的特点，科学是技术发展的理论基础，技术是科学发展的手段。近年来，随着现代科学革命和技术革命的兴起，科学与技术趋向一体化发展，科学与技术之间的联系越来越紧密。有的学者在技术本质分析的基础上，提出了教育技术的定义，指出教育技术知识包括创造性地解决教育教学实践中遇到的问题，在解决实际问题过程中形成的资源设计、开发、应用、管理和评价方面的知识，教育技术的方法论性质的知识等。

教育技术能力培养理论包括成人学习理论、学习迁移理论等。成人学习概念是于1968年由西方学者诺尔斯（Knowles）提出的，诺尔斯指出成人学习者具有独立的自我概念，学习自主性强，生活经验丰富，为学习积累了大量的基础；成人的学习需要与成人改变自我的社会角色密切相关；成人学习意在解决其在生活和学习上所遇到的问题，因此其学习以问题为中心，此外成人学习的内在驱动力强。成人学习理论为教师教育提供了理论基础。除了诺尔斯的成人教育学理论之外，其他学者还从不同角度对成人学习理论进行了阐释，在此不再一一赘述。

第二节　高校教师能力的构成及培养

高校教师能力自20世纪以来便引发了国内外学者的关注，从教师能力构成来看，国内外学者的研究角度不同，对教师能力的构成分类也不尽相同。本节主要对我国学者教师能力的构成进行分析，并重点对高校教师教学能力的构成和培养进行详细阐释。

一、教师能力构成和教师教学能力构成

我国学者自20世纪末开始对教师能力进行研究，主要将教师能力的构成划分为三种类型，即种类构成、维度构成、领域构成。种类构成是指将教师能力视为一个由若干种子能力级构成的整体，它包括不同种类的下位能力，如教学能力、班级管理能力、教学设计能力、反思能力等。教师能力的维度构成是指从不同平行维度对教师能力进行分析，将教师能力划分为一级能力、二级能力和三级能力等。其中，教师的一级能力是指教师的基本认识能力、系统学习能力、调控与交往能力、教育教学能力、拓展能力等；教师的二级能力是指观察能力、注意能力、记忆能力、想象力、思维能力、自学能力、组织管理能力等；教师的三级能力则是指教学内容的组织加工能力等。教师能力的领域构成是从高校、教育、教学和教师个人等不同领域需求方面对教师能力进行的划分。

从教师能力构成来看，无论从哪个角度对教师能力构成进行分析，教师教学能力均为教师能力构成的重要内容。高校教师教学能力作为高校教师能力的重要组成部分，主要包括教学设计能力、教学沟通能力、教学实施能力、教学反思能力、教学评价能力、教学学术能力等内容。

教学设计能力，是高校教师教学的基本能力和核心能力，教师教学设计能力是将对教学内容的理解、对学生学习情况的理解作为基础来设计教学进程的总体、设计教学方法、采取何种教学组织形式的能力。[①] 教师教学设计能力包括教师对课堂教学目标的设计能力、教学内容和教学方法的设计能力、教学手段的设计能力以及教学模式和教学策略的设计能力等。教师教学设计能力能够体现高校教师教学能力。高校教师教学设计能力作为高校教师基本的、关键的能力，教师通常在其中融入自身对教学的理解，并体现高校教师教学的独特风格和个性。

教学活动中存在两个主体，即教师和学生，高校教师在进行教学活动中必须与学生进行互动，了解学生所需，才能更好地设计教学内容和教学方法，提升教学效率。高校教师教学沟通能力，主要指教师在教学活动中与学生进行有效沟通并且达成共识的能力。教师与学生在课堂上的有效沟通是师

---

① 胡谊.教师心理学[M].北京：中国轻工业出版社，2009：45.

生和谐关系建立,推动教学活动发展的重要途径。

教学实施能力是实现教学目标的中心阶段的关键能力,教师教学活动的效果均需依赖教学实施活动,教师在实施教学活动时需要对教学活动策略进行选择,使教学方法和教学手段更加适合学生。例如,近年来,随着教师教学改革的进行,许多教师在教学实施过程中摒弃了"满堂灌"的传统教学方法,而是在教学中使用案例或其他教学方法,丰富和活跃课堂氛围,从而达到提升课堂教学效果的目的。

教学评价能力是指教师在教学活动中按照多元目标和多样方式对学生的教学效果进行评价。高校教师教学中,教师常采用定性和定量相结合的方法对学生进行评价。这种综合性评价方式不仅可以对学生在学习中的表现进行评价,还可以对学生的未来学习效果进行评价,有利于教师针对学生的学习特点进行有针对性的教学设计。由此可见,教师教学评价能力在教学活动中起着十分重要的作用,是高校教师教学必备能力之一。

教师教学反思能力是指教师在教学过程中对自己的教学行为、教学方法和教学决定等进行客观审视、判断和分析、整合的过程。教师教学反思能力包括教师的自我反思能力、教学反思能力、德育反思能力、生活反思能力、课程资源开发反思能力等。高校教师教学中的教师反思能力通过从学生、教师自身寻求问题,可以协助教师在教学活动中对自身的行为做出准确判断,并通过调整不断提升教学效果。

高校教师教学学术能力是指高校教师的学术能力和教学能力的融合,教师教学学术能力是高校教师的一种独特教学能力,中小学教师或幼儿园教师大多不具备这一能力。教学学术能力不仅对教学问题进行了阐释,还使用特定的教学方法对教学问题进行研究,并在实践中运用研究成果,或将教师的教学学术研究成果与其他教师进行交流,并从中进行反馈和反思。

综上所述,教师能力构成存在多元化特点,从不同角度划分可以分为不同构成,其中教师教学能力是教师能力的关键,在教师教学效果的提升方面起着极其重要的作用。

二、教师教学能力的影响因素和培养

(一)高校教师教学能力的影响因素主要表现在教师自身的影响因素

高校教师教学能力培养受青年教师自身能力不足的影响,从高校教师专业理论、师德意识、专业知识的不足以及人际交往和心理压力,教学活动实施效能力等方面进行解读。

其一，高校教师教育专业理念意识不足，师德意识较弱。

高校教师教学能力的发展受学生专业理念的影响，如果高校教师自身的教学专业理念意识不足，或师德意识淡漠，不能本着为教师教学工作和学生服务的理念，在课前教学准备环节不能进行认真而有效的教学活动准备，在教学中不注重教学内容和教学方法的更新，无法满足学生的学习需求，必然导致教师教学能力不足。相反，如果教师具有较强的专业理念和师德意识，在教师教学活动中对每节课程认真对待，认真备课，并且在教学中不仅进行知识传授还进行道德培养，注重教育教学实践，那么高校教师教学能力必然得到较快发展。

其二，教师教学能力与教师自身的人际交往有关。

教师教学活动并不能单纯以教师个人的专业水平作为判断，一些教师，尤其是青年教师独立意识较强，崇尚人格独立，不注重人际关系交往，且高校教师在教学活动之余还兼具较强的科研压力，在重重压力下，教师个人的科研和教学工作常常发生冲突，而当高校教师对现实不满和对其他教师抱有不切实际的期望时，常常由于在实际工作中的心理落差而导致教师与同事之间的人际交往紧张。高校教师教学活动通常在高校这一特定的环境中产生，一旦高校教师与其他同事之间的人际关系紧张，则会对高校教师的教学能力产生较大影响。

其三，高校教师教学实践能力较差。

高校教师教学能力的发展不仅存在于青年教师行列，还存在于各个年龄段的教师群体中。教师群体教学实践充满实践性和复杂性的特点，高校教师群体，尤其是青年教师在实际教学环境中缺乏相应的实践教学经验，尽管一些高校教师在理论阶段对高校学生在课堂上可能产生的行为进行了预测，然而由于青年教师不能充分了解课堂环境，因此导致高校教师教学中，青年教师无法对所有教学状况进行预测，并在教学中达到预期效果。而青年教师在教学实践中面对没有预测到的教学状况往往表现出紧张、无所适从，从而降低青年教师的自我效能感和自信心。

（二）高校教师教学能力的影响因素与外界因素有关

高校教师教学能力的外界影响因素主要表现在高校对教师教学能力的影响方面，包括高校的氛围、考核机制、激励机制以及教学培训等。

其一，高校教学氛围的影响。

传统的高校办学均以教学为主，为了教学而教学，近年来随着研究型大学的兴起，一些高校不再以单纯的教学成果对教师进行评判，而是以教学和科研双重标准对教师进行评判。这使一些高校内部呈现出较强的重科研而轻教学的思想，在这种思想的影响下，我国高校教师教学能力必然受到影响，不利于高校教师教学能力的提升。反之，如果高校的定位为教学型高校，高校内部的教学氛围良好，那么则有利于高校教师教学能力的发展。

其二，高校考核和激励机制的影响。

高校考核机制的设立即是为了帮助高校教师认识不足，促进高校教师的发展，从而提升高校教育质量。然而，部分高校则将教师职称评定作为高校教师的唯一考核标准。一些高校的考核机制中仅仅设立了高校管理人员对教师的评价和学生对教师的评价，评价体系和评价标准单一。由于教师职称评定与教研任务挂钩，易对教师产生误导，使教师专注于科研领域而忽略了教学，从而影响高校教师教学能力的提升。

激励机制是高校调动教师积极性的重要措施，由于我国高校内部缺乏有效的激励机制，无法对高校教师教学产生积极影响，从而不利于高校教师教学能力的发展。

其三，教师培训的影响。

进入21世纪以来，由于知识经济时代的到来，对我国高校教师提出了较高要求，为了进一步推动高校教师教学能力的发展，我国进行了大量教师培训，并设置了多个教师教学发展示范中心以培养教师教学能力。然而，由于我国现阶段的教师培训和教师发展仍然以传统培训内容和培训方式为主，难以满足当前教师发展的需要，不利于推动高校教师教学发展，从而影响高校教师教学能力的提升。

综上所述，高校教师教学能力的发展既受高校教师自身认知和动力的影响，也受高校所营造的教学氛围的影响。明确了高校教师教学能力发展的影响因素即可为高校教师教学能力的培养奠定基础。

（三）高校教师教学能力的培养

高校教师教学能力的培养可从增强教师的内外在动力、教师个人和高校等方面着手。

其一，高校教师教学能力培养的动力因素。

高校教师教学能力培养的内在动力因素主要包括教师兴趣、责任、自我效能感等方面。兴趣是最好的老师，是高校教师进行教学能力培养的直接动力。只有对教师这一职业充满热爱，将这一职业当作终生的事业，才会对教学产生真正的兴趣，才能推动教学活动的发展。责任则是指高校教师对职业身份的认同。教师职业道德中最重要的一点即是责任心，责任心是教师教学的基础，也是教师教学的重要影响因素。教师只有树立了较强的责任心，才能在从事教学活动时充满动力，才能不断推动教师教学能力的发展。自我效能感是指教师自身对教师身份的认知与态度，当教师在教学活动中树立足够强大的自信后，即会对教学活动产生较强动力，从而推动教师教学能力的提升。

高校教师教学能力培养的外在动力因素主要表现在他人对教师的影响和激励等方面。高校教师教学能力的培养离不开外界动力的支持与孤立。最常见的教师教学能力培养的外在动力表现在亲人的支持、学生的支持等方面。

其二，高校教师教学能力培养的教师个体自身发展因素。

在高校教师教学能力的培养中教师个体的自身发展起着十分重要的作用。高校教师教学能力培养中教师自身发展因素首先表现在教师理念和师德意识方面。教育工作是一项极其复杂的社会工程，其具有较强的规律性，教育工作者应当认识和掌握教学工作规律，加强职业道德，建立专业理念意识。除此之外，从师德角度来看，教师应在教学过程中不断加强责任意识，深刻认识教师教学工作对学生学习成果的影响，在责任心的影响下，高校教师教学能力可得到较快发展。高校教师职业道德水平的提高也有利于提升高校教师教学能力。"爱岗、敬业、严谨、奉献"，是高校教师应当具备的基本职业操守，作为以教书育人为主要工作的教师，提高教师职业道德水平，会在潜意识中形成教师教学发展动力，从而达到提升高校教师教学能力的目的。高校教师教学能力的提高还与高校教师的终身学习态度和正确的教育观有关。教师只有树立终身学习的思想，才能在教学工作中保持学习精神和学习态度，从而不断推动高校教师教学发展。此外，高校教师的教育观是否正确也与高校教师的教学能力发展有关。当教师对教育事业心存热爱，将教育教学工作作为自身事业时，教师便树立了正确的教育观，此时尽管教师经验不足，然而只要始终坚持正确的教育教学观即可不断推动教师教学能力的发展。其次，教师教学能力的培养还与教师扎实的学科知识和教学理论知识，以及大量教学实践经验有关。只有掌握了大量的教学理论知识，教师才能了解学生、了解教学和教法，并且在教学实践中自觉运用理念知识进行教学分析与总结。教师教学能力的提升离不开教学实践活动，只有开展大量教学实践活动，教师教学能力才得以发展。最后，教师在学习理论知识和进行大量教学实践的同时还应进行深刻教学反思，唯其如此才能将书本上的教学理论和教学实践真正转化为教师教学能力，从而提升教师教学能力。

其三，高校教师教学能力培养的高校因素。

高校在教师教学能力中起着重要影响作用，高校可通过青年教师培训、关注教师心理，建立有效的考评机制，调整教师薪资待遇等方式提升高校教师教学能力。

首先，教师培训是提升高校教师教学能力的重要因素。高校教师培训可划分为职前培训和职后培训两个阶段。职前培训主要指青年教师的培训，职后培训则主要涉及各个年龄阶段的骨干教师培训或全员教师培训。当前，我国高校已设置了较为系统的岗前培训体系，高校作为实施岗前培训机制的重要机构，其岗前培训是否得当和到位对高校教师教学能力培训起着关键作用。除了岗前培训之外，我国还初步建立了职后培训制度。1980年，教育部指出："全国重点高等学校三项任务之一是为一般高等学校培训师资，在教学上起示范作用。"[①]我国的这一政策为我国师范院校在职教师的进一步培养和进修工作奠定了政策基础。自1980年开始，北京师范大学作为我国的重点师范大学，为了支持我国师范院校教师进修开设了丰富多样、名目繁多的进修班，成为20世纪八九十年代我国高等师范院校教师进修的主要基地。此外，我国其他师范院校开始有计划地分批次支持在校教师进行脱产学习或到外校进修、出国进修等。当前，我国职后教育培训体系逐步形成和完善，使我国高等师范学校在职教师培养体系与我国职前教师培养体系联合起来，成为我国师范教师培养的综合体系，在教师教学能力培养中起着十分重要的作用。

其次，关注教师心理。教师心理与教师个人在工作上的积极表现有关。高校教师不仅面临着较强的教学压力，还面临着较强的科研压力，且受信息技术的发展，学生的综合素质和水平发展不均衡，这要求教师在教学工作中投入更多精力和时间，而高校教师除了工作之外还需要照顾家庭，长此以往不利于教师心理健康发展。因此，高校应积极关注教师的心理状况，以便为教师教学能力的发展奠定良好的基础。

最后，建立有效的考评机制。当前，我国已初步建立了教师考评机制，然而大部分高校的考评机制多与职称评定挂钩，对教师的科研成果、论文发

---

① 崔运武.中国师范教育史[M].太原：山西教育出版社，2006：217.

表数量等有着较多要求。从而导致我国教师在科研领域投入大量时间和精力，而在教学上投入的时间和精力遭到压缩，致使我国高校教学质量呈现下降趋势，教师教学能力无法得到有效发展。高校只有建立有利于教学工作发展的公平合理的评价体系才能不断增强教师的成就感，推动高校教师教学工作发展，从而为教师教学能力发展奠定基础。

除以上几个方面之外，教师的薪酬待遇也与高校教师教学能力的培养存在一定影响。高校教师，尤其是青年教师面临着结婚、买房、生子、照顾老人等一系列的现实问题，只有当教师解决了现实问题时，才能在教学工作中投入更多时间和精力，从而提高自身教学的能力水平。

第三节 高校教师专业化发展模式及途径

高校教师的专业化发展贯穿于整个教师职业生涯，本节主要对高校教师专业化发展模式和途径进行详细阐释。

一、高校现阶段教师专业化发展现状

我国高校现阶段的教师专业化发展中存在着发展观念不合理、发展制度偏向科研、教师专业化发展受壁垒制约等特点。

（一）高校教师专业化发展观念不合理

高校教师专业化培养需要花费大量时间和精力，研究表明，培养一位专业化的大学教师，一般来说，本科生需8～10年，硕士需5～7年，博士要2～4年。然而，当前我国高校教师专业化发展观念存在不合理现象，出现了教师专业发展和教学发展之间的疏离。一些高校教师在取得了硕士学位或博士学位之后，在教师专业学习方面取得了一定的成就后，自认为获得了较高成就，却忽略了教师教学发展，从而产生教师专业发展和教学发展的疏离。由于高校教师在现阶段面临着教学、科研与服务等多重角色，而随着教师大众化和普及化的发展，高校学生群体呈现出个性化发展的趋势，教师专业学习的目标和要求更加复杂，进入了学术发展过程，这些均不利于高校教师教学的发展。

高校教师的专业化发展和教学发展的分离是世界各国高校教师教育中面临的普遍问题。早在2010年，英国高等教育学会负责人指出英国教师

培训中即存在标准不一致的问题，出现了教师教学发展和教师专业发展的分离。

（二）高校教师专业化发展制度偏向科研

高校教师专业化发展制度呈现出科研至上的特点。改革开放以来，我国高等教育坚持科研兴国战略，在科学技术方面取得了一系列成果。一方面，我国高等教育在培养科研人才方面取得了重大成果，培养了一批高层次、顶尖科研人才，对推动我国高精尖知识向技术的转化，以及经济的增长方面发挥了重大作用。另一方面，高等教育作为我国最重要的科研基地，在科学技术的发展和创新方面取得了重大成果，为我国科技创新提供了智力支持。高校科研领域的成果，推动了我国高校整体水平的发展，同时对我国高校教学理念产生较大影响。

21世纪以来，随着我国高等教育进入大众化发展阶段，高等教育改革中出现了较强的科研发展趋势。例如，高校人事管理制度中通过提高学科带头人、骨干成员的待遇，为我国高等院校进一步吸引、留住人才以及建设高水平的科研队伍奠定了基础，也为我国建设一流大学创造了条件，然而与此同时也不可避免地在高校中树立科研为主体的教育观念。此外，随着我国"211工程"和"985工程"以及双一流大学建设工作的开展，各个高校加强了对科研人才的培养。一些高校在促进科研人才培养和开展科研工作时忽略了教学工作的重要性，过分强调科研工作在高校工作中的重要性，从而导致高校教师专业化发展制度偏向科研领域，忽视了教学发展。高校教学工作是教师工作的重中之重，也是高校人才培养的基础，忽视教学发展，即对高校教师专业化发展产生强烈的影响。

（三）高校教师专业化发展受壁垒制约

进入21世纪以来，随着知识分层分类的发展，学科知识朝着复杂化、边缘化和交叉化的方向发展。高校专业学科之间的壁垒更加鲜明，学科领域所构成的知识更加多样化。在高校学科体系中，某一学科与其他学科之间联系得更加紧密，许多专业学科和交叉学科之间存在知识联系。然而，高校学科间的专业壁垒却阻碍了不同学科之间的专业交流与合作，使学生的知识发展被禁锢在相应的专业学科之中，难以建立全面而系统的知识体系。高校的这种专业学科之间的知识壁垒不利于高校教师专业的发展。

二、高校教师专业化发展模式和途径

我国高校教师专业化发展主要表现为四种模式，即平台支持模式、培训指导模式、自主发展模式、混合生成模式。

平台支持模式主要包括教师/教学发展中心、学科专业发展平台、教学学术共同体、项目平台等以构筑平台形式推动的教师发展路径和操作方式。其中，教师/教学发展中心是指以推动本校教师发展为目标的组织，当前我国许多高校均设立了教师教学发展中心。学科专业发展平台是教师发展的重要途径，高校通过制订相关政策和制度创建了学科专业发展平台的教师专业发展模式。教学学术共同体作为高校教师专业发展的典型模式，致力于创新教学实践活动。教师学术共同体模式的建立不仅可以在课堂教学中进行学术研究，还能够通过建立网络教学论坛等方式在学院层面推动高校教师专业化发展。项目平台是高校教师专业化发展的平台支持模式之一，是高校教师为了特定的目标而进行研究和实践的途径。

培训指导模式包括教师入职培训、教学督导、教学评估等以专题形式组织的培训和指导性教师发展路径和操作方式。教师培训模式中的入职培训是为了使高校教师更加适应教师角色而设立的。我国高校教师的入职培训规定了教师必须接受的理论学习和教学实践，当前我国高校入职培训主要以集中授课的方式为主，形式较为单一。教学督导是伴随着高校教师发展中心的设立而设立的，我国当前已建立了一支高校教师教学督导队伍，这支队伍成为我国高校内部质量保障体系建设中的不可或缺的力量。高校教师教学督导是我国高校较为传统和常见的方式，为推动高校教师发展提供了有效模式和途径。高校教学评估活动是为了促进课程体系和专业建设或出于对高校课程质量和教师教学水平的评估而推动教师和教学发展的重要模式。

自主发展模式包括教师自我指导、情境学习和建立档案袋等教师主动的发展方式。教师自我指导是教师个体对从事教师工作的感受、接纳和肯定对其教学效果和教学行为产生的主观内在动力。高校教师的自我指导是教师发展模式的重要途径之一。情境学习是高校教师发展的模式之一，情境学习通过教师对学习情境的构建，推动教师专业发展。除此之外，建立档案袋也是高校教师专业发展的重要途径。我国高校教师在日常的教学工作中包含许多的文本档案，如专业设置、教学大纲、教学参考文献等，档案袋中的文档对教师教学风格和教学特色的形成具有十分重要的作用。

混合生成模式包括专业协会和网络模式等教师发展路径和发展方式。其中，专业协会是指在教师专业发展中起着积极作用的从业人员。我国高校教师发展建立了中国教育学会、全国教师教育分会、中国高等教育学会等组织，这些组织通过组织教师发展活动而推动教师专业发展。网络模式是指借助网络技术建立的教师专业发展模式，如全国高校教师网络培训中心，以借助网络教学资源促进教师专业化发展。

第七章 高质量教育背景下的高校教师教学改革与创新协同机制研究

在新时代高质量教育的要求下,高校教师教学改革要克服惰性,长足发展离不开创新,这里的创新不仅包含技术层面和课程内容,还涵盖教学理念和管理服务方面。

第一节 高校教师教学理念改革与创新

教学理念是对教师的教与学生的学等一系列人才培养活动的基本想法和意念,是教育理念在教学活动中的反映。[1] 高校教师教学改革离不开高校教师教学理念的正确引领和发展。本节主要对高校教师教学理念的改革与创新进行详细阐释。

一、高校教师教学理念改革的必要性与意义

教学理念的形成与高校教育活动中教与学之间的理性关系的认识,以及将教学理念内化为教学实践中的思考,教师和学生主体在教学中对教与学关系的利益博弈等三个方面有着直接关系。高校教师教学理念改革,是我国现阶段高校教师教学改革的重点,具有十分必要的意义。

其一,高校教师教学理念改革有利于推动高校学生发展。

自1999年我国高校实行扩招以来,我国高校开始从精英化向大众化发展。1999年6月,中央政府做出了扩大高等学校招生的决策,高校扩招以"拉动内需、刺激消费、促进经济增长、缓解就业压力"为目标,从此中国高等教育中持续了50年的精英模式开始向大众化模式转型。1999年是中国高等教育进入跨越式发展的关键年份。1999年较之1998年全国高等学校扩招的比例高达47%,2000年、2001年、2002年的扩招比例分别为25%、17%、

---

[1] 杨帆.两种教学理念比较及其对教师教育改革的意义[D].苏州:苏州大学,2015:1.

10%。截至 2005 年，我国高等院校的招生总人数已达到 530 万人，高等教育的毛入学率超过 15%，这标志着我国的高等教育正式进入大众化阶段。2018 年，我国高等教育毛入学率达 45.7%。根据 20 世纪 70 年代，美国高等教育学者马丁·特罗的"三阶段理论"，高等教育的发展主要包括精英阶段、大众阶段、普及阶段，其中高等教育毛入学率在 15% 以下时，为高等教育的精英阶段；毛入学率在 15%～50% 之间时为高等教育的大众化阶段；毛入学率在 50% 以上时为高等教育的普及化阶段。[1] 根据这一理念，从以上数据来看，我国高等教育早已进入大众化的成熟阶段，即将迈进高等教育的普及阶段。我国高等教育大众化的迅速发展推动了我国高等教育的发展，同时随着高校在校生和毕业生数量的增加，我国高校毕业生所面临的就业压力也越来越大。据有关数据统计，截至 2020 年，我国高校在校生总人数达 2.89 亿人，约占中国总人口数量的 20%，而 2020 年高校毕业生总人数达 800 多万人。

随着毕业生总人数的不断增加，高校毕业生的压力也越来越大。高校学生只有不断提升自身的综合素质，才能在日益激烈的竞争中赢得一席之地。而"以学生为中心"的教学理念，强调学生在教学活动中的主体地位，能够在教学过程中培养学生各方面的素质和能力，从而有利于高校学生综合素质的提升，为高校毕业生在就业中脱颖而出奠定基础。

其二，高校教师教学理念改革有利于推动高校教师发展。

随着 20 世纪末和 21 世纪初的高校扩招，我国高校在规模和数量上大幅上升，然而由于高校扩招速度过快，带来了一系列问题，如投入严重不足、办学条件恶化、教学质量下降和财务风险上升、教师队伍参差不齐等。2006 年，国务院决定停止高校的大规模超常规扩招，并实行以提高质量为中心的改革和调整。随着我国高校质量改革，我国高校越来越重视高校教师队伍建设和教师发展，尤其是高校教师教学示范中心的建立，高校教师发展成为近年来高校教师教学关注的重点。

高校教学理念从"以教师为中心"向"以学生为中心"改革，使教师在教学中传统的单一主体地位被打破，传统的教学模式和教学方法不再适应以学生为中心的教学理念，这使教师必须从专业知识和教育学知识入手，学习新的教学理论和教学方法，并在教学实践中应用新的教学方法和手段，在客观上促进了高校教师发展。

---

[1] 钟秉林，王新凤.迈入普及化的中国高等教育：机遇、挑战与展望[J].中国高教研究，2019（8）：7-13.

其三，高校教师教学理念改革有利于推动高校发展。

我国高校自1999年以来，高校数量和规模大幅上升，然而由于我国经济发展不平衡，导致我国高校教育发展具有较强的不平衡特点。自20世纪90年代以来，我国为了提升教育质量，先后实施了"211工程"和"985工程"以及世界一流大学工程，这使我国部分重点高校的教学质量获得了较大提升，其培养的人才在社会上竞争力较强。而许多地方高校则承受着较大的压力。一所高校优秀与否，不仅与其学校规模、硬件设施有着直接关系，还与该校的教学质量、学生就业质量之间存在着十分紧密的关系。一所高校只有不断提升人才质量培养标准，为社会培养大量优秀人才，才能从根本上提升高校的综合竞争力。而高校教学理念从"以教师为中心"向"以学生为中心"改革，有利于高校提升人才培养质量，为社会输送更多可造之才，从而达到提升高校自身发展的重要作用。

其四，高校教师教学理念改革有利于推动国家发展。

教育是国家的根本，教育关系到国家未来的发展，一个国家的发展和文明进步离不开教育的重要作用。尤其是高等教育，作为国家未来精英人才培养的重要途径在推动国民经济发展中起着十分重要的作用。除此之外，高等教育在国民经济发展中还在优化和调整企业转型升级、提升企业管理水平、推动国家和社会高素质人才培养等方面承担着十分重要的职能。而高校教师教学理念改革能够起到推动高校人才质量发展的重要作用，从而达到提升我国高校整体教学质量的目的。

综上所述，高校教师教学理念改革在推动高校学生发展、教师发展、高校发展和国家发展等方面均具有极其重要的意义。

二、高校教师教学理念的特点及影响

高校教师教学理念是在教学活动中产生的，具有多个突出特点，其中最典型的包括稳定性与发展性、实践性与超越性、个体性与多样性等特点。

（一）高校教师教学理念的特点

其一，高校教师教学理念的稳定性与发展性特点。

高校教师教学理念的稳定性特点是指高校教师教学理念反映了教学的价值、本质和规律，一旦形成即可作为高校教师的教学实践，用来规范和引导高校教师的教学行为。高校教师教学理念的发展受到多种因素的影响，如社会环境、高校氛围、教学内容以及社会需要等，因此高校教师教学理念具有一定的稳定性特点，在高校教师教学中起着极其重要的指导作用。高校教师教学理念还具有较强的发展性特点。高校教师教学理念形成后虽然在特定的社会环境、高校环境下具有较强的稳定性特点。但是，教师教学理念并非是一成不变的，而是随着时代的变化和社会环境的变化与发展，高校教师教学理念也会发生相应的变化，呈现出一定的发展性特点。这是由于随着时代的变化，高校教师教学的目标、教学内容、教学情境以及教师和学生的思想发生了一定的变化，为了适应新时代的人才培养要求，教师教学理念不可避免地发生了一定的变化，呈现出较强的动态发展性特征。

其二，高校教师教学理念的实践性与超越性特点。

任何理念的产生均离不开相关的实践，高校教师教学理念的实践性特点是指高校教师教学理念并非无根之木和无源之水，而是来源于丰富多彩的教学实践之中。教学理念和教学实践之间存在十分紧密的关系。一方面，教学实践是教学理念产生的源泉。教学理念是根据教师的教和学生的学的过程中逐渐形成的，教师在教学活动中通过大量的教学实践活动形成对教学的感性认识，从而对高校教学进行反思，进而通过对高校教学行为的理解、总结，积淀鲜活生动的教学经验，逐渐形成教学理念。如果脱离了教学实践，那么教学理念就会成为无源之水和无根之木，难以在教学中发挥相应的作用。另一方面，任何教学理念均服务于教学实践。教学理念是在大量的、丰富多彩的教学实践中形成，并且用来指导教学实践的重要理论。在良好的教学理念的指导下，教学实践会朝着更具活力的方向发展。

除了实践性之外，高校教师教学理念还具有超越性的特点。由于高校教师教学实践活动具有丰富化、多元化的发展特点，高校教师教学实践活动呈现出较强的不确定性和未来指向性，这就决定高校教师的教学理念既应立足教学现实，对现实中的教学实践进行指导，同时也应表现出较强的未来指向性和超越性，以便适应教学实践的发展。

其三，高校教师教学理念的个体性与多样性特点。

高校教师教学理念具有个体性和多样性的特点，这两个特点是从高校教师的角度进行的重要总结。高校教师的教学实践十分鲜活，而高校教师队伍也十分庞大。不同高校教师的教学理念素养参差不齐，教学实践活动经验多少不均，这就导致高校教师在遵从高校普遍教学理念的同时，对高校教师教学理念的理解和接受程度不同，加之各个高校教师从现实教学实践经验中总结和提炼的教学理论不同，各个高校教师在教学实践中应用的教师教学理念也不尽相同。例如，有的高校教师在教学实践中既使用"以教师为中心"的教学理念，同时也遵从"以学生为中心"的教学理念，并根据教学内容进行教学理念切换。从而使高校教师教学理念具有较强的个体性特点。除此之外，高校教师由于受我国传统文化以及不同的教学价值观、教学质量观和教学方法理论的影响，以及高校教师自身知识的限制，使其教学理念表现出多样性、多维性和层次性的特点。

三、新时代高校教师教学理念改革与重构

近年来，随着社会科学技术的发展，高校教师教学理念受时代发展的影响发生了较大变化。

（一）从"以教师为中心"向"以学生为中心"转变

从教师和学生在教学活动中的地位和作用来看，教学理念可以划分为"以教师为中心"和"以学生为中心"两种不同取向的教学理念。

"以教师为中心"的教学理念，是指教师按教材的内容章节精心准备组织授课材料，通过大量的举例、习题和测验巩固学生掌握的知识。[1]"以教师为中心"的教学理念，强调了教师在教学各个环节中的重要作用。"以教师为中心"的教学理念以知识传授作为教学目标，将教师作为知识传授者，而学生则为知识接收者；在教学中，教师是教学主体，对教学内容、材料、教室、作业和学生具有较强的调控能力，学生在教学中以适应教师教学内容为主要任务，并且将学生的学习成绩作为教师教学质量和教学能力的唯一评价指标。这种教学理念在一定程度上忽略了学生在教学活动中的个体差异性和自主性，以教师为中心的教学理念中教师完全忽略了学生兴趣或个体差异。在以教师为中心的教学方法中仍然存在因材施教等教学现象。然而，从总体上来看，以教师为中心的教学理念中由于更加强调教师在教学中的主体地位，相对忽略了学生学习的主动性，因此不利于教学效果的得升。

"以学生为中心"的教学理念，最早由西方学者麦库姆斯（McCombs）提出，这种教学理念是指教学在考虑学习者的遗传特性、经历、观点、背景、天分、兴趣、能力和需求等特点的同时，注重提供学习者良好的教学环境，在此环境下有效激发学习者的学习动机、学习兴趣、提高学习者的

---

[1] 宋黎明，雷勇，朱天跃，等．"以学生为中心"的"电工学"双语教学初探[J]．北京大学学报（哲学社会科学版），2007（5）：195-196，198．

收获。① "以学生为中心"的教学理念与"以教师为中心"的教学理念相比，在教学中抛弃了单纯的知识传授目标而是将培养学生的综合素质作为教学目标，强调教师在教学活动中组织者的角色和地位，强调学生在教学活动中对知识的追求。以学生为中心的教学理念中打破了教师作为教学活动中的唯一主体地位，而是强调学生在教学活动中的主体地位和角色，强调以教师、教材、教室、作业以及其他教学内容或教学方式等作为学生获得知识的重要媒介。以学生为中心的教学理念，强调教师在教学活动中不应一味追求知识传授，而是应从学生的个体差异和兴趣出发，并且打破了学生成绩作为教师教学质量和教学能力的唯一评价方式，而是将学生评价和学生在学习中的投入程度作为教师教学质量评价的主要指标。

从"以教师为中心"到"以学生为中心"教学理念的概念和特点来看，"以学生为中心"表现出对学生的充分尊重，从总体上来看，从"以教师为中心"向"以教师为中心"的转变也成为历史必然。然而，在教学实践中，不同学者从不同角度对这两种教学理念进行了辨析。这两种教学理念适用于不同的学生和教师，且适用的教学环境也不尽相同。本书在这里对这两种教学理念的适用情况进行详细分析。

其一，两种教学理念对学生的要求。

"以教师为中心"的教学理念要求学生对教师的权威性和对纪律的服从性较高。学生须对教师抱有强烈的尊重和顺从意识，须具有较强的集体荣誉感，须具有较强的社会理想和社会抱负，同一个班级中学生的个体差异性较小，这样班级中学生出于对教师的强烈认同，易遵从教师所安排的教学活动，而学生之间由于差异性较小，且大多具有强烈的集体荣誉感易激发学生跟随教师进行学习的主观意愿。"以学生为中心"的教学理念则要求学生具有较强的批判性思维，能够清晰了解个体的学习优势和劣势，具有较强的独立学习能力和独立学习精神。此外，以学生为中心的教学理念的实施还要求学生具有较强的自我意识和自律性以及较强的自主学习能力。从对两种教学理念所适应的学生来看，以学生为中心的教学理念更适用于具有成熟的学习态度的学生，以便学生在教学过程中能够充分行使主体权力，以达到教学目标。

其二，两种教学理念对教师的要求。

无论是"以教师为中心"还是"以学生为中心"的教学理念，均需要教

---

① 李子健，尹弘飚.课堂环境对香港学生自主学习的影响——兼论"教师中心"与"学生中心"之辨[J].北京大学教育评论，2010（1）：70-82，100.

师参与到教学活动中，并在教学活动中起到良好的主体作用。对教师来说，以教师为中心的教学理念更适合新上任的青年教师或教学实践经验较少的教师。这种类型的教师受自身的教学能力所限，无法掌控复杂的教学环境，难以在短时间内与学生在课堂教学中建立起良好的互动。对这些教师来说，以教师为中心的教学理念可以使其进行短暂过渡，确保教学过程中学生能够遵守课堂纪律，认真听讲。对教学实践丰富的教师来说，可以掌握复杂的教学环境，并能够在教学过程中对学生起到积极的引导作用，那么教师即可实行"以学生为中心"的教学理念。除此之外，以学生为中心的教学理念要求教师对学生的自主学习能力持有积极态度，并且能够在教学中引导和帮助学生了解学习的意义，能够给予学生充分的信心，允许学生参与教学决策。

其三，两种教学理念对教育环境的要求。

除了教学活动中不可或缺的教师和学生之外，"以教师为中心"和"以学生为中心"两种教学理念对教育环境的要求也不尽相同。这里所指的教育环境是指学校环境、社会环境等，教学理念与教育环境之间存在相辅相成的关系，教学理念在一定程度上对教育环境起着积极影响，而教育环境又对教学理念起着一定的制约或促进作用。以教师为中心的教学理念通常在集权化领导程度较高的学校环境中，教师之间竞争性较强，学校环境以庄重和理性为主。而以学生为中心的教学理念则多发生于民主型校园中，教师与学生之间的关系追求平等的尊重，教师与教师之间崇尚合作，校园和教室装饰氛围以个性为主。

除了校园环境之外，这两种教学理念还适应于不同的社会环境。以教师为中心的教学理念通常在集体主义社会或教育科学普及程度相对较低的社会中使用，或急需使用教育手段解决某一社会问题时使用。而以学生为中心的教学理念，则更适用于社会教育科学普及程度较高，具有较强的民主氛围或宽松氛围的社会中。从这一角度来看，实行何种形式的教学理念是衡量社会发展程度的重要指标。

其四，两种教学理念对教学内容的要求。

"以教师为中心"和"以学生为中心"两种教学理念适用于不同的教学内容。其中，"以教师为中心"的教学理念适用于以识记或背诵学习方式为主的陈述性知识的传授，与这类学习内容相关的教具往往具有直观性和典型性的特点。而以学生为中心的教学理念则更适用于训练程序性的知识，这类知识则以学生的自我实践方式获得为主。

综上所述，"以教师为中心"和"以学生为中心"两种教学理念并没有绝对的优劣之分，而是适合于不同的学生、教师和教学环境。高校大学生作为成熟的学习者，普遍具有较强的自主学习意识；高校大学教师大多为各个学科和专业的研究人员，相互之间的民主合作意识较强，而相互竞争性较弱；而高校所处的学习环境多为开放的、民主的教学环境，能够较好地接纳来自国内外的各种先进思想和学习观念，且高校大学生所学知识大多为学科较为前端的知识，更需要学生具有较强的自主学习意识和自主学习精神。从高校大学生的特点、教师特点、教学内容和教学环境来看，高校教学更适合"以学生为中心"的教学理念。

（二）从注重教师个体教学理念向"协作教学"理念转变

近年来，随着互联网信息技术的发展，我国高校教学环境发生了较大变化。知识的更新迭代速度越来越快，教师之间的联系和合作越来越紧密。在传统教学活动中，教师在教学中大多采取独自备课、上课，并且包揽学生辅导、作业批改、分析和反馈、教学策略调整等多个教学环节。在这种教学理念下，教师承担着多个环节的教学工作，一旦教师出现惰性或懈怠则会对各个教学环节产生较大影响，从而对整体的教学质量产生影响。

随着互联网通信技术的迅速发展并应用到教学活动中，高校教师教学活动开始朝着协作教学的理念转变。所谓协作教学，是指教师之间、教师或研究人员、试验人员、教辅人员之间就某个特定的施教目标组成团队或搭档进行协同教学。在教学过程中，相互学习、互为补充、共同提高和完善的过程。[1]协作教学理念改变了传统的教师教学活动，原有的个体教师独揽式的教学朝着多位教师分工协作的方向转变。例如，整个高校教学备课过程可根据不同教师的兴趣、专业特长以及教师个体的能力划分为多个部分，由多名教师共同完成，这种教学理念既充分发挥了教师团队的整体优势，又能够较好地发挥教师的个人特长，达到节省时间，提高效率的重要作用。高校协作教学模式的特征表现在多个方面，除了协作备课之外，还表现在协作运作教学环节、共同承担课程教学任务、协作解决问题、共同进行教研教学活动等方面。

高校教师协作教学理念与传统的个体教师包揽式教学理念相比，具有重要的教学价值。对于教师来说，协作教学理念可以开拓教师的知识视野，打

---

[1] 刘雍潜.教育信息技术教学实践探索[M].北京：中央广播电视大学出版社，2008：71.

破教师的知识边界，使教师接触到更广的学科知识和边界知识，发现具有价值的知识平台，让教师在与其他教师的协作中获得书本上学习不到的知识，尤其是能够学习其他教师的教学经验和教学素质，从而发现自身教学知识的不足，以便及时纠正。此外，协作教学过程中，每位教师均起着十分重要的作用，这就要求教师努力完成教学目标，以达到不断提升教学质量的目的。除此之外，对学生来说，高校协作教学理念通过充分发挥各个教师的特长，为学生带来更多的教育资源和教育知识，能够达到提升学生学习效率和学习效果的目的。此外，教师协作教学还会对学生起到良好的示范作用，提升学生与教师互动与交流频率，同时也推动学生之间的协作与互动。从高校教学质量来看，高校教师协作教学理念能够推动高校教学效率和教学质量的提升。

高校教师协作教学理念具有一定的先进性，在一定程度上适应了互联网信息时代的人才培养需求，然而作为一种全新的教学理念，高校教师协作教学理念在当前的教学实践中还存在诸多不足之处，对此从教师层面来看，高校教师应不断加强自身的知识修养，提升全方位的教学能力，并且在高校中与学生建立有效的沟通模式，以采取更适合学生的教学方法。除此之外，从高校层面上来看，高校应建立起有效的管理机制，规范教师协作教学，以确保教师协作教学结果。从而推动我国高校教师协作教学理念的不断发展。

（三）从标准化教学向个性化教学理念转变

长期以来，受我国高校传统教学理念和教学模式的影响，我国高校教学强调一纲一本，即一个教学大纲和一本教材，强调高校教师应掌握教学大纲中的知识点和教学重点，关注课本与教科书的内容，在教学中主要对教学内容进行讲授、考核，而较少学习书本以外的知识。这使我国高校传统教学中所学知识多为统一的知识，其教学呈现出标准化教学的特点。

进入 21 世纪以来，随着社会主义改革的逐渐深化，在知识经济、经济全球化和教学终身化理念的影响下，社会所需人才朝着多元化、多样化和个性化的方向发展。这对我国高校教师教学理念提出了新的要求。早在 2010 年，我国出台的《国家中长期教育改革和发展规划纲要（2010—2020 年）》中即强调学生的个性化发展。

此外，近年来随着互联网信息技术的发展以及在教育领域的广泛应用，以互联网信息技术作为基础的技术发展起来，并对教育行业带来了较大影响。例如，大数据技术。早在 2015 年，我国国务院即发布了《促进大数据发展行动纲要》，其中指出："完善教育管理公共服务平台，推动教育基础数据的伴随式收集和全国互通共享；探索发挥大数据对变革教育方式、促进教育公平、提升教育质量的支撑作用。"[1] 教育大数据的发展，为高校教学理念的转变和改革奠定了重要基础。在教育大数据的支撑下，教师得以对学生个体的学习兴趣、知识掌握情况、学习心理、学习环境进行分析，以便结合学习科学、心理学、信息科学、计算机科学和社会学的理念和方法对教育大数据进行详细分析，从而了解不同学生的学习特点以及所适合的教学模式和教学方法等，推动我国高校的标准化教学理念朝着个性化教学理念转变。

当前我国高校个性化教学要求高校教师在教学中借助大数据技术，充分分析学习者的信息，从而针对不同特点的学生采取不同的教学方法，达到因材施教的目的，不断提升高校教师教学效率的提高。

（四）从单一学科教学向跨学科教学理念转变

20 世纪中后期，随着科学技术的发展，我国科学技术呈现出既高度分化又趋向综合发展的趋势，出现了大量交叉学科。20 世纪 80 年代，跨界思维引发了中西方教育界的高度关注。1988 年，美国学者西格玛·西出版的《摒除边界：跨学科研究视角》中较早提出了学科跨界融合的理论，之后中西方学者从各个角度对跨界学科进行了研究与论述。进入 21 世纪以来，随着信息技术的发展和应用，各个学科之间的壁垒越来越低，而社会、科学、经济、文化等各个方面的发展均与学习领域相关。由于科学技术的发展，许多新兴学科不断涌现，学科间的相互渗透趋势越来越明显，高校教师所教授的课程呈现出较强的交叉形态。这使高校教师教学的发展不再局限于单一学科，而是朝着跨学科的方向发展，推动高校教师教学理念从单一学科教学向跨学科教学理念发展。

世界上较早推行跨学科学习的国家是德国，德国自 1998 年起开始对各州的教学大纲、教学形式、学校等级以及学科专业进行了调整，进行跨学科教学实践。德国跨学科教学理念大量应用于教师教学领域，经过多年跨学科教学实践，德国教育界普遍认为高校教师教学中学科教学与跨学科教学必须相互补充、相互促进和相互支持。高校教师跨学科教学理念打破了高校教学单一学科的教学理念，在进行单一学科教学的同时，有意识地通过引入多学

---

[1] 中国高等教育学会.中国高校信息技术与教学深度融合观察报告[M].北京：北京理工大学出版社，2019：17.

科知识，从而达到拓展学生知识，提升学生能力，开发学生个性等特点。

现阶段，中国高等教育正处于深化变革时期，高校教师教学既是我国高等教育的重要组成部分，又关系到中国未来教师的培养。我国高校教师教学应借鉴各个国家的经验，也应借鉴跨学科教学。例如，在教师教学中不仅要重视教育学，还应重视心理学的教学，以便使未来教师能够更好掌握学生的认知特点和认知规律。

综上所述，高校教师教学理念作为教师教学的宗旨和依据，在教师教学中起着十分重要的指导作用。上文就当前国内国际流行的几种教师教学观念进行了阐释，以期对我国高校教师教学理念重构和创新提供借鉴。

第二节　高校教师教学管理改革与创新

高校教师教学管理是高校教师教学改革的重要组成部分，本节主要对高校教师教学管理改革与创新进行阐释。

教学是高等教育工作的核心，教学质量的高低直接决定着我国高校教师人才培养的质量。我国高校教师教学改革中十分注重教学管理改革与创新。高校教师教学管理改革在高校教师教学改革中具有十分重要的作用。教师教学管理对教学行为具有导向作用。高校教学系统中包含着多个群体，即教师、学生以及教学管理人员，不同群体的职责、权利和义务不同。高校教师教学管理则通过对高校各个教师群体的管理，从而明确教师在教学活动中的权利与义务，确保教师主体在教学活动的行动有章可循，形成良好的教学秩序。

现阶段我国高校教师教学管理在教学管理理念、教学管理队伍建设、教学管理管理制度等方面均具有一定的发展和改进空间。具体来说可从以下几个方面加强高校教师教学管理改革与创新。

其一，树立"以人为本"的教学管理理念。

随着我国高等教育改革的推行，知识经济时代的到来以及市场经济的影响，高校间的竞争越来越激烈，我国高校面临着人才培养创新等难题，为了适应社会人才需要，我国高校教师教学管理理念也应向民主化、科学化、人性化的方向发展。然而，当前我国高校教师教学管理中仍然存在着较强的服务理念不到位，意识不足等状况，无法适应当今环境的发展。在教师教学改革中，应对教师教学管理理念进行改革，摒弃不适用于教学发展的管理理念,树立"以人为本"的教学管理理念。教学的主体是教师和学生,教师教学管理工作也应以人为本,改变过去以行政管理对高校师生进行生硬地、强制性管理的方法,而是从教师和学生的需求出发,树立为学生和教师服务的理念,为师生做好教学服务,激发教师和学生的主观能动性,动员和鼓励教师与学生以多样化的方式参与到教师教学管理工作中来,对教师教学管理工作进行监督。

其二,教师教学管理队伍建设。

教师教学队伍建设是保障高校教学管理规范化、科学化的关键,然而当前我国高校教师教学队伍中存在认识不足的状况,我国高校教师教学队伍的管理还停留在事务型、经验型等层面,认为教学管理工作无关紧要,因此忽视了对教学管理人员素质的培养与要求,造成教学管理队伍中存在着大量低学历、低职称的现象,教学管理质量得不到保证。进入21世纪以来,随着我国高校在大力提升教师教学人员素质的同时,忽视了教师教学管理队伍素质的提高,致使高校教学管理人员的素质与能力不能满足高校教学工作发展的需要。此外,高校教师教学管理队伍还存在着流动性大,人员变动频繁以及缺乏创新意识等现象。对此,应加强对高校教师教学管理队伍综合素质的培养。例如,针对当前教师教学管理队伍中的学历、职称水平较低的现象,规范教师教学管理人员职务晋升、职称评审的机制,并定期组织形式多样的内部评比活动,对表现突出的教师教学管理人员予以奖励和表彰。从而激发高校教师教学管理人员的工作热情。还可在教师教学管理中实行岗位责任制、建立健全激励机制等,全面完善教师教学管理机制,从根本上提高高校教师教学管理人员的管理水平,保障高校教学工作顺利开展。

其三,教师教学管理制度。

现阶段,许多高校虽然在宏观层面上建立了较为完善的管理制度,然而在具体事务上的管理制度则相对缺乏。例如,我国高等教育改革中对教学质量进行了严格要求,但是许多学校却没有建立健全教学质量管理体系。有的高校教学管理制度相对较全,然而在具体执行中却存在着执行不规范的情况,导致我国高校教学工作受到一定影响。例如,一些高校建立了教学质量监管体系,然而在运行中却存在着很多漏洞,教学质量评估方法不科学,不能适应现代教学需要等。对此,应从当前高校需要出发,结合当前高校现有的教学管理制度,从微观层面和具体执行层面进一步细化高校教学管理制度。例如,结合实际教学情况,对教师薪酬制度、教师激励制度、教师教学评估指标体系进行完善和落实等。

第三节　高校教师教学方法改革与创新

高校教师教学是借助一定的教学方法开展教学实践，达成教学目的的活动。教学方法是教师教学不可或缺的桥梁，也是提高教学质量，培养创新人才的重要途径。本节主要从教师教学方法改革的必要性、教师教学方法改革的影响因素和高校教师教学方法创新以及教育信息化在高校教师教学方法改革中的重要作用，对高校教师教学方法的改革与创新进行阐释。

一、高校教师教学方法改革的必要性

教学方法是教学理论与教学实践的永恒主题，备受国内外学者的关注。早在20世纪80年代，苏联学者孔德拉狄克即在其著作《教学论》中指出："教学的成败在很大程度上取决于教师是否能妥善地选择教学方法。知识的明确性、具体性、根据性、有效性、可信性，有赖于对教学方法的有效利用。"[1] 由此可见，教学方法对教学目的的达成以及教学效果与教学方法的改革和创新息息相关。

进入21世纪以来，随着我国社会改革的持续深化，受知识经济和经济全球化的影响，我国高校教师教学环境正发生着重大变化，原有的教师教学方法已不适应新的教师教学环境，促使我国高校教师教学方法进行改革与创新。纵观教师教学方法改革的必要性主要表现在以下几个方面。

（一）社会人才培养的需要

21世纪是知识经济时代，知识经济以知识和创造力为基础，要求人才在掌握知识和技术的同时，还应具有较强的综合素质，以便在未来激烈的国际竞争中求得生存与发展。此外，随着互联网信息化通信技术的不断进步，推动世界高等教育思想观念、体制、结构、内容、形式、方法和技术等各方面均面临着一场较大的革命，使高等教育呈现出鲜明的信息化特征，主要表现为教育思想观念的现代化、教育时间终身化、教育空间网络化、教学交互化、教育内容数字化、教育资源共享化、教育技术智能化、教育个性化、教育国际化等。再者，由于我国高等教育大众化趋势的发展，我国在校大学生

---

[1] 宋敬敬.高校教学方法研究与改革实践[M].长春：吉林大学出版社，2015：23.

人数激增，导致我国高校原有的教育教学资源严重不足，高校生源的素质差距也越来越明显，推动我国高校人才培养朝着更加多元化和多样化的方向发展以满足社会和市场的不同需求。

科技进步和社会发展所带来的高等教育社会需求的变化，使我国高等教育人才培养观随之发生了较大变化。高等教育人才培养观，即指导高等教育培养人才活动的、具有方向性的、基本的教育思想观念。高等教育育人观随着时代的变化而发生相应的变化。改革开放以来，我国高等教育人才培养观先后发生了两次转变。第一次转变是从"知识传授"育人观转变为"在满足知识传授的基础上，注重能力培养"；进入21世纪以来，随着世界形势的变化，我国的高等教育育人观又转变为"既要知识传授和能力培养，更重素质内化"的全面素质教育观。全面素质教育观，即不仅注重知识的传授和能力的培养，还在此基础上促进学生身心发展，将知识传授、能力培养和素质内化三者融合为一体的育人观。对于高等教育而言，全面素质教育观是一种从整体上提高学生的综合素质（包括思想道德素质、人文素质、业务素质、心理素质、身体素质），增强学生对社会的适应力的教育观。全面素质教育观的推行，要求我国高等学校培养的人才从强调专业对口，向基础扎实、知识面广、能力强、综合素质高而转变。

教师是社会人才培养不可或缺的主体，教师的整体素质与能力高低直接关系着教学质量和人才的整体素质与水平。高校教师教学是培养知识创新、科技创新、高素质综合人才的基础，由于原有的传统的单一知识传授式教方法已无法满足现阶段高校教师人才培养的需要，因此高校教师教学方法必须进行相应的改革与创新。

（二）改革传统教师课堂教学弊端的需要

我国传统的高校教师教学以教师的知识传授为主，采用以教师为中心的教学理念，上课时教师在台上授课，学生则在下面听讲和记笔记，整个教学活动以教师讲授为主，少有师生互动，学生在教学活动中的主体性特点没有得到体现。由于教师讲课时往往只关注教学进度而忽略了学生的理解，更不注重对学生综合素质和能力的培养。因此，出现了学生在上课时记笔记，下课后就将笔记丢在一旁的现象，考试前临时突击背笔记，考试后忘笔记的状态，这种不良现象的出现与高校学生的整体素质高低无益。

此外，尽管当前科技信息化已在教育领域广泛应用，然而高校教师教学中现代化教学手段的应用和普及率仍然较低，许多高校教师在教学中不愿花费时间和精力学习新技术和新手段，有的高校教师即使学习了新技术和新手段也不愿学习新的、适合学生特点的教学方法，只是单纯地将书本上的知识借助现代化教学手段播放出来，仍然无法颠覆传统的以教师为中心的教学方法。这种教学方法绝非真正意义上的教学现代化。再者，由于高校扩招，学生水平参差不齐，这种纯粹的"填鸭式"教学法无法满足各个层次学生的需要，许多学生在教学中感到授课内容多，听不懂。而教师在教学中由于忽略了学生的主体性和主观能动性，导致学生的个性被抹杀，不利于学生对课堂知识的掌握，更遑论学生整体素质的发展，从而导致师生双方的主动性和创造性均不能得到充分发挥。

为此，高校教师教学中应切实通过教学方法的改革，推动高校教师教学改革和创新，以调动师生双方的积极性，培养符合社会需要的人才。

（三）高校教师自身发展的需要

高校教师是培养高校合格人才的关键，当前我国虽然已建立了三级师范制度，然而所培养的人才多为中小学或幼儿园教师，缺乏培养高校教师的对应制度。我国高校教师有的出身于师范院校或师范专业，有的则毕业于其他非师范院校或非师范专业，通过考取教师资格证，简单学习过高等教育学和心理学等相关知识。然而，无论是出身于师范院校或师范专业的高校教师，还是出身于非师范院校或非师范专业的高校教师，其所学习或获得的教学理论均需要经过教学实践检验，否则难以转化为教师的自身知识。

现阶段，我国高校青年教师在走上岗位之前均需要进行高校教师培训或学习，而在学习理念知识的同时也离不开教学实践的学习。正如前文中学者在教师发展的论述中所指出的，高校教师的能力和水平随着其教学实践的年限而呈现出曲线发展趋势。在高校教师从事教学工作的前两年，其教学能力和水平处于最低端，随着高校教师从事教学工作年限的增加，其教学能力和水平也不断增强。当教师从事教学工作 9～12 年时，其教学能力和水平达到高峰。由此可见，教学实践在教师发展中起着十分重要的促进作用。

教学方法是高校教师教学实践中不可或缺的因素，教师只有在教学实践中不断创新教学方法，才能推动高校教师教学能力的提升。由此可见，教师教学方法改革是满足高校教师自身发展的必然需要。

（四）适应高校课程目标改革的需要

课程目标是指学生通过课程学习后，在专业知识、理论、技能、态度、思想品德等方面达到的变化发展状态或标准。① 高校课程目标具有明确课程设计方向、推动课程内容选择，并且能够作为课程实施的依据和评价标准。课程目标是高校人才培养的重要指导方式，也是高校工作的出发点和归宿。高等学校的一切工作均是围绕培养目标而展开的，其既是高等教育目的实现的方式之一，也是高等教育工作的出发点和归宿。

进入21世纪以来，随着我国高等教育人才培养观的变化，我国高校教师课程培养目标发生了相应变化，要求高校教师教学课程进行相应改革。高校课程目标是高校人才培养得以实现的中介，不同时代背景下社会对人才的不同要求是高校课程改革的最直接动力。现阶段，随着国际国内环境的变化，中国高校教师人才培养目标发生了较大变化。从专业人才向普通人才转变，由适应性人才向创新性人才转变。

课程目标包括课程总体目标、学科课程目标、课堂教学目标三个部分，高校课程目标课程内容的选择与组织以及教学方式和方法起着直接决定作用。高校教师人才培养目标的转变要求高校人才培养内容发生相应改变，而高校人才培养目标和人才培养内容的转变，要求高校教师教学方法进行相应改革。

（五）提升高等教育教学质量的关键

进入21世纪以来，随着世界各国高等教育普遍从精英化步入大众化，高等教育大众化已成为全球高等教育的趋势，而随着各国高等教育步入大众化阶段，国民的高等教育毛入学率获得了较大提升，各国高等教育质量高低直接关系到各国国民整体素质的高低和人才竞争力的强弱。只有不断提升高等教育教学质量才能确保高校培养的人才适应社会需要，并且能够在激烈的国际竞争中占有一席之地。而高等教育教学质量的提升取决于许多方面。其中，教学方法改革即是最重要的方式之一。

教学工作是教育的中心工作，也是我国高等教育人才培养目标实现的途径，是高校的中心工作。高校教学方法则是实现教学目标和提升教学质量的关键所在。即便是同一名教师面对同样的授课内容和相同的学生，教学方法不同，所获得的教学效果也不完全一致，由此可见教学方法对教学质量的重要作用。当前，我国高校教师教学实行学分制，学生每一个学分的获得均是通过修习相应的科目取得的，无论哪一门课程的教学均需要借助一定的教学

---

① 李孟辉.高校课程研究[M].上海：上海交通大学出版社，2012：18.

方法。而不同科目所采用的教学方法不同，则教学质量也不尽相同，因此高校教师在教学中应根据科目特点，结合学生个体的兴趣爱好、特点以及课程内容等选择合适的教学方法，以便不断提升高校教师教学质量，最终达到提升我国整体高等教育质量的目的。

（六）高校人才选拔制度改革的需要

1981年，我国高校人才选拔工作会议上讨论了高等教育人才选拔制度改革问题。同年，教育部在提交给国务院的报告中第一次提出了高校人才选拔制度改革的思想。然而，由于"文化大革命"刚刚结束，我国的高等教育工作仍处于恢复期，因此高等教育人才选拔制度的改革仍处于酝酿期。1985年1月，我国第二届高校人才选拔研讨会召开，会后确定了在上海高中毕业会考后进行高校人才选拔科目设置的标准化人才选拔试验，这一小范围中实施的高校人才选拔实验标志着我国高等教育人才选拔制度改革正式实施。这一时期，我国高等教育人才选拔制度的改革力度较小，主要包括推行会考制度、选拔科目减少、试点保送生、收费并轨与标准化选拔等。自1999年开始，我国高等教育人才选拔制度开始实施较为深入的改革。这一时期，高等教育人才选拔制度的改革力度较大，实施了选拔科目、网上阅卷与网上录取、分省选拔、春季人才选拔、自主人才选拔、取消文理分科、学业水平选拔纳入人才选拔成绩等。

除了统一的高考改革外，我国自主招生也进行了改革。2004年，我国高等院校招生中参加自主招生的院校增加至28所，之后逐年增加。2009年，北京大学在自主招生中率先实行了"中学校长实名推荐制"。2009年，清华大学、上海交通大学、中国科技大学、南京大学、西安交通大学达成协议，实行"五校联考"。2010年1月16日，以上五所学校实行了自主招生选拔的联合笔试，正式拉开了自主招生联考的序幕。2010年年底，我国高校自主招生中的"华约""北约""卓越同盟"三大联盟格局正式形成。2019年，自主招生高校达90所。2020年1月14日，我国教育部出台《关于在部分高校开展基础学科招生改革试点工作的意见》，该意见中指出，2020年我国高校招生中不再组织开展高校自主招生工作，而是开展"强基计划"。

从教师教育来看，自2007年开始，我国部属师范院校开始实行师范生免费教育。2007年5月，我国国务院办公厅转发了教育部、财政部、人事部、中央编办等共同发布的《教育部直属师范大学师范生免费教育实施办法（试行）》，其中规定从2007年秋季入学的新生起，国家在北京师范大学、华东师范大学、东北师范大学、华中师范大学、陕西师范大学和西南大学六所部属师范大学实行师范生免费教育。2018年，我国国务院办公厅转发了《教育部直属师范大学师范生公费教育实施办法》，这一政策将原有部属师范生免费教育政策调整为部属师范生公费教育政策，即北京师范大学、华东师范大学、东北师范大学、华中师范大学、陕西师范大学和西南大学六所教育部直属师范大学的师范生在校期间中央财政承担其在校期间学费、住宿费并给予生活费补助。而地方师范学校则实行师范生补贴制度。

除此之外，我国高校研究生人才选拔制度也进行了相应改革。经过一系列人才选择制度改革，我国高校在校学生不再以同一种形式进行人才选拔，而人才选拔方式的多样化，使高校在校学生具有较强的个性化的特点。这就要求教师在教学中打破传统的、单一的教学方法，采用适合学生特点的新的教学方法，以便适应学生发展需要。

二、高校教师教学方法改革的影响因素

高校教师教学方法改革关系到高校教师教学质量、高校教师自身发展以及社会人才培养等多个方面，因此高校教师教学方法改革十分必要。而在了解高校教师教学方法改革的必要性之后，还应了解高校教师教学方法改革的影响因素，以便排除干扰高校教师教学方法改革的不良因素，达到推动高校教师教学方法改革和创新的目的。

（一）高校教师惰性思想对教师教学方法改革的影响

高校教师教学方法改革是以教师为主体的改革探索。教师在教学活动中起着重要的主体作用，即使在以学生为中心的教学理念下，教师在教学活动中也起着极其重要的作用。因此，高校教师教学方法改革的重要因素即是教师自身。教学方法作为高校教师教学目标实现的重要途径，在高校教师教学目标的实现中起着十分重要的桥梁作用。而高校教师在教学中进行教学方法创新，要求高校教师必须具备先进的教育理念和较高的综合能力与素质，这就要求教师不断学习，才能保证自身理论水平和综合素质的提升。

除此之外，在高校教师自身理论水平和综合素质发展的同时，教师自身还应具有较强的改革意识。如果高校教师在教学过程中对教学方法的认识程度较高，能够认识到教学方法在教学质量的提高中起着十分重要的作用，并且重视教学效果，能够在教学方法的探索和改革上投入较多的时间和精力，

那么即可推动高校教师教学方法改革。相反,如果高校教师在教学过程中对教学工作不够重视,或存在重科研轻教学的倾向,对教学方法改革的认识不足,缺乏改革动力,不能投入时间和精力在教学方法改革方面。

此外,如果高校教师在教学方法改革中存在较为明显的惰性思想,认为教学效果的提升与教师自身的学术水平相关,只要提升了学术水平,那么教学效果自然会得到提升。因此,一些高校教师不愿在教学方法上投入时间和精力,甚至有的高校教师年复一年采用相同的教学内容和教学方法。此外,还有的高校教师认为高校教学是自身的事情,在教学工作中对教学方法改革的随意性较大。有的人仅凭一时兴趣和热情进行教学方法创新,难以持之以恒,因此导致教学方法不系统,难以见到成效。这种做法也是教师教学惰性的表现形式之一。还有的教师虽然在教学实践中进行了大量的教学方法探索和革新,然而由于缺乏对教学方法理论依据的学习和对教学方法的探索,改革仅仅停留在局部、点滴的方法革新和小范围内的改善上,难以深入研究。由此可见,高校教师在教学的过程中应坚持教学方法理论学习和教学方法实践相结合,并坚持在教学方法实践的基础上进行总结、深化、提炼和升华,唯其如此才能克服教师教学方法改革惰性,从而扫清教师教学方法障碍,取得良好的教学效果。

(二)高校师生关系对教师教学方法改革的影响

教师和学生是教学活动中缺一不可的两个主体,良好的师生关系是教学过程顺利实施的基础。教育以学生为对象,教学活动是教育活动的关键,学生在学校的主要任务是学习,学生是教学活动的主体,其学习过程并非是被动地接受知识的过程,而是充分发挥主观能动性的过程。学生的学习离不开教师的引导和培育,师生关系在知识方面属于授受关系,然而师生双方在人格上则处于平等地位,双方之间的关系为平等关系,从道德上来看,师生关系还是一种相互促进的关系。

高校师生关系是高校教学活动的两个主体,教师和学生为了完成特定的教育任务而形成的一种特殊的社会关系。高校师生关系和谐与否对教学效果起着十分重要的作用。从学生角度来看,和谐的师生关系可以充分激发学生学习的积极性,使学生在教学过程中更加热情,更加投入,从而提升教学效率,达到良好的学习目的。此外,和谐的师生关系可以创建和谐的课堂氛围,使学生感到如沐春风,在轻松愉快的环境中学习,不断提升思维的活跃度。与之相反,如果师生关系淡漠,或师生关系不和谐,那么则可能形成压抑、紧张、死板的课堂氛围，使身在其中的学生如坐针毡、惶恐不安，或沉默不语，难以集中精力在学习上，从而导致高校学生学习效果较差。从教师角度来看，和谐的师生关系能够使学生在教学活动中对教师表现出信赖、尊敬的情感，从而对教师形成正面鼓励或鞭策。教师为了不断增强在学生心中的正面形象，保持其地位，则会在教学中投入更多时间和精力，确保课程精益求精，以使教学活动取得良好的效果。反之，如果师生关系淡漠或师生关系较差，那么教师不能在教学活动中体会到学生的尊敬和重视，长此以往易导致教师在教学活动中的惰性，从而导致教学效果较差。

高校师生关系不仅会对教学活动产生直接影响，还会影响教师对教学方法的探索与创新。如果高校师生建立了和谐的关系，教师在教学工作中投入了较多情感，那么即会增加高校教师的自我认同，教师即会积极主动探索适合的教学方法，以便使教学效果趋向优化。由此可见，高校和谐师生关系的建立在高校教师教学方法革新和探索中有十分重要的影响。

（三）高校教师发展对教学方法改革的影响

美国教育家克罗韦尔（S.Growell）曾指出："教育面临的最大挑战，不是技术，不是资源，不是责任感，而是去发现新的思维方式。"[1] 这一观点同样适用于教学方法改革。高校教师教学方法改革的主体由教育专家、师范院校或设有师范专业的院校、技术专业人员、教师和学生等组成。其中，教师是教学方法改革的核心主体。教师既是教学方法改革中的决策主体，也是教学方法改革中的实践主体，还是教学方法改革中的利益主体。

教学方法改革需要以大量教学实践作为基础，教师是教学方法的直接使用者，而教学方法受教学目标、教学内容、教学情境、学生个性、教师性格特点等各个方面的影响，使教学实践具有较强的复杂性、多样性和无规律性的特点，使教师教学在教学方法决策中需要不断反思和探索。教师在进行大量教学实践的同时，还需及时学习先进的教育教学理论，并以教学理论作为指导，对教学方法进行实践和印证。此外，教师还是教学方法改革的利益主体，从教师发展生涯来看，高校教师教学方法改革的主旨并非方法本身，而是教学方法背后所遵从的教育理念和教学价值观，只有教师真正进行观念变革，发现新的思维方式，才能针对不同教学目标、教学内容、学生个性等形成的复杂教学情境进行深刻洞察，从中寻找可以深入了解、领悟教学方法的

---

[1] 汪丽梅.知识观视域中的教学方法改革研究[D].上海：华东师范大学，2011：154.

价值观念，在教学实践中应用适合的教学方法。由此可见，教师在教学方法改革中起着极为重要的作用。教师的整体素质、对教学理念的理解以及教师能力发展均对教学改革起着决定性作用。

前文中指出高校教师发展包括教师学术水平的提高、职业知识的发展和职业技能的提高、教师师德的提高等多个方面。教师学术水平的提高使教师得以学习和了解行业最新知识，职业知识的发展和职业技能的提高使高校教师能够学习和了解最新的教育理论，并将教育理论应用到教学实践中，对教学实践进行更加深入的洞察，从而为教师在教学方法探索与创新方面奠定知识和技术基础。而教师师德的发展在提升高校教师道德的同时，使高校教师能够在道德的鞭策下，关爱学生，在教学活动中投入更多时间与精力，为了提升教学效果，对教学方法进行探索与创新。从这一角度来看，高校教师发展在教学方法改革方面起着十分重要的作用。

以上几个方面是从教师角度对高校教师教学方法改革的影响因素进行分析。高校教师教学方法改革除了受教师自身的影响外，还受国家政策和高校氛围以及科学技术等外部因素的影响。

三、高校教师教学方法的创新

高校教师教学既与其他高校教学具有一定的相似性，也具有一定的特殊性。高校教师教学的对象是心智成熟的未来教师，在注重专业技能教学的同时，也应注意教育理论教学。

（一）高校教师教学方法创新原则

任何一种教学方法均是为教学目的服务的，高校教师教学方法也不例外。俗话说，教学有法，但无定法。高校教师教学方法的创新中应注意以下几个原则。

其一，教法与学法相统一原则。

教学方法是教法与学法的统一，既指教的法子，也指学的法子，在教学实践中，教与学往往处于对立甚至相悖状态，从而导致教学矛盾以及教法与学法的不协调，从而引发种种教学矛盾。而高校教师在教学方法创新上则倡导教与学的优化组合，使教与学相互适应、相互促进，并且在心理上相互协调和激励，从而协调和解决教与学之间的矛盾。教法与学法的统一原则要求教师的教应从学生的学习实际出发，对学生的学的可接受程度进行深入分析，并且以适合的方法组织教学，以提高学生学习效率。

其二，知识传授与能力训练相统一原则。

高校教师教学是一种特殊的教学模式，其不仅需要进行大量的理论教学还需要进行实践教学，以训练和培养教师的综合素质与能力。任何学习均离不开知识的学习，因此高校教师教学方法的创新也应以知识传授为主，根据教学内容和学生特点等，对知识传授的方法和模式进行创新。除了知识传授之外，在高校教师教学创新中还应注重教学能力训练。不仅要坚持知识传授与能力训练相统一的原则，还应注意在日常教学中培养学生的综合能力。

其三，传统教学方法与现代化教学手段相结合原则。

高校教师教学的传统教学方法以知识讲授为主，大多仅仅借助书本和简单的教具、黑板和粉笔进行教学。随着科技的发展，越来越多的科技成果被应用到教学中，极大地丰富了高校教师教学手段。例如，声光电技术在高校教师教学中的应用等。这种现代化教学手段的应用极大地丰富了教学内容，为高校教师教学方法的创新奠定了技术基础。

（二）高校教师教学方法创新举例

近年来，随着生理学、心理学等教育相关学科的飞速发展，以及世界各国教育专家和学者对高校教学方法的研究，高校教学方法创新取得了一定成就，其中许多教学方法可应用到高校教师教学中来。

其一，合作学习教学方法。

合作学习教学法产生于20世纪70年代初，该教学法以语言认知理论、集体动力理论、优势互补理论、发展性教学理论和现代教育信息理论等多种理论作为基础，以研究和利用课堂教学中所涉及的人际关系为基点，以目标设计为先导，以师生之间、学生之间、教师之间的合作为基本动力，以小组活动作为基本教学形式，并以小组团体成绩作为学生教学成绩的评价标准，以最大限度地促进学习者本人以及小组内其他同学的学习。

合作学习与传统的教学观念相比，对教学活动、教学目标、教学形式和师生关系、教学评价等均存在新的观点。合作学习的教学活动观，合作学习认为教学活动是一个信息互动的过程，其互动方式既包括教师到学习者的单向单调互动，也包括教师与教师之间，学习者与学习者之间的互动。

合作学习中，师生之间的互动主要有单向型、双向型、多向型、成员型。其中，单向型是指教师向学习者传递信息的过程；双向型是指教师与学习者之间的双向互动；多向型，即教师与学习者之间，学习者与学习者之间相互作用的过程；成员型，即将教学视为师生平等参与和互动的过程。除了这四种互动之外，合作学习还倡导教师之间的互动。合作学习的教学目标呈现出多元化的特点，既要实现认知目标，又要实现情感目标与合作技能目标等。教学形式观是指合作学习多采用班级授课与小组活动相结合的教学组织方式。合作学习认为，教学应当兼顾教学的个体性与集体性特征，将个别化与人际互动相结合。

在具体的教学形式上，合作学习强调以集体授课为基础，并以合作学习小组作为主体形式力争实现集体性与个体性相统一。师生观，传统教学活动中教师与学习者之间的关系为单纯的直接传授与接受的关系，是权威与服从的关系，而在合作学习中，师生之间的关系变为指导与被指导之间的关系，教师成为课堂教学的"导演"，学习者则在教师的安排下，进行学习参与，教师与学习者的关系变成了指导与参与的关系。教学评价观是指在教学活动中，将传统的教学评价中对个体的关注，改为对合作小组的关注，将学习者个人之间的竞争变成小组之间的竞争，将个人计分改为小组计分。由于评价体系的变化，将教学重心从鼓励个人达标，变为促进大家合作达标，以达到鼓励学习者集体进步，走出竞争教育怪圈，实现教学评价科学化的目的。根据合作学习理论的指导，教学模式可划分为指导型、过程型、结构型、探究型等多种类型，这几种类型的合作教学模式各具特点，在外语教学中均能够培养学习者的合作意识、集体观念和创新能力，从而提高教学效果。

合作学习教学方式与传统教学方式相比能够起到增加学生的知识，拓宽学生视野，提高学生学习效率，取长补短，培养和锻炼学生多方面的能力等。此外，合作学习教学方式还能够通过师生互动或教师之间的互动，激发教师的学习主动性，提升教师综合能力，克服教师惰性。

高校教师教学中应用合作学习方法时应注意，明确教学目标，事先与学生之间建立和谐的师生关系，在教学过程中教师应注重对学生的指导，并且认真倾听学生的讨论结果，以确保教学活动的有效性。

其二，问题教学法。

问题教学法顾名思义，即以"问题"贯穿整个教学过程，并且在引导学生积极主动地进行自主、合作、探究学习过程中努力发现问题、提出问题、探寻解决问题的途径和方法，从而使学生获得相应的专业知识和技能。[1] 广义的问题教学法古已有之，中国古代即提倡在学问中"不耻下问"的精神。古希腊时代，苏格拉底在进行教学时即采用问答形式，通过设置问题引导学

---

[1] 何小刚，顾建伟. 争鸣与革新 [M]. 上海：上海社会科学院出版社，2018：30.

生自主探索。高等院校中所实行的问题教学法源于20世纪60年代苏联流行的"问题—发现性教学",将问题教学和发展理论结合起来。问题教学法的形式主要有"问题型"教学和问题驱动教学两种类型。

"问题型"教学是将高校每门课程视为多个大中小问题的集合,明确每章研究的主要问题为大问题,并且围绕这些大问题所采取的一系列对策即中等问题,而在大中问题解决后,形成了一套相对完整的理论与公式体系,在这一系列体系的指导下进行例题的讲解,并完成课后作业。这些则称之为小问题。[①]"问题型"教学要求教师能够把握教学的内容,通过大、中、小问题的引导,培养学生解决大、中、小问题的能力,并且通过例题讲解的方式培养学生的创造思维和发散思维。问题驱动教学则是通过教师在课堂实践中将整节课的教学以几个问题连接起来,以此驱动学生的思维,使学生通过解决问题来获得知识,培养能力,锻炼学生提出问题和解决问题的能力。

高校教师教学作为一种十分特殊的教学,不仅要求学生掌握基础知识和技能,还要求学生能够主动对教学中易出现的问题进行思考,培养学生的创新精神。课堂教学具有复杂性,其所面临的问题千变万化,问题教学法应用到高校教师教学中有利于培养未来教师解决问题的能力和创新精神,以应对千变万化的教学情境和教学中出现的种种问题。

其三,研讨式教学法。

研讨式教学法是近年来在高校极为盛行的一种教学方法。所谓研讨。即研究和讨论,研讨是个体主动进行探索的过程,通过多种研究方法探索事物的性质、规律,从而获得解决问题的方案。世界上最早倡导现代研讨教学法的学者为美国教育学家杜威。早在20世纪初期,杜威即主张进行研讨教学,并通过研讨教学培养和提高学生解决实际问题的能力。

与传统教学方法相比,研讨式教学方法具有探索性、开放性、实践性和自主性的特点。其中,研讨式教学法的探索性是指研讨式教学的本质是一种探究学习,注重教学过程中的探索性,通过由学员进行自主调查、研究、思索,从而探寻问题产生的原因、本质和问题的解决途径。在研讨式教学方法中,学生并非在教师的引导下被动地理解,而是主动学习,通过主动发现问题、提出问题,并主动研究和解决问题而获得知识,培养能力。研讨式教学方法的开放性是指研讨式教学内容以课本为基础,然而却并不限定于课本,而是依托学生的知识体系。在研讨过程中,学生可充分发挥特长,使用多种

---

① 王章豹.高等学校教师教学科研方法第2版[M].合肥:合肥工业大学出版社,2009:52.

方法和知识对课本内的知识进行学习，并解决学习中出现的种种问题，从而拓展学生获取知识的方法和途径，并培养学生的创造性思维和开放性思维。研讨式教学法的实践性是指研讨式教学不仅注重理论学习，还十分注重理论联系实践，针对学生在实践中遇到的种种问题进行研讨并寻求解决方法。研讨式教学要求学生在学习过程中充分发挥积极性，通过确定课题、制订研究方案、进行调查、开展讨论、整理观点等形式充分激发学生的学习兴趣和潜能，最终实现学生知识和能力双重发展的目的。除此之外，研讨式教学方法还能够培养学生的协作精神，通过学生在学习中的分工和合作，从而培养学生的集体意识和协作精神。

高校教师教学不仅对学生进行专业知识和教育知识教学，还要求学生进行教育实习等实践，而研讨式教学可以应用到学生教育实践后的讨论课程中，以此培养学生的综合能力。

其四，个性化教学法。

个性化教学法是以高校大学生的成熟自律作为依托，使大学生根据具体情况而确定自我学习进度的教学方法。高校教学中应用个性化教学法需要教师和学生对教学内容进行详细分析。教师在课程开始前应对整个课程中的知识体系内容进行系统分析，并且将教学内容划分为多个为期一周的小单元，并明确每一单元的教学目的。此外，教师还应针对每一个小单元和整个知识体系的学习制定严格的反馈标准。由于个性化教学法赋予学生较大的自主权，在教学中常常较少应用到全班学生的学习中，而是应用于人数较少的学习小组中。例如，师范类研究生教学等。学生在学习中应选择一名学习同伴担任课程的伙伴导师，伙伴导师应熟悉这节课程的知识内容，并且具有较强的责任感能够在学习中承担起监督任务。此外，个性化教学法还要求学生具备较强的自主学习意识和学习精神。

个性化教学法对教师、学生和教学情境的要求较高，高校教师教学中应用个性化教学法，有利于培养学生的自主学习精神和自我管理能力。

四、教育信息化推进教师教学改革

20世纪末，随着科学技术的飞速发展，越来越多的技术手段被应用于教学活动之中，尤其是进入21世纪以来，随着互联网通信技术的发展和应用，高等学校的教学手段也日益先进。数字音像技术、卫星广播电视技术、多媒体计算机技术和人工智能技术、交互网络通信技术和虚拟现实仿真技术等现代信息技术被广泛应用到教育领域，教育信息化在高校教师教学中广泛应用，对推进教师教学改革起着十分重要的作用。

（一）教育信息化推进高校教师教学理念改革

"信息化"源于20世纪60年代的日本，由是日本学者从社会产业结构演进的角度提出来的。教育信息化是以现代信息化技术作为基础而构建的新教育体系，教育信息化包括教育观念、教育组织、教育内容、教育模式、教育技术、教育评价、教育环境等的改革和变化。高校教育信息化在推进教师教学改革中具有多种作用，主要表现在推进高校教师教学理念改革方面。

教育信息化不仅开发了纸质书本形态的文字教材，还开发了多种非书籍形态的音像教材、教学辅助软件以及多媒体教学软件和课件、出版物形态的新型教材等。这些新型教材为高校教师教学中新的教学手段的应用奠定了基础。除此之外，新的数字形态教材资源，打破了传统教学中教师掌握和拥有知识的特点，使学生可以借助数字化教学资源充分了解所学知识。这使传统的以知识传授为主的教学理念面临着较大挑战，在教学中进行单纯的知识传授已无法满足学生的学习需要，因此应推动高校教师教学理念朝着培养和提升高校学生能力的方面发展。

（二）教育信息化推进高校教师教学内容改革

教育信息化技术在高校教师教学中的广泛应用不仅对高校教学、科研和生活服务等所有信息资源进行了全面数字化，还在高校中构建了科学规范的信息和资源平台，从而将高校中的各项资源信息化，形成了一个数字虚拟空间。当前，我国高校利用教育信息化技术所创建的校园中，包括交互式多媒体教室、演示型多媒体教室、专用学科教学科研媒介、基于开放性实验室的教学媒介等。在以教育信息化技术进行武装的校园中，只要联网即可为高校教师和学生进行服务。

高校中大多建立了较为完善的数字教材体系，互联网信息技术更为便捷，学生随时随地可通过网络获取原有的书本知识，甚至书本知识的相关知识等。这使高校教师在教学中仅仅以书本知识或教材本身知识作为教学内容已远远无法满足学生的学习需要，迫使高校教师教学进行内容改革。而在教学内容改革中，教师一方面可借助教学方法对教学知识进行分类，通过恰当的教学方法使学生真正理解教学中的知识。另一方面，教师可通过课堂设计，让学生在学习知识时培养学生的综合能力，从而达到不断提升教学质量的目的。除此之外，高校教师教学改革的内容中还应着重培养学生使用信息化进行教学的能力。高校教师教学的对象是未来教师群体，而这些未来教师群体将来走上工作岗位后，不可避免地使用信息化技术进行教学，因此在高校教师教学中应着重对学生的信息化能力进行培养。由此可见，信息化技术的发展和应用对高校教师教学内容改革起着较强的推动作用。

（三）教师信息化推进高校教师教学手段改革

随着教育信息化技术的发展与应用，高校数字信息技术建设电子图书馆，并将地区甚至全国的教育信息资源连接起来，使教学资源的获取手段更加丰富。而随着高校交互式多媒体教室、演示型多媒体教室、专用学科教学科研媒介等的建立，高校教师教学手段打破了原有传统教学手段，产生了较大革新。

例如，演示型多媒体组合课堂教学，是在多媒体教室中，充分利用视频平台、投影电视、多媒体计算机和录像机等现代媒体技术，使教师教学在使用传统教学手段进行教学的同时结合现代教学手段进行教学。多媒体计算机和网络教学是指利用多媒体网络教室进行演示教学。交互型多媒体计算机个别化教学是指利用多媒体网络技术，或多媒体资源进行人机交互学习。教师教学手段的创新，不仅打破了传统的、单一的教师教学方法，还有效激发了学生的学习兴趣，充分发挥了学生学习的主体作用，提升了教学效率，较大地减轻了学生的负担。除此之外，高校教师教学中的人机交互教学手段等的应用，还在一定程度上减轻了教师教学负担，使教师将更多精力放在提升学生能力和整体素质的培养方面。

（四）教师信息化推进高校教师教学管理改革

高校教育信息化技术的应用使我国高校教师教学管理方式发生了较大变革，主要体现在高校教师教学评价等方面。

由于高校教育信息化技术的应用，使我国高校教师教学价值观发生了较大变化，不再以知识传授作为高校教师教学目的，而转以能力培养作为高校教师教学目的，随着教学理念、教学内容、教学手段等的改革，高校信息技术对高校教师教学提出了新的要求。一方面，对教师运用信息化技术进行教学的能力产生了新的要求。教师的信息技术技能包括运用信息技术的基本操作，将信息技术作为教学辅导工具以及学生认知工具，以此在教师教学中提升教学效果，改善学生学习状况。另一方面，高校教师还应充分发挥教师在教学中的引导作用。此外，高校信息化技术的应用还要求具备在课堂教学中使用信息化技术进行教学的需要。高校信息技术对教师提出的新要求使高校教师教学评价体系进行改革，将信息技术的应用纳入高校教师评价体系中。

综上所述，信息化技术的应用对我国高校教师教学改革起着巨大的推动作用。

第八章 结语

高等教育，即培养高级专门人才的活动，相应地，高等学校则是培养高级专门人才的专门机构，其根本任务是培养人才。教学则是实现人才培养的基本途径。在历史上，我国的高等教育工作实践却偏离了这个方向。20世纪80年代末90年代初，我国高等学校在市场经济负面效应的影响下，出现了教学工作上学校领导精力、教学经费、部分教师精力、学生学习投入不足的情况，对高等学校坚持的教学中心地位和教学改革核心地位产生了不同程度的影响，导致我国的高等教育质量出现一定程度的滑坡，为我国的高等教育发展带来了负面影响，这一经验教训为我国高等教育办学观敲响了警钟。因此，20世纪末，尤其是进入21世纪以来，我国高等学校均以坚持和端正以教学为中心和教学改革为核心的办学指导思想，在这一思想的指导下，我国高校教师教学改革取得了较大发展成果。

高校教师教学改革是一项十分复杂而艰巨的工作，千丝万缕，涉及多个不同主体之间的利益，高校教师教学工作的这一特点决定了其并不能够一蹴而就，而是具有阶段性、反复性、长期性、持续性等特点。高校教师教学改革涉及多个主体，包括高校教师、高校、地方和国家各级教育机构等，这些主体之间相互影响、相互关联，均对教师教学改革工作的开展起着极为重要的作用。当前，我国高校教师教学改革正在进行中，在此期间难免出现各种各样的问题或现象，高校教师作为高校教师教学改革中不可或缺的主体，在教师教学改革中起着关键性作用。因此，面对高校教师教学改革中出现的种种不良现象及挑战，高校教师应克服自身惰性，积极推进高校教师教学改革创新，在推动教师教学改革的过程中，实现高校教师教学能力和专业等全面发展，为提升高校教师教学质量、培养高素质人才奠定基础。

参考文献

[1] 刘延金，王亚莉.融合化、协同化、常态化：混合式教师培训的理论与实践[M].成都：四川大学出版社，2018.

[2] 张佳榕.21世纪以来我国高校教师教学研究的热点领域、前沿主题和科学合作分析[D].大连：辽宁师范大学，2018.

[3] 爱德华·希尔斯.学术的秩序——当代大学论文集[M].北京：商务印书馆，2007.

[4] 孙霄兵，马雷军.教育法理学[M].北京：教育科学出版社，2017.

[5] 倪少凯，陈露晓.学分制导引[M].北京：中国医药科技出版社，2006.

[6] 胡建华，陈玉祥，邵波，等.我国高等学校教学改革30年[J].教育研究，2008（10）.

[7] 孙诚."双一流"大学建设与高等教育特色发展[J].天津中德职业技术大学报，2017（2）.

[8] 廖浩然.我国高等教育质量管理的制度分析[D].长沙：湖南师范大学，2008.

[9] 任友洲，杨万文，李欢.高等学校新进教师入岗必读[M].武汉：华中师范大学出版社，2013.

[10] 李红清，李建辉.师范专业标准：教师教育质量的源头保证[J].闽南师范大学学报（哲学社会科学版），2019.

[11] 谭素.职业教育现代转型背景下中职教师教学理念的创新[D].长沙：湖南农业大学，2017.

[12] 郝维谦，龙正中.高等教育史[M].海口：海南出版社，2000：39.

[13] 张华星.新时期我国高等教育改革与发展研究[D].乌鲁木齐：新疆大学，2012.

[14] 魏礼群.当代中国社会大事典1978—2015（第二卷）[M].北京：商务印书馆，2017.

[15] 房玲玲.高校教学改革与文化的融合创新研究[M].长春：吉林人民出版社，

2018.

[16] 熊俊峰.大学教师薪酬结构研究[D].武汉：华中科技大学，2014.

[17] 朴雪涛.教师工作专业化：理念与行动[J].高等教育研究，2001（4）.

[18] 朴雪涛.教师工作专业化：理念与行动[J].高等教育研究，2001（4）.

[19] 朱宛霞.地方高校转型发展与教师角色认同的探索[M].北京：中国商务出版社，2018.

[20] 姚利民.高校教师心理与管理研究[M].长沙：湖南大学出版社，2013.

[21] 朱宛霞.地方高校转型发展与教师角色认同的探索[M].北京：中国商务出版社，2018.

[22] 廖其发.当代中国重大教育改革事件专题研究[M].重庆：重庆出版社，2007.

[23] 胡玲翠.教师教育开放背景下师范大学综合化转型研究[D].西安：陕西师范大学，2014.

[24] 马健生.创新与创业21世纪教育的新常态[M].济南：山东教育出版社，2015.

[25] 程佳莉.教师学习惰性探究[D].上海：上海师范大学，2008.

[26] 程佳莉.教师学习惰性探究[D].上海：上海师范大学，2008.

[27] 岳晓东.写好孩子的人生脚本：岳晓东博士的亲子教育课[M].北京：民主与建设出版社，2019.

[28] 程佳莉.教师学习惰性探究[D].上海师范大学，2008.

[29] 邵光华，张妍.青年教师惰性现状与启示——基于东部地区幼儿园的调查研究[J].教师教育研究，2019.

[30] 邵光华，魏侨，张妍.教育变革视域下教师惰性现状调查研究[J].教师教育研究，2020.

[31] 程佳莉.教师学习惰性探究[D].上海：上海师范大学，2008.

[32] 潘玉峰，赵蕴华.教师职业倦怠与应对[M].合肥：安徽人民出版社，2012.

[33] 《中国政策汇编2016》编写组.中国政策汇编2016[M].北京：中国言实出版社，2017.

[34] 朱婧，焦玉彦，唐菁蔚.大学英语多元互动教学模式研究[M].长春：吉林大学出版社，2019.

[35] 汪建华.新时代我国高校教材建设的原则与路径[J].黑龙江高教研究，2020，38（08）.

[36] 潘懋元，罗丹.高校教师发展简论[J].中国大学教学，2007（1）.

[37] 路仙伟，贾国安.论新形势下的教师发展[J].唐山学院学报，2009.

[38] 岳慧君，高协平.教师教育教学发展视角下的高校教学团队建设探讨[J].中国大学教学，2010（5）.

[39] 国家教育发展与政策研究中心.发达国家教育改革的动向和趋势[M].北京：人民教育出版社，1994.

[40] 周海涛，李虔，年智英，等.大学教师发展：理论与实践[M].北京：教育科学出版社，2015.

[41] 赵健.学习共同体[D].上海：华东师范大学，2005.

[42] 欧阳忠明，肖玉梅，肖菲.终身教育探寻学习的财富[M].重庆：西南师范大学出版社，2014.

[43] 朱先奇.制度创新与中国高等教育[M].北京：中国社会出版社，2006.

[44] 徐华.高职教师专业发展：困境与出路[M].上海：上海交通大学出版社，2017.

[45] 孙宇.马克思人的全面发展理论研究[D].大连：辽宁师范大学，2013.

[46] 孙宇.马克思人的全面发展理论研究[D].大连：辽宁师范大学，2013.

[47] 董丽敏，高耀明.教师职业生涯周期——教师专业发展指导[M].北京：中国轻工业出版社，2005.

[48] 赵昌木.教师成长研究[D].兰州：西北师范大学，2003.

[49] 张宁俊，朱伏平，张斌.高校教师职业认同与组织认同关系及影响因素研究[J].教育发展研究，2013（21）.

[50] 徐彦红.大学青年教师专业发展影响因素研究[D].北京：首都经济贸易大学，2017.

[51] 屈书杰.迈克尔·萨德勒比较教育思想的现实意义[J].比较教育研究，2009.

[52] 江新瑜.浅谈高校教师岗前培训的必要性[J].安徽教育，2011（5）.

[53] 陈相见.我国高校教师发展历程与特征[J].大学（学术版），2014（4）.

[54] 潘懋元.大学教师发展与教育质量提升——在第四届高等教育质量国际学术研讨会上的发言[J].深圳大学学报（人文社会科学版），2007（1）.

[55] 曾粤.中美高校教师教学发展比较研究[D].长沙：湖南大学，2015.

[56] 刘易斯·科塞.理念人—项社会学的考察[M].郭方，译.北京：中国编译出版社，2004.

[57] 钟秉枢.解读美国名校办学，感悟大学管理精髓——参加高校领导赴海外培训项目有感[J].北京体育大学学报，2005（2）.

[58] 申继亮，王凯荣.论教师的教学能力[J].北京师范大学学报（人文社会科学版），2001（1）.

[59] 张敏.高等院校新教师教学能力发展研究[D].哈尔滨：哈尔滨工业大学，2007.

[60] 张敏.高等院校新教师教学能力发展研究[D].哈尔滨：哈尔滨工业大学，2007.

[61] 袁莉，蔡琨，李芳.新时代地方高校教师专业发展的内涵[J].金融理论与教学，2020（1）.

[62] 覃日怡."双一流"建设背景下高水平大学教师专业发展研究[D].长沙：湖南大学，2018.

[63] 华维芬.英语专业教材建设理论与实践[M].广州：广东高等教育出版社，2012.

[64] 李小兵.罗杰斯人本主义教育思想及其对我国教育改革的启示[J].湖南科技大学学报（社会科学版），2014.

[65] 李小兵.罗杰斯人本主义教育思想及其对我国教育改革的启示[J].湖南科技大学学报（社会科学版），2014.

[66] 严明.大学英语自主学习能力培养教程第4版[M].哈尔滨：黑龙江大学出版社，2014.

[67] 张红专.加强师德建设的系统思考[J].湖南社会科学，2008（4）.

[68] 杨俊一，吴强.社会主义核心价值观与师德学风建设研究[M].上海：上海社会科学院出版社，2017.

[69] 寻阳.我国中学外语教师身份认同研究[M].北京：新华出版社，2016.

[70] 查尔斯·泰勒.自我的根源：现代认同的形成[M].韩震，王成兵，乔春霞，等译.南京：译林出版社，2001.

[71] 徐淑金.新时期高校和谐师生关系研究[D].福州：福建师范大学，2012.

[72] 李燕.新时期高校教师能力培养与专业化发展探究[M].成都：四川大学出版社，2018.

[73] 胡谊.教师心理学[M].北京：中国轻工业出版社，2009.

[74] 崔运武.中国师范教育史[M].太原：山西教育出版社，2006.

[75] 杨帆. 两种教学理念比较及其对教师教育改革的意义 [D]. 苏州：苏州大学，2015.

[76] 钟秉林，王新凤. 迈入普及化的中国高等教育：机遇、挑战与展望 [J]. 中国高教研究，2019（8）.

[77] 宋黎明，雷勇，朱天跃，等. "以学生为中心"的"电工学"双语教学初探 [J]. 北京大学学报（哲学社会科学版），2007（5）.

[78] 李子健，尹弘飚. 课堂环境对香港学生自主学习的影响——兼论"教师中心"与"学生中心"之辨 [J]. 北京大学教育评论，2010.

[79] 刘雍潜. 教育信息技术教学实践探索 [M]. 北京：中央广播电视大学出版社，2008.

[80] 中国高等教育学会. 中国高校信息技术与教学深度融合观察报告 [M]. 北京：北京理工大学出版社，2019.

[81] 宋敬敬. 高校教学方法研究与改革实践 [M]. 长春：吉林大学出版社，2015.

[82] 李孟辉. 高校课程研究 [M]. 上海：上海交通大学出版社，2012.

[83] 汪丽梅. 知识观视域中的教学方法改革研究 [D]. 上海：华东师范大学，2011.

[84] 何小刚，顾建伟. 争鸣与革新 [M]. 上海：上海社会科学院出版社，2018.

[85] 王章豹. 高等学校教师教学科研方法第2版 [M]. 合肥：合肥工业大学出版社，2009.

[86] BERGQUIST W H，PHILLIPS S R A handbook for faculty development [J].Faculty development，1975.

[87] MENGES R J，Mathis B.C.Key resources on teaching,learning,curriculum,and faculty development：aguide to the higher education literature [M].San Francisco：Jossey－Bass，1988.

[88] MCLAGAN P A. Models for HRD practice[J]. Training and DevelopmentJournal,1989（41）.

附　录

附录一　T 学院教师教学改革现状访谈提纲

访谈时间：2019 年 10 月—11 月

访谈地点：T 学院教学区域

访谈对象基本信息如下：

教师 A：年龄 35 岁、性别男、韩国语专业、已婚、教龄 11 年、职称讲师

教师 B：年龄 29 岁、性别女、数学专业、已婚、教龄 3 年，职称助教

教师 C：年龄 26 岁、性别女、管理专业、未婚、教龄 1 年、职称助教

教师 D：年龄 37 岁、性别男、计算机专业、已婚、教龄 12 年、职称副教授

教师 E：年龄 41 岁、性别女、运筹学专业、已婚、教龄 15 年、职称教授

教师 F：年龄 53 岁、性别男、物理专业、已婚、教龄 31 年、职称讲师

教师 G：年龄 48 岁、性别男、中文专业、已婚、教龄 25 年、职称副教授

老师，您好！很荣幸能够与您交流。本次交流的内容仅做项目研究之用，所有谈话均保密。请您畅所欲言，谢谢您的支持与配合。

1. 您如何看待教师这个职业？为什么这么评价？

2. 您在工作中遇到的最大的压力是什么？是什么原因导致的？自己能缓解这些压力吗？

3. 目前学校对教学工作的管理方式和制度是怎么样的？您认同吗？为什么？

4. 您认为学校主要通过什么方式对教师进行评价是合理的？

5. 您如何看待教学改革？您做了哪些与此相关的工作？

6. 您觉得要想进行教学改革，自己需要哪些方面的努力？

7. 您是怎么看待您的学生的?

8. 作为一名教师,您觉得自己目前的工作态度(工作积极性、与同事或学生相处、工作效率三个方面)如何?您觉得导致这种状态的主要原因是什么?对改善这种情况,您有什么具体的意见和建议吗?

9. 您觉得工作和家庭之间有冲突吗?您是如何平衡解决的?

10. 就您目前所从事的教师职业而言,您最大的愿望是什么?有具体的设想和规划吗?如果没有,原因是什么?

附录二 高校教师教学改革现状调查问卷

尊敬的老师:

您好!感谢您在百忙之中帮助我们完成此问卷。这是一份关于一项科研调查的问卷,旨在关注教师教学工作及教学改革情况,寻求能提升教师教学改革能力,提高教育质量的途径。您是在工作岗位上做出贡献的辛勤工作者,对自己的工作有着深刻的理解和感受,您的回答对本次调查有着重要的意义。

本问卷采用匿名方式,所有结果和数据仅供研究使用,所以请您不要有任何顾虑,根据您的真实情况如实填写,并注意每个问题及答案,不要漏选。

再次感谢您的配合和协助!

一 基本信息

1. 您的性别:
○男 ○女

2. 您的年龄:
○ 30 岁以下 ○ 30～40 岁 ○ 41～50 岁 ○ 50 岁以上

3. 您的学历:
○专科 ○本科 ○硕士 ○博士

4. 您的职称:
○助教 ○讲师 ○副教授 ○教授

5. 您的教龄:
○小于 5 年 ○ 6～10 年 ○ 11～15 年 ○ 16～20 年 ○ 20 年以上

6. 您的学科门类：
○公共课○专业课

7. 您每月的收支结余情况：
○支出小于收入○平衡○支出大于收入

二 教师工作情况调查

请您根据实际情况选择相应的选项：

8. 近五年来，您对自身参与各级各类教学改革项目研究的评价：
○非常满意○满意○一般○不满意○非常不满意

9. 近五年来，您对自身撰写教学改革方面的学术论文的评价：
○非常满意○满意○一般○不满意○非常不满意

10. 您对自身进行课堂教学改革并实践的评价：
○非常满意○满意○一般○不满意○非常不满意

11. 您对自身在网络上给学生主讲课程的评价：
○非常满意○满意○一般○不满意○非常不满意

12. 您对自身参加提升教师教学能力学习的评价：
○非常满意○满意○一般○不满意○非常不满意

13. 您对教学工作内容多样性的评价：
○非常满意○满意○一般○不满意○非常不满意

14. 您对教学工作量分配的评价：
○非常满意○满意○一般○不满意○非常不满意

15. 您对科研压力的评价：
○非常满意○满意○一般○不满意○非常不满意

16. 您对目前工资收入的评价：
○非常满意○满意○一般○不满意○非常不满意

17. 您对从工作中获得成就感的评价：
○非常满意○满意○一般○不满意○非常不满意

18. 您对工作付出与回报的评价：
○非常满意○满意○一般○不满意○非常不满意

19. 您对同事关系的评价：
○非常满意○满意○一般○不满意○非常不满意

20. 您对社会、家庭支持与认可的评价：
○非常满意○满意○一般○不满意○非常不满意

21. 您对所教学生水平的评价：
〇非常满意〇满意〇一般〇不满意〇非常不满意

22. 您对学生支持和尊重的评价：
〇非常满意〇满意〇一般〇不满意〇非常不满意

23. 您对领导与同事的支持和鼓励的评价：
〇非常满意〇满意〇一般〇不满意〇非常不满意

24. 您对学校办公条件的评价：
〇非常满意〇满意〇一般〇不满意〇非常不满意

25. 您对学校教学设备的评价：
〇非常满意〇满意〇一般〇不满意〇非常不满意

26. 您对学校学术氛围的评价：
〇非常满意〇满意〇一般〇不满意〇非常不满意

27. 您对所在学校地位和声望的评价：
〇非常满意〇满意〇一般〇不满意〇非常不满意

28. 您对学校提供培训机会的评价：
〇非常满意〇满意〇一般〇不满意〇非常不满意

29. 您对学校职称晋升的评价：
〇非常满意〇满意〇一般〇不满意〇非常不满意

30. 您对自身能力发挥与提升的评价：
〇非常满意〇满意〇一般〇不满意〇非常不满意

31. 您对教师职业发展前景的评价：
〇非常满意〇满意〇一般〇不满意〇非常不满意

32. 您对所从事工作的总体评价：
〇非常满意〇满意〇一般〇不满意〇非常不满意